Gallmeister

PETE FROMM est né en 1958 dans le Wisconsin et a d'abord été ranger avant de se consacrer à l'écriture. Il a publié plusieurs romans et recueils de nouvelles qui ont remporté de nombreux prix et ont été vivement salués par la critique. Son livre *Indian Creek* a rencontré un grand succès aux États-Unis avant d'être traduit en français en 2006. Il vit avec sa famille à Missoula, dans le Montana.

Indian Creek

Une œuvre d'apprentissage d'une drôlerie irrésistible et d'un réalisme cruel. L'écriture, modeste et vivante, avance au rythme du marcheur, les yeux levés vers le ciel, les pieds enfoncés dans la neige épaisse.

LIRE

Le récit d'une expérience captivante en marge d'une littérature de la désolation. L'auteur ne la revendique pas comme modèle de vie. Il n'en veut faire ni un manifeste ni même une leçon : il n'est décidément pas Walden. Pour son lecteur il aura été simplement captivant, rafraîchissant, tonique. Rare.

LE MAGAZINE LITTÉRAIRE

Un grand art de conteur – sans artifice – et de l'honnêteté : un beau livre.

CHARLIE HEBDO

Un bouquin épatant.

LE FIGARO MAGAZINE

De l'humour, du recul et un implacable sens de la narration.

TRANSFUGE

Le bonheur de l'auteur, tangible, nous télétransporte dans ces étendues glacées et nous en fait goûter, on s'y croirait, la pénétrante splendeur.

ROCK & FOLK

indian creek

DU MÊME AUTEUR

Indian Creek, Gallmeister, 2006.
Avant la nuit, Gallmeister, 2010.

totem

pete fromm

indian creek

Traduit de l'américain
par Denis Lagae-Devoldère

Gallmeister

Titre original :
Indian Creek Chronicles

ISBN 978-2-35178-502-7
totem n°02

Conception graphique de la couverture : Valérie Renaud

À Ellen pour les livres, à Big Dan et à Paul pour avoir essayé,
et enfin à Rader, ma connexion au monde

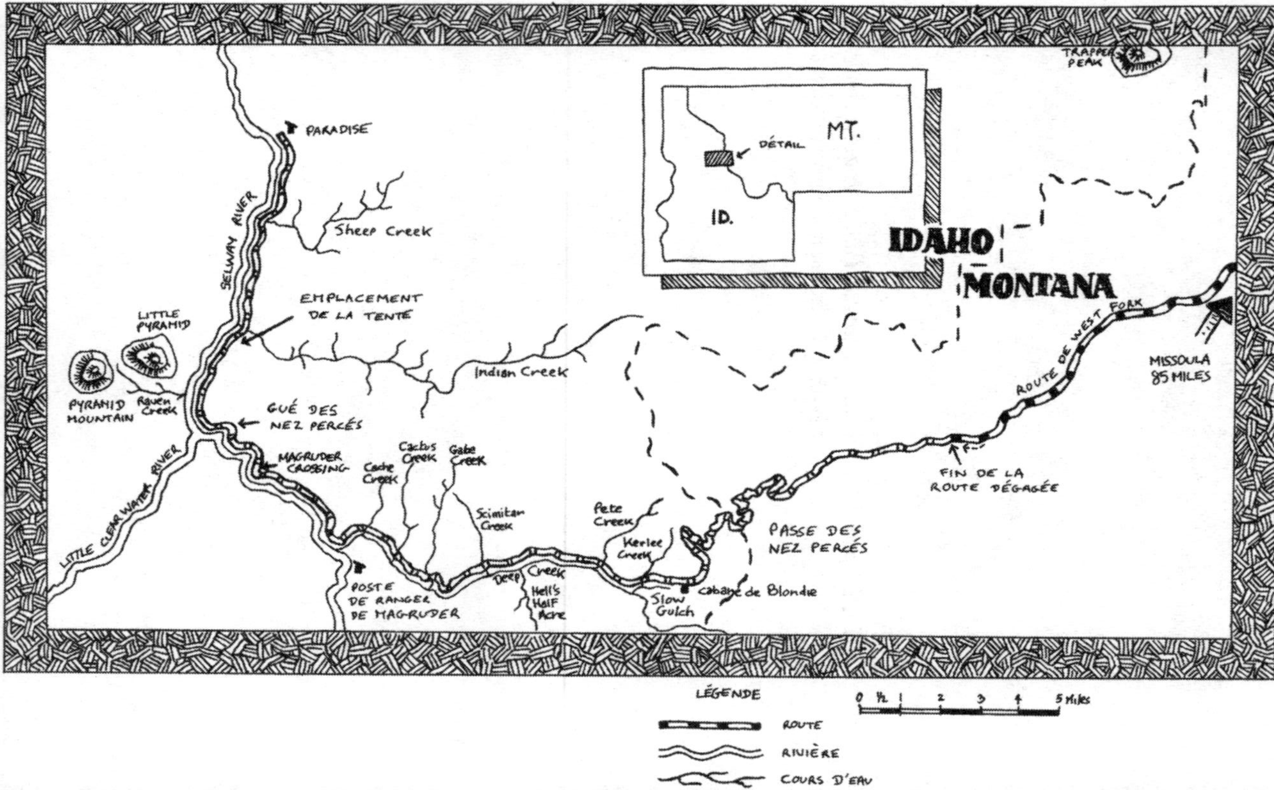
PARADISE
SELWAY RIVER
Sheep Creek
EMPLACEMENT DE LA TENTE
LITTLE PYRAMID
PYRAMID MOUNTAIN
Rauen Creek
GUÉ DES NEZ PERCÉS
LITTLE CLEARWATER RIVER
MAGRUDER CROSSING
Cache Creek
Cactus Creek
Gabe Creek
Indian Creek
Scimitar Creek
POSTE DE RANGER DE MAGRUDER
Deep Creek
Hell's Half Acre
Pete Creek
Kerlee Creek
Slow Gulch
cabane de Blondie
PASSE DES NEZ PERCÉS
FIN DE LA ROUTE DÉGAGÉE
ROUTE DE WEST FORK
MISSOULA 85 MILES
IDAHO
MONTANA
TRAPPER PEAK
MT.
ID.
DÉTAIL
© M. CHEO
LÉGENDE
ROUTE
RIVIÈRE
COURS D'EAU
0 ½ 1 2 3 4 5 Miles

I

Après le départ des gardes, la tente que nous avions dressée me parut encore plus petite. Je me tenais devant elle, et un frisson que je croyais dû à une bourrasque me parcourut le cou. Allais-je vraiment vivre là-dedans désormais ? Serait-ce là mon foyer pour les sept mois à venir ? Seul, durant tout un hiver ? Je jetai un coup d'œil vers la rivière sinueuse, entre les parois sombres et accidentées du canyon qui découpaient déjà le soleil de ce milieu d'après-midi. Il n'y avait rien au-delà de ces murs de pierre et de verdure, si ce n'est les étendues sauvages de la Selway-Bitterroot, à l'infini. J'étais seul, au cœur même de la solitude.

L'ombre envahit le canyon et je m'en éloignai rapidement pour rejoindre la lumière du soleil qui inondait la prairie. L'herbe m'arrivait aux genoux et bruissait sous mes pas, le vent faisait onduler les sapins immenses et les cèdres imposants qui dessinaient l'entrée de la clairière. Le doux murmure de la rivière embrassait ce tableau et produisait une quiétude insistante qui m'entourait comme un linceul.

Je m'arrêtai au poteau téléphonique dont le garde m'avait assuré qu'il serait mon seul lien avec le monde extérieur. Nous avions découvert la veille que le téléphone ne fonctionnait pas. Je le décrochai tout de même. J'écoutai son silence sourd, la voix du reste du monde. L'appareil toujours contre l'oreille, je me retournai pour regarder la tente désormais à l'ombre et assez éloignée pour être vue avec du recul.

Les murs de toile couvraient une surface de quatorze pieds sur seize*. C'est ce que les gardes forestiers m'avaient dit, vantant ses dimensions jusqu'à la rendre spacieuse. Au téléphone, à la piscine de l'université, lorsque j'avais accepté ce boulot, je m'étais imaginé un palais.

À présent, je raccrochai le téléphone sans vie et me dirigeai vers la tente. Je soulevai la porte d'entrée en toile et pénétrai à l'intérieur, loin du monde sauvage. Au milieu du tapis de sol, réduisant considérablement l'espace disponible, se trouvait une pile de boîtes et de sacs – tout ce que je possédais et tout ce dont j'aurais besoin pour les sept mois à venir. Je me rappelais que, pas plus tard que la veille, ces mêmes sacs et ces mêmes boîtes remplissaient ma chambre d'étudiant, et que, pour circuler, mon colocataire et moi avions tracé des pistes entre eux.

Je m'assis sur la pile et Boone, la petite chienne que m'avait donnée Rader et qui ressemblait à un rat, vint s'installer sur mon pied. Elle avait été sevrée trop tôt, et tout lui était indifférent dès lors qu'elle ne se trouvait pas à moins d'un ou deux pas de moi. Je pris une large inspiration et, en grattant ses oreilles tombantes, je lui dis dans un souffle : "C'est magnifique, ici, hein, Boone ?" Sans parvenir à m'enthousiasmer devant la perspective des sept mois de solitude qui m'attendaient, je tapotai sa tête chaude en me demandant comment j'en étais arrivé là.

Je repensai à ce premier coup de fil au garde forestier, depuis la piscine où j'avais pour la première fois entendu parler de ce boulot. C'était donc la natation qui m'avait amené jusqu'à cette tente sombre et solitaire.

La toute première marche sur le long chemin qui menait jusqu'ici, c'est sans doute celle que manqua mon frère, quatre ans auparavant, dans cet escalier du Milwaukee. Paul, mon jumeau, le

* Note sur les unités de mesure utilisées : un mile représente environ 1,6 km ; un yard 0,9 m ; un pied 30,5 cm et un pouce 2,5 cm. La tente mesure donc 4,30 m sur 4,90 m. (Toutes les notes sont du traducteur.)

champion de natation du lycée, s'était cassé la jambe avant même d'atterrir au bas de l'escalier. Cette chute marqua la fin de sa saison sportive, mais fit démarrer la mienne.

Le lendemain matin, j'étais à peine arrivé que l'entraîneur était à mes trousses.

— T'es le jumeau de Fromm, c'est ça ?

Même si nous ne nous ressemblions pas du tout, je ne voyais pas l'intérêt de mentir.

— Très bien. L'entraînement commence à 15 h 30. À cet après-midi, alors.

— Mais je ne suis pas nageur.

— T'es bien le jumeau de Paul, non ?

Comme je ne semblais pas prêt à répondre, il me dit : "15 h 30" avant de sortir.

Lorsque la dernière sonnerie retentit, cet après-midi-là, je pris le chemin du retour et ce n'est qu'à la toute dernière minute que je bifurquai vers la piscine. Avant de me retrouver à l'intérieur du bâtiment, assailli par l'odeur de chlore, je n'avais pas eu l'intention d'y aller. Inconsciemment, je venais de prendre la première d'une série de décisions inconsidérées qui allaient me mener jusqu'à cette tente.

Je fis vingt longueurs avec difficulté. Lorsque tous les autres s'arrêtèrent, je crus que nous en avions fini. Personne n'aurait été capable de faire une autre brasse. Mais l'entraîneur annonça une autre série et, avec les autres, je recommençai à me débattre dans les flots. Toute autre option aurait signifié un abandon, et même si je n'étais pas dans mon univers, il était hors de question de subir une telle humiliation.

J'en étais alors à mon avant-dernière année de lycée, celle où se fait la sélection des universités. Mais le milieu de la natation m'avait submergé et je ne pensais pas une seconde à mes études. Une fois en terminale, même la pause déjeuner, je la passais à la piscine à rattraper le temps perdu, mes bras fendant l'eau comme des battoirs tandis que l'entraîneur marchait sur le bord en m'encourageant. Ses cris, combinés au manque d'oxygène dans mes poumons, me faisaient rêver au nouvel univers qui m'était destiné, un monde de records, de Jeux olympiques, de médailles. J'inaugurais une vie de rêvasseries, idéale pour vivre en solitaire.

Vers la fin de ma terminale, je passais de plus en plus de temps à éluder les questions de mes parents au sujet de l'université, jusqu'au jour où une feuille de papier glissa d'une pile de brochures apportées par un ami. En haut de la feuille se dressait fièrement un mouflon, symbole éloquent de liberté et des grands espaces. En dessous apparaissaient les mots obscurs de *Biologie animale* et *Université du Montana*.

Pendant des années, l'été, nous avions fait du camping en famille, d'abord avec une caravane, puis sous la tente, avant de nous lancer dans des excursions en canoë, puis dans de longues expéditions sacs au dos. Plus l'endroit était sauvage, plus il me plaisait, et je demandais souvent à être déposé quelque part tandis que ma famille suivait les chemins balisés. Je préférais l'exploration en solitaire, observant ce qui se donnait à voir sans l'aide d'un guide pour me dire quoi regarder, sans rester collé à un groupe de citadins ignares. Mon père appelait cela traînasser. Traînasser dans les bois.

Je n'avais jamais entendu parler de biologie animale, mais à mes oreilles, ce mot sonnait comme une promesse de traînasseries sans fin. Dans une deuxième série de décisions inconsidérées, j'envoyai une candidature unique dans une seule université.

Mes connaissances géographiques de l'Ouest étaient lacunaires, et j'ignorais jusqu'à la manière de prononcer le nom de Missoula, mais trois mois plus tard, j'atterrissais là-bas, étudiant en première année de biologie. Et même si je ne le savais pas encore, l'endroit où allait se trouver ma tente, près de la Selway River, n'était qu'à quatre-vingts miles de là à vol d'oiseau.

Dès ma première journée à l'université de Missoula j'intégrai l'équipe de natation. En débarquant seul dans cet immense État vide, je m'étais pris pour un aventurier. Mais maintenant je me sentais perdu, et c'est avec reconnaissance que je retrouvais la discipline des entraînements. À l'hiver, je me vis attribuer une bourse d'études, et avec elle un motif officiel à ma présence dans le Montana.

Pendant les deux années qui suivirent, je commençai mes journées en allant d'un pas lourd jusqu'à la piscine et les terminai en rentrant chez moi après l'entraînement, encore plus épuisé, dans l'obscurité précoce des soirs d'hiver. J'avais beau vivre au Montana, j'avais vu de cet État si peu de choses que j'aurais aussi bien pu me trouver n'importe où ailleurs dans le monde. Mais la dernière compétition avait lieu en mars, et le printemps allait être tout à moi.

Je partageais alors ma chambre avec un étudiant originaire de l'Ohio, Jeff Rader, qui était aussi chasseur. Il avait quelques années de plus que moi et, quand je passais mes étés comme maître-nageur dans un Country Club du Wisconsin, il était, lui, ranger dans les parcs nationaux. Je portais des lunettes de natation et des slips de bain, il se baladait avec des carabines et des fusils de chasse. Rader possédait aussi une voiture, un break vert tout cabossé qu'il appelait le *Deerslayer* – le Tueur de Cerfs. Ce printemps-là, après que j'eus été libéré de la routine épuisante des entraînements, nous commençâmes à explorer les alentours de Missoula : je compris alors tout ce que j'avais manqué.

Rader était un rat de bibliothèque – ce qui n'avait jamais été mon cas –, et il lui arrivait souvent, dans ses lectures, de siffler d'admiration ou de partir d'un grand éclat de rire. Si bien que je commençai à ramasser ses livres une fois qu'il les avait terminés. Rader était en passe de lire toute la collection de récits de trappeurs de la bibliothèque et, au Montana, cette collection est gigantesque. Il y avait Jim Beckworth et ses histoires à dormir debout : comment il était devenu chef Crow et avait réussi à botter tout seul les fesses de toutes les tribus du Nord-Ouest. Il y avait l'extraordinaire épopée du *Lord Grizzly* de Hugh Glass qui, après s'être fait attaquer par un ours, avait rampé sur des centaines de miles et qui, alors qu'il était étendu dans les ruisseaux, avait senti les vairons se nourrir des asticots qu'il avait sur le dos. Ce genre d'exploits commençait à me faire rêver. J'appris dans ces ouvrages les multiples usages que font du couteau Green River les hommes des montagnes, sans parler des carabines Hawken que l'on chargeait par le canon. Je passais plus de temps en compagnie d'hommes comme Jim Bridger,

Johnson le mangeur de foie, Jedediah Smith ou John Colter, qu'avec mes camarades d'université. La lecture de *The Big Sky* de A. B. Guthrie me plongea dans une sorte d'hébétude, je m'imaginai devenir un nouveau Boone Caudill que le monde ébahi allait bientôt découvrir.

Pour autant, et malgré les voiles équivoques de la fiction, il m'arrivait de lire entre les lignes. J'avais fait du camping en hiver, sans peau de bison ni tipi, mais avec tout ce qu'offrait la technologie moderne. J'avais fait de la randonnée jusqu'à l'épuisement, jusqu'à rêver d'escaliers mécaniques pour affronter les pentes. Je demandai à Rader s'il ne croyait pas que tout ce que ces types avaient enduré ne leur avait pas semblé, à l'époque, la pire des galères.

— Ça, sûrement, répondit-il. Mais c'est ce qui fait les meilleures histoires. Je suis certain qu'ils ne parlaient que de ça quand ils sont devenus gâteux. Comme les vétérans.

J'avais dix-neuf ans et cette remarque me paraissait juste. Je me rendais compte que je n'avais jamais rien vécu de ce genre, rien qui mérite d'être raconté, ni quand je serais gâteux ni même aujourd'hui. Ces questions me traversaient l'esprit de temps à autre, mais je les en chassais rapidement. Elles me paraissaient sournoises, lâches même. Je cessai d'interroger Rader. À la place, je pris un autre livre.

Assez vite, je commençai à me fabriquer une paire de mocassins à la façon des Indiens Flathead, mais je prétendais en secret qu'ils étaient Blackfeet, car les Blackfeet étaient plus redoutables.

Pour les vacances de printemps, Rader, son ami Sponz, moi et quelques autres, tous entassés dans le *Deerslayer*, partîmes faire un séjour dans les Tetons. Nous fîmes griller du poulet sur un feu interdit et bûmes du whisky bon marché comme le font dans les livres les hommes des grands espaces. La bouteille passait d'un gars à l'autre, virilement, à la manière des trappeurs. Plus tard dans la soirée, en essayant de me mettre debout, je m'écroulai, tête la première, et ne pus me relever avant le lendemain. Les beuveries décrites dans les livres m'apparurent alors invraisemblables, invraisemblance que je n'étendais cependant pas au reste de leurs histoires. Pendant tout le séjour, j'avais porté mes mocassins en regrettant de n'être pas né cent cinquante ans plus tôt. J'étais bien plus proche de la tente plantée le long de la Selway que j'aurais pu l'imaginer.

Quand je retournai à l'université pour ma troisième année, à l'automne 1978, j'appris que l'équipe de natation avait été dissoute. J'étais furieux et mes cours fondamentaux – chimie et calcul – ne me donnèrent soudain plus du tout l'impression de traînasser. Je me demandais ce que je fichais là.

Pour combler le temps libre dont je disposais désormais, je fis de plus en plus d'heures à la piscine et mis la dernière main au montage d'un fusil que j'avais acheté en kit au printemps : une carabine-revolver Hawken, calibre .54, véritable engin de trappeur à chargement par le canon. Je me l'étais procuré bien que jamais auparavant je n'aie possédé d'arme et sans avoir non plus le moindre outil ni la moindre expérience pour le monter. Avant ma rencontre avec Rader, je n'avais même jamais vu un fusil.

Vers la fin du mois de septembre, quelques jours avant mes vingt ans, alors que je surveillais la baignade, une fille qui était venue avec nous aux Tetons au printemps vint me trouver pour bavarder. Son sourire me ramena au temps du Country Club et des flirts avec des filles dont le maillot de bain était comme une seconde peau. Cet été-là était le premier que je passais loin de la maison familiale, je travaillais au parc national de Lake Mead dans le Nevada, mais je n'étais que maître-nageur, car à ma grande honte je ne possédais aucune des qualifications requises pour être ranger.

Cette fille avait passé l'été avec une amie à faire la cuisine dans un refuge perdu de l'Idaho. Elle était originaire du New Jersey, et elle me raconta avec son accent du Nord la cuisine et les longues marches, évoquant au passage des lieux aux noms indiens comme la Passe des Nez Percés. J'avais tout lu sur les Nez Percés. Le Chef Joseph qui avait dit : "Je ne me battrai plus jamais, pour toujours." J'étais un spécialiste. Et je me retrouvais là, en maillot de bain, à écouter cette fille du New Jersey me parler des montagnes où elle avait séjourné. Des montagnes que je ne connaissais que par les livres.

J'avais cessé de vraiment l'écouter lorsqu'elle mentionna son amie et leur rencontre avec un garde forestier. Son amie avait accepté un boulot au *Fish and Game*[*] de l'Idaho, me dit-elle, un emploi qui impliquait de passer l'hiver seul dans les montagnes. Un job en rapport avec des œufs de saumon.

Je devins subitement très attentif. Au milieu de la nature, seul dans les montagnes. Elle me dit qu'elle trouvait l'idée plutôt sympa, mais que sa copine s'était entichée d'un type et que maintenant c'était devenu nettement moins sympa pour elle. Il s'agissait après tout de passer sept mois en solitaire. Ce jour-là, son amie venait justement d'appeler le garde forestier pour lui dire qu'elle se désistait. “Il était vraiment furax, le gars”, précisa-t-elle. Il ne lui restait que deux semaines pour trouver quelqu'un qui accepterait de passer sept mois seul en pleine nature. “Ce genre de personne, ça ne se trouve pas sous le sabot d'un cheval”, dit-elle, et tout ce projet coûteux était sur le point de capoter.

Elle me donna le nom et le numéro du garde. Je l'appelai depuis la piscine, faisant preuve d'une sagacité, d'une débrouillardise – et d'un manque de réflexion – dignes d'un véritable homme d'action.

Le soulagement du garde devant cet appel venu du ciel était manifeste, mais il prit tout de même soin de m'expliquer ce qu'impliquait le job. Il ajouta qu'il refuserait tout engagement de ma part avant d'avoir évoqué avec moi l'ensemble des conditions. Il ne voulait pas que j'accepte à cause d'un vague film que je me serais fait pour le lâcher, une fois de plus. C'est bien l'expression qu'il avait employée – *un film*. Sans le vouloir, il avait réussi à m'accrocher.

— Vous vivrez dans une tente de toile rectangulaire au croisement de deux rivières, la Selway et Indian Creek, m'expliqua-t-il. En plein cœur du parc naturel de la Selway-Bitterroot.

Je ne savais pas ce qu'il entendait par “tente rectangulaire”, mais je restai silencieux.

— C'est juste après Paradise Guard. Vous voyez où ça se trouve ?

— Non.

[*] Fish and Game Department : organisme de réglementation de la chasse et de la pêche.

— C'est là que mouillent tous les radeaux, dit-il, avant un silence.

Je n'avais jamais rien mis en rade.

De la mi-octobre à la mi-juin, j'allais être responsable de deux millions et demi d'œufs de saumon implantés dans un bras entre deux rivières. La route la plus proche se trouvait à quarante miles, l'être humain le plus proche à soixante miles. Si j'étais intéressé, précisa-t-il, je n'aurais que deux semaines pour me préparer.

J'entendais de moins en moins ce qu'il disait. Tout me semblait parfait. J'allais enfin découvrir le monde sauvage. Film ou réalité ? Galère ou liberté sans limite ? Mais, de toute manière, peu importe ce que j'allais découvrir, j'aurais une histoire à raconter plus tard, mon histoire.

Je dis au garde que tout cela me semblait très intéressant. Si j'avais été plus attentif, j'aurais sans doute pu l'entendre secouer la tête.

— Et le salaire, ça ne vous intéresse pas ? demanda-t-il.

Je lui répondis que si, bien sûr, même si je n'y avais pas songé.

— Deux cents dollars par mois, lança-t-il.

— D'accord, répondis-je.

C'était trop beau pour être vrai. Être payé, en plus. Il me conseilla d'y réfléchir et de le rappeler le lendemain.

— Entendu, fis-je.

Une formalité. Ma décision était prise.

II

Juste après la conversation téléphonique avec le garde, j'appelai mes parents. En apprenant que je m'apprêtais à quitter l'université, ils n'allaient certainement pas sauter de joie, mais au départ ils eurent trop de choses à me demander pour aborder ce problème. La plupart de leurs questions, j'aurais probablement dû les poser moi-même au garde, comme par exemple : comment allais-je communiquer avec le reste du monde ? Je leur répondis que j'aurais sans doute une radio, ou un appareil de ce genre.

— Comment vas-tu te chauffer ?

— C'est une grande tente, je pense. Il m'a dit qu'il y avait un poêle à bois.

— Et si tu te coupais le pied avec une hache ? Comment ferais-tu pour appeler de l'aide ?

— J'utiliserais la radio, je suppose.

— À condition que tu en aies une.

Je me demandais qui pourrait être assez stupide pour se couper le pied avec une hache.

Ils ne me trouvaient guère rassurant, mais je songeais à Hugh Glass et à son incroyable périple de plusieurs centaines de miles parcourus en rampant après s'être fait à moitié dévorer par un grizzly. Je leur racontai l'anecdote. “Si quelque chose de vraiment grave se passe, il n'y a que quarante miles. Je pourrais toujours ramper si nécessaire.” Pas rassurant du tout.

Plus ma mère argumentait, plus j'étais sur la défensive, je lançais des phrases telles que : “Ce genre d'expérience est indispensable. Il est impossible d'obtenir un poste en biologie animale sans une expérience de terrain." Mais, pour ma mère, une expérience d'aliéné mental ne serait pas d'une grande utilité.

— Et l'université ? demanda-t-elle.

— Les cours ont repris la semaine dernière. Je peux arrêter sans problème.

Un silence s'ensuivit – aucun de leurs six enfants n'avait jamais abandonné quoi que ce soit.

— Je pourrai toujours y retourner l'an prochain, proposai-je pour combler le vide, mais mes cours me semblaient désormais tellement ridicules que je doutais de jamais vouloir y revenir un jour.

Mon père finit par dire quelque chose comme : "Je suppose que c'est pour des occasions comme celle-ci que tu as choisi le Montana."

J'acquiesçai avec force, même si je n'avais jamais vraiment su pourquoi j'avais choisi le Montana.

C'est alors que ma mère, depuis le téléphone de la chambre, se mit à protester vigoureusement, mais mon père l'interrompit assez longtemps pour me permettre de raccrocher avant que la conversation ne tourne au vinaigre. Je regardai fixement le téléphone du bureau de la *Grizzly Pool*. Me couper le pied avec une hache ? Mais ils me prenaient pour quoi, un débile ?

Rader verrait bien, lui, que c'était une expérience fabuleuse. Je me changeai aussi vite que possible et traversai en courant les pelouses vertes du campus pour lui apprendre la nouvelle.

— Sept mois ? demanda-t-il. Sans voir personne ?

Je hochai la tête, puis ajoutai :

— Ils passeront me voir de temps à autre sur leur motoneige. Pour le courrier, les trucs comme ça.

Je répugnais à admettre cette idée. Sept mois sans *aucun* contact, voilà qui aurait fait beaucoup plus authentique.

— T'es dingue, lança-t-il.

Mais cette perspective le fascinait. Même si lui, pour tout l'or du monde, n'aurait jamais accepté ce job, il pensait que ce serait une expérience extraordinaire. Sa réaction me fit réfléchir un peu plus à l'engagement que j'avais pris, mais elle rendit en même temps l'aventure encore plus attirante à mes yeux. Tout cela n'était pas à la portée de n'importe quel imbécile. Il fallait un certain cran.

Infiniment moins influencé par la fiction que moi, Rader commença sa propre liste de questions. Comment allais-je me rendre sur les lieux ?

— Une route y conduit, avouai-je. Une espèce de piste, m'a expliqué le type. Elle devient impraticable à partir de fin octobre, début novembre, à cause de la neige.

— Donc tu ne devras pas apporter toutes tes affaires à cheval ?

Il me fallut admettre qu'en effet, elles seraient transportées grâce au camion du *Fish and Game*.

— Alors il faut que tu rassembles ton matériel. Et pour la nourriture ?

— Je dois tout préparer pour le jour du départ, quand ils viendront me chercher.

— Tu as combien de temps ?

— Deux semaines.

Il émit un sifflement, comme lorsqu'il lisait des ouvrages sur les exploits de grands trappeurs.

— Est-ce que ce sont eux qui paient la nourriture ?

Je secouai la tête.

— Non, c'est moi, je crois. En fait, le type n'a rien dit à ce sujet.

— Et ta bourse ?

Je n'avais pas pensé à cela. Rader avait dû racler les fonds de tiroirs pour payer sa scolarité, alors que j'étais ressorti du bureau des inscriptions avec un chèque de cinq cents dollars.

— Je vais la perdre, je suppose.

Il m'en demanda le montant. Comme il n'avait jamais été très doué en maths, il lui fallut une bonne minute avant de déclarer :

— En somme, tu vas lâcher une bourse de mille cinq cents dollars pour un salaire de mille quatre cents.

Je fis oui de la tête.

— Ah bon. Enfin, au moins, ils te font payer ta nourriture.

Nouvel hochement de tête, plus hésitant : je n'avais pas tout à fait vu les choses sous cet angle.

— Je me demande combien ils vont te demander pour la tente.

— Le type n'a rien dit à ce sujet non plus, répliquai-je. Ils ne peuvent décemment pas me faire payer un loyer.

Rader se mit à rire et, tendant le bras, il attrapa quelques bouteilles de bière qu'il gardait au frais sur l'appui de fenêtre. Les capsules sautèrent. Il leva sa bouteille pour un toast.

— Connard de Fromm, va, fit-il, tout sourire, en secouant la tête.

Son éloquence me fit rougir de plaisir.

Le lendemain, je m'activai à régler les affaires urgentes. Avant de partir, je voulais savoir si je pourrais conserver ma bourse. Je finis par tomber sur quelqu'un qui me confirma que, tant que je resterais inscrit à l'université, cela serait le cas. Le soir même, Rader et moi cherchâmes un moyen de combiner cela. Le jour suivant, je pénétrai un territoire inexploré, celui du département des Lettres et Sciences Humaines. J'entrai en contact avec un professeur de Lettres et Humanités – une discipline dont j'ignorais jusqu'à l'existence. En quittant son bureau, j'étais inscrit pour les trois trimestres à venir dans un séminaire de "Rédaction de journal intime", noté exclusivement sur la base des devoirs rendus, du fait de mon absence.

— Rédaction de journal intime !

Nous étions hilares. Qu'est-ce que c'était que ce cours ? Nous nous accordions sur une chose : je m'étais trouvé une planque de premier ordre.

Les bières ouvertes le premier jour pour fêter l'événement furent les premières d'un flot qui allait couler presque sans discontinuer pendant les deux semaines suivantes. Des amis qui avaient entendu parler de mon projet se mirent à organiser des fêtes ou à m'emmener en virée pour un dernier goût de civilisation. Ils se relayèrent pour les soirées d'adieu, et j'avais beau être de plus en plus dans le brouillard, il y avait toujours, d'un soir à l'autre, un nouveau visage plein de vie.

Tous les achats à faire, je les fis entre ces soirées. Mais je savais si peu ce dont j'aurais vraiment besoin que je me demande si j'aurais fait les choses autrement en étant sobre.

Lorsque j'avais quitté la table familiale, ç'avait été pour le restaurant universitaire et je n'avais jamais rien cuisiné de ma vie, si ce n'est un ou deux hot dogs. Désormais, j'avais devant moi la perspective redoutable de devoir gérer sept mois de victuailles. Je me retrouvai, en compagnie de Rader, à déambuler dans les allées d'un magasin d'alimentation en gros. Nous étions tous deux perplexes. En fin de compte, je décidai d'acheter assez de riz pour plusieurs années et assez de haricots pour des décennies. À la dernière minute, je pensai à prendre un percolateur, quelques poêles et casseroles – objets que je n'avais jamais possédés, ni même utilisés. J'ajoutai enfin une centaine de livres de pommes de terre en déclarant que j'irais creuser une cache pour les empêcher de geler. Je n'avais en fait pas la moindre idée de la manière dont cela se faisait, mais le mot *cache* apparaissait sans cesse dans mes histoires de trappeurs. Le mot sonnait bien.

Nous entassâmes toute cette nourriture dans notre minuscule chambre d'étudiants – une pile impressionnante – avant de nous occuper de la partie amusante. Rader était persuadé que je ne mangerais pas des haricots tout l'hiver, mais que je serais amené à chasser pour assurer ma subsistance. Je n'avais jamais tiré sur quoi que ce soit, mais cela aussi sonnait bien. Avec le *Deerslayer*, nous allâmes au magasin de sport du coin et je dis adieu à l'argent de ma bourse.

J'achetai des bougies, des haches et des coins à fendre. Deux paires de raquettes (des rondes et des longues, même si la différence ne me semblait pas évidente). Elles étaient en sorbier sauvage et en peau de bête, tout imprégnées d'une beauté primitive, utilitaire.

Ensuite, des pantalons de laine. Trois, même si deux auraient suffi, je pense. Je ne voulais pas être pris au dépourvu au milieu de nulle part.

Puis commença la partie véritablement excitante : l'achat de tous les accessoires d'homme des montagnes qui allaient, de toute évidence, m'être indispensables. Même si je n'avais pas la moindre idée de comment les poser, j'achetai des pièges – tout trappeur a besoin de pièges. Rader, qui avait piégé des rats musqués dans l'Ohio, était prêt à m'initier à ses secrets.

En réalité, à ce moment-là, c'est Rader qui prit en main ma préparation, tel un enfant surexcité dans une boutique de bonbons. Quelques jours auparavant, nous étions allés dans les montagnes tirer pour la première fois avec mon fusil Hawken. Je souffrais d'un mal de crâne persistant et le bruit des tirs m'avait mis les larmes aux yeux. Mais l'impressionnante quantité de fumée épaisse et bleue qui, à chaque coup de feu, s'échappait du canon, m'avait emballé. Rader avait été moins impressionné. D'après lui, il me faudrait un vrai fusil si je voulais survivre. Je lui avais répondu que Johnson le mangeur de foie n'avait pas eu besoin d'outils de ce genre, mais une fois dans la section "armes" du magasin, il réussit à me convaincre d'acheter un Bolt-action .22.

— C'est pour tirer sur les lapins, les écureuils, les trucs de ce genre, m'expliqua-t-il. Si tu les tires avec ton gros calibre, tu vas les ramasser en pièces détachées pendant des semaines.

Quand nous fûmes de retour dans notre chambre, j'empaquetai les deux armes dans les peaux de mouton et le cuir que je m'étais acheté pour me fabriquer une autre paire de mocassins et une paire de *mukluks**.

Le jour du départ approchait. J'ajoutai quelques éléments à la pile qui s'élevait dans notre chambre – nous en étions arrivés au point où il nous fallait tracer des pistes afin de rejoindre nos lits respectifs. Il y avait une corne de bison que j'espérais transformer en une authentique corne à poudre. Quelques jours seulement avant l'arrivée des gardes forestiers, je me dis que des allumettes pourraient être utiles, et je me mis à en rassembler des dizaines de boîtes. De grandes *Ohio Blue Tips* – les allumettes à tête bleue – que j'aimais utiliser lorsque j'étais gamin et que je faisais du camping.

Pour terminer, je pris quelques livres. *The Big Sky*, ma bible, et aussi quelques manuels *Foxfire*, les livres de Bradford Angier sur la survie dans les grands espaces et une vieille brochure *Herter* de recettes à faire en pleine nature. Même si j'avais suivi Rader dans le

* Mukluk : terme eskimo désignant des bottes fourrées traditionnellement fabriquées en peau de renne ou de phoque.

maquis des livres sur les trappeurs, je n'étais pas un gros lecteur. Je partis seul pour sept mois avec seulement six livres.

Le week-end précédant l'arrivée des gardes, Rader me traîna à un séjour de chasse en montagne. C'était l'ouverture de la saison, et il y aurait beaucoup de gibier. Rader comptait bien abattre un cerf.

Nous étions allés à une grosse fête la veille, et j'étais trop fatigué pour m'inquiéter de la nourriture. De toute façon, j'avais mon fusil et les hommes des montagnes ne vont pas au supermarché.

Au crépuscule, à proximité de Lolo Peak, après dix miles de piste déprimante sans l'ombre d'un cerf, Rader et moi montâmes le camp. Mon estomac criait famine. Toute la journée j'avais regardé en silence Rader grignoter. Le trappeur en devenir que j'étais était trop fier pour admettre qu'il aurait volontiers croqué un bout de ce *Snickers* si appétissant. Juste avant le coucher du soleil, j'abattis un écureuil, un de ces minuscules écureuils roux. Rien à voir avec ceux qu'on trouvait chez moi, dans le Milwaukee, qui étaient gris et de la taille d'un chat.

C'était le premier animal que je tuais et Rader me montra comment l'éviscérer. Je fus impressionné par ces entrailles propres et nettes, brillantes et bien ordonnées. Elles étaient semblables aux nôtres. Sans doute Darwin avait-il pensé la même chose.

Rader me montra ensuite comment écorcher l'animal, en faisant glisser la peau par-dessus la tête comme une chaussette. Tout cela me serait inestimable le jour où, seul dans mes collines, je poserais mes pièges le long de ma ligne de trappe, accumulant les peaux que j'échangerais pour des fortunes au comptoir de la *Pacific Hide and Fur*. Je conservai la queue de l'écureuil, douce et duveteuse.

Ce soir-là, alors que nous étions tous deux assis autour de notre feu de camp à siroter du whisky (j'avais appris à siroter, tant pis pour ce que préconisaient les livres), Rader avalait un sandwich au beurre de cacahuètes après l'autre pendant que je tournais lentement le bâton sur lequel était empalé le cadavre de l'écureuil. Sous l'effet des flammes, il devenait plus noir et plus dur à chaque seconde et je finis par le manger avec un enthousiasme feint. Mon premier coup de fusil. L'intérieur de l'animal était chaud, l'extérieur croustillant, et sa chair caoutchouteuse avait le goût du sapin qu'on avait fait brûler pour le cuire.

Lorsque Rader me proposa enfin un sandwich au beurre de cacahuètes, j'hésitai quelques instants, jusqu'à ce que je sois certain qu'il ne se moquerait pas de moi. Une fois rassuré, je l'engloutis d'une bouchée.

Cette nuit-là, alors que Rader ronflait d'un côté du feu, j'étais dans mon sac de couchage et j'attisais les flammes à l'aide d'un bâton. Quand j'étais enfant, on appelait cela un *bâton à rôtir*. J'étais épuisé, transi et affamé, mais incapable de dormir. Si seulement je n'avais pas parlé à cette fille venue à la piscine cet après-midi-là. Je pensais à tout le matériel empilé dans notre chambre. Une moitié dont j'ignorais jusqu'à l'usage que l'on pouvait en faire, l'autre dont je n'avais jamais voulu, de toute façon. Nom de Dieu, comment est-on censé s'y prendre pour faire cuire des haricots aussi durs que des diamants ?

Malgré la fatigue occasionnée par les beuveries frénétiques avec mes amis – ces mêmes amis que, je m'en rendais compte, je ne reverrais pas avant longtemps –, la réalité des sept mois à venir s'imposait enfin à moi.

Mais les gardes devaient arriver dans deux jours, une dizaine de soirées d'adieu avaient été organisées en mon honneur, et je ne voyais aucun moyen de me sortir du guêpier dans lequel j'avais foncé tête baissée. C'était impossible. Si l'on m'avait appelé pour m'apprendre que le projet était finalement annulé, j'aurais dansé la gigue tout nu dans la grande rue. Je fermai les yeux et essayai de provoquer mentalement ce coup de fil. Les choses s'étaient emballées depuis trop longtemps pour que je puisse me sortir seul de cette impasse.

Le jour suivant, rentré à pied avec Rader, je me précipitai au restaurant universitaire. J'y retrouvai quelques amis et, tôt cet après-midi, débuta la dernière de mes soirées d'adieu. Plus tard, je passai par ma chambre pour y chercher Rader et finir la soirée en ville avec les autres.

Je trouvai mon ami assis au milieu des boîtes en compagnie de Lorrie, une fille avec laquelle j'étais sorti au cours de ma première année dans le Montana. Elle tenait dans ses bras un chien minuscule, qui semblait un croisement entre un berger et un rat – tous deux également faméliques.

— C'est pour toi, me dit Rader. Ce serait de la folie de ne pas avoir de chien là-bas.

Je jetai un regard au petit animal décharné.

— Nous l'avons trouvé à la fourrière, ajouta Rader. C'est une femelle, moitié husky moitié berger.

Mon ami était tout sourire, visiblement très content de lui.

J'avais passé l'après-midi à boire bière sur bière avec mes amis de l'équipe de natation. J'observai Rader, la chienne et Lorrie. Je me demandais depuis quand ils étaient devenus amis. Quand nous sortions ensemble, elle et moi, elle n'aimait pas Rader.

— Tu vas l'appeler comment ? me demanda-t-elle en me tendant la petite bête.

— Boone, répliquai-je.

Comme Boone Caudill. Authentique.

— Mais c'est une femelle, fit Lorrie.

— Ce sera Boone quand même, dis-je en hochant la tête.

Puis je me tournai vers Rader pour lui dire que tout le monde allait en ville. Je posai Boone par terre et, d'un pas hésitant, elle rejoignit Lorrie.

— Tu as acheté de la nourriture pour chien ? demandai-je, fier de cette fulgurance logistique.

— Très drôle.

— On aura besoin de quelle quantité, tu crois ?

— Quelques centaines de livres, probablement.

Nous fîmes ainsi notre ultime série d'achats, ajoutant six sacs de cinquante livres de nourriture canine à la pile.

Alors que nous déposions les sacs, j'appris par un coup de téléphone qu'on m'avait supprimé ma bourse d'études. Il aurait fallu que je sois étudiant à plein temps. Je me mis à téléphoner à droite et à gauche, en vain. Je voyais s'envoler ce qui me restait d'argent. Ma planque était partie en fumée.

Mais la fête n'était pas finie pour autant, et je ne pris même pas le temps de traverser le campus pour me désinscrire du cours de rédaction de journal intime. Les cahiers étaient déjà dans mes bagages.

Mes souvenirs de cette soirée-là sont plutôt flous. Une fois arrivé au centre-ville, le groupe se sépara et quand je revins le lendemain matin, lundi, il faisait jour.

Les gardes m'avaient prévenu qu'en raison de la longueur du trajet ils arriveraient vers huit ou neuf heures. Ils m'avaient dit qu'ils apporteraient des cartes, aussi n'en avais-je acheté aucune. Environ un quart d'heure avant qu'ils ne frappent à ma porte, je me rendis compte pour la première fois que j'ignorais où j'allais.

III

L'attitude des gardes forestiers fut très professionnelle : ils vidèrent ma chambre de tout mon équipement beaucoup plus vite que je ne l'avais espéré. Rapidement, il ne me resta plus aucune excuse. Dans le froid soleil d'octobre, se tenant près des camions marqués *Idaho Fish and Game*, mes amis m'observaient. Sachant qu'il n'y avait plus rien d'autre à faire, je serrai des mains et me laissai embrasser par quelques filles. Puis je montai dans un véhicule en compagnie d'un garde, un homme âgé, un parfait inconnu. Boone vint se blottir tout contre moi.

Comme nous sortions du campus, je saluai mes amis en leur faisant des signes de la main. Quatre heures plus tôt, ma dernière fête d'adieu battait encore tout son plein, comme cela avait été le cas pendant les quinze jours précédents, depuis mon vingtième anniversaire, depuis que j'avais accepté ce boulot, et je ne me sentais pas très bien. Je réussis à bavarder un peu avec le garde, mais mes yeux rougis le firent sourire. Il me dit qu'on croirait y voir des cartes routières, que cela avait dû être une sacrée fête d'adieu. Je répondis que oui, en effet, et, tandis qu'il me conduisait vers un endroit où je n'étais jamais allé, et même s'il s'apprêtait à m'y laisser pour une durée de sept mois, je m'endormis contre la vitre du siège passager avant que nous ayons dépassé le chapelet de fast-foods qui se trouve au sud de Missoula.

Je me réveillai à Darby, ville qui m'était totalement inconnue. À la station-service, pendant que le garde faisait le plein, je m'achetai un coca en me demandant quand j'en boirai un autre. Je buvais rarement des boissons gazeuses, mais je me surpris soudain à regretter de n'en avoir apportée aucune dans mon barda. Qu'avais-je pu oublier d'autre ? Je jetai un regard à une vieille carte routière accrochée au mur et découvris que nous nous trouvions déjà à soixante-cinq miles au sud de Missoula.

Sur quelques miles encore, nous nous dirigeâmes vers le sud, quittant Darby, avant d'abandonner l'autoroute pour rejoindre une autre route asphaltée. Je pris conscience que j'aurais été bien incapable de reconnaître le croisement que nous venions de passer, que je n'avais pas prêté attention aux panneaux de signalisation. Cela me parut une grave erreur, même si je ne voyais pas bien en quoi ce manque d'informations pouvait être gênant. Je ne reviendrais de toute manière pas dans les parages avant le printemps suivant. Mais je n'avais pas la moindre idée de l'endroit où nous nous trouvions. Puis il y eut cette route de terre sur laquelle nous nous engageâmes. Tout le camion se mit à cahoter, et mon estomac en fut durement éprouvé. Je n'aurais su dire si c'était la gueule de bois ou le tiraillement nerveux et désespéré de l'angoisse.

Il faisait trop chaud dans le véhicule, et une nouvelle route, pavée cette fois, s'ensuivit. Sans le vouloir, je tombai à nouveau endormi.

Lorsque nous parvînmes à la dernière section de route cabossée, nous avions franchi la passe et le sommeil n'était plus possible. Je regardai la rivière étroite et irrégulière que longeait le véhicule, ainsi que les parois accidentées et sombres du canyon qui s'élevaient de ses rives. L'endroit était apparemment sombre et humide, et la végétation plus fournie que ce à quoi j'étais habitué. Il me sembla que les flancs noirs de la vallée se refermaient sur moi.

Nous atteignîmes une vaste clairière occupée en partie par les tentes de chasseurs de cerfs. Le garde coupa le moteur. Nous étions à Indian Creek. Sans échanger plus de deux phrases, les hommes sortirent de l'arrière d'un camion du bois de construction, divers matériaux et la tente de toile. Ils se mirent à monter les mâts. Nous installâmes le sol de contre-plaqué, puis la toile fut hissée sur le mât central et, alors que les autres s'efforçaient de maintenir la tente, on me confia le soin d'accrocher le tendeur. Je le passai autour de l'arbre qu'on m'avait indiqué et commençai à l'enrouler autour de lui-même dans une sorte de parodie de nœud. Le garde forestier qui allait être mon patron me dit en grommelant :

— Une double demi-clé, ce serait parfait.

— Une double quoi ?

Il prit ma place, je pris la sienne et il stabilisa la tente en fixant le tendeur. Ensuite, il me prit à part pour me montrer ce qu'était une demi-clé.

— Tu t'es jamais frotté à des cordes ? me demanda-t-il.

Je fis non de la tête et vis les gardes se lancer des regards entendus. Je m'efforçais de ne pas leur sembler débile, mais je ne comprenais pas pourquoi quelqu'un passerait délibérément du temps à "se frotter à des cordes". J'étais toujours dans un sale état à cause de la nuit précédente, qui avait été très amusante. Ce qui se jouait ici avec ces deux inconnus ne l'était pas.

Nous déchargeâmes mon matériel et mes provisions. Une immense pile se forma à l'intérieur de la tente. Le garde montra du doigt le canon de ma carabine .22 long rifle qui dépassait de la peau de mouton.

— T'es au courant que tu n'as pas de permis de chasse ?

Je fis oui de la tête.

Il donna un coup de pied dans l'un des sacs posés au sol. Un filet de haricots blancs commença à se répandre sur le contreplaqué.

— J'imagine bien que tu vas tout de même pas manger ça tout l'hiver.

Il jeta un regard alentour, à la tente et à son collègue, puis fit un nouveau geste en direction de la carabine.

— Quand tu l'utiliseras, sois bien discret, surtout. Si le vieil Ironsides te chopait en train de tirer ne serait-ce qu'un lapin, il te clouerait la peau à un arbre.

— Qui ça ? demandai-je.

Il me décrivit alors l'autre garde du district.

— Ce type a passé une bonne partie de sa vie professionnelle à chercher le moyen de coffrer sa propre mère, expliqua-t-il, et les deux hommes se mirent à rire.

— Y a des chances que tu le voies jamais. Mais y vaudrait mieux, pour nous tous, que tu sois discret. Il nous ferait arrêter pour complicité.

— Je comptais seulement m'en servir pour m'amuser, dis-je pour me justifier, et c'était un mensonge. Je ne chasse pas, ajoutai-je, et ce n'était pas un mensonge.

Il eut l'air de me croire. Après tout, il savait, lui, que je ne m'étais jamais frotté à des cordes.

Sur ce, nous vidâmes les lieux pour remonter, dix miles plus au nord, jusqu'à un poste de rangers d'été, Magruder, et y passer la nuit.

Le lendemain matin, le garde m'expliqua qu'ils allaient me laisser le plus cabossé des deux camions pour l'hiver. Ils montèrent à bord et m'invitèrent à le conduire. Ils avaient dû avoir une conversation secrète. Je fis caler le véhicule en essayant de remonter la colline depuis Magruder, et ils comprirent que je savais à peine me servir d'une boîte mécanique. Ils échangèrent de nouveaux regards inquiets et mon patron se mit à m'expliquer comment fonctionnait un embrayage. Au cours des dix miles de trajet jusqu'au camp, il y eut beaucoup d'arrêts brusques et autant d'embardées, mais je ne calai pas une seule fois jusqu'au retour à la tente. J'étais plutôt fier de mon exploit.

Lorsqu'ils découvrirent que je n'avais jamais utilisé de tronçonneuse, ils détournèrent carrément le regard. Le patron me tendit un tiers-point en me disant que je finirais par être un bon affûteur. Il ne me donna aucune précision. Je crois qu'ils essayaient de ne pas s'attacher à moi, comme des soldats aguerris avec une jeune recrue qui, de toute façon, ne leur survivra pas.

Je me sentais comme un poussin à peine sorti de l'œuf et, même s'ils étaient les seuls êtres que je connaissais dans le coin, j'avais hâte de les voir partir tellement la présence de ces puits de science m'était pénible. Pourtant, lorsque j'appris qu'ils comptaient se mettre en route vers midi, j'aurais utilisé n'importe quel moyen pour les faire rester. Au moins un jour de plus.

Mon patron me montra le téléphone accolé à un pilier à environ cent yards de ma tente. L'appareil avait une manivelle sur le côté : je trouvai ça plutôt sympa, comme les téléphones d'autrefois. Se faufilant entre les arbres, un câble reliait le site au poste de rangers de West Fork, à quarante miles de là. C'était une ligne terrestre, me dit le garde, à n'utiliser qu'en cas d'urgence.

— Tu tournes la manivelle, m'expliqua-t-il. Deux coups longs et un court, et tu es relié au poste.

Il joignit le geste à la parole, mais le téléphone resta muet.

— Sans doute un arbre tombé sur la ligne, fit-il.

S'efforçant de ne pas croiser mon regard, il ajouta :

— Il y en a un autre à Magruder. Le problème vient peut-être d'une coupure entre ici et Magruder.

Il leur restait un long trajet à parcourir avant d'arriver à Lewinston, et ils étaient pressés de prendre la route. Je les conduisis à Magruder où ils avaient laissé leur camion. Ils restèrent encore un peu pour vérifier le téléphone. La liaison de Magruder fonctionnait. Le garde me dit :

— Super. S'il arrive un truc grave, tu utiliseras celui-ci.

— Sauf si un arbre tombe sur la ligne, ajoutai-je, et il fit oui de la tête.

Dans le coin, il n'y avait rien d'autre que des arbres. Je ne demandai pas comment j'étais censé parcourir la distance qui séparait ma tente de Magruder au cas où, par exemple, je me couperais le pied avec une hache. Je me sentais assez minable, et peut-être cela se voyait-il plus que je l'imaginais.

Dans le joli pré situé devant le poste de Magruder, nous nous tenions à proximité des deux véhicules et mon patron voulut revoir avec moi l'utilisation de l'embrayage. Puis il commença à parler de bois à brûler. Les rayons du soleil nous chauffaient le corps, et j'aurais voulu qu'il continue de parler jusqu'au soir.

— On t'a laissé pas mal d'essence et la tronçonneuse. Le carburant est déjà mélangé, donc pas la peine d'ajouter de l'huile. Mais n'oublie pas l'huile sur la lame. Sinon, tu vas liquider l'engin vite fait.

Je hochais la tête sans arrêt, comme si j'avais abattu des forêts entières avant de le rencontrer.

— Il te faudra sans doute sept cordes de bois, m'expliqua-t-il. Fais attention à ça. Tu dois t'en constituer toute une réserve avant que la neige n'immobilise ton camion.

Je ne voulais pas poser cette question, mais comme cela semblait important, je me lançai :

— Heu… C'est quoi, une corde de bois ?

C'est la question qui, de toute évidence, les acheva. Cette fois, pas le moindre échange de regards entre eux, ni d'ailleurs avec moi. Ils se tenaient jusque-là debout contre les portières ouvertes. Ils entrèrent alors dans le véhicule et s'y installèrent. Mon patron fit descendre sa vitre.

— Une corde, c'est une mesure de bois. C'est un tas de quatre pieds de profondeur, quatre de haut et huit de long. Il te faudra au moins sept tas comme ça. Dix, ce serait mieux, si l'hiver est vraiment dur. Rien de pire que porter du bois dans la neige : ça te fiche une journée en l'air.

Il me tendit alors une clé pour le poste de rangers et une autre pour la pompe à essence.

— Tu videras sans doute le réservoir rien que pour constituer ta réserve de bois.

Puis il me serra la main en disant “bonne chance”, et promit qu'il essayerait de revenir une fois avant que la route ne soit fermée pour de bon.

En lâchant l'embrayage, il conclut par un “tu te débrouilleras très bien”.

Je n'étais pas vraiment sûr de partager son avis et, après trois tentatives malheureuses pour remonter la pente sans caler, j'en étais totalement convaincu : il avait menti.

IV

Ce premier soir dans la tente, je demeurai un long moment assis sur la pile bancale de matériel, stupéfié de me retrouver pour de bon à cet endroit. La natation et les lectures d'un copain de chambre m'avaient-elles réellement mené jusqu'ici ? Je caressais sans discontinuer les oreilles de Boone en me remémorant mon premier jour dans le Montana, songeant à la manière dont cette aventure avait engendré solitude et confusion. J'avais à l'époque trouvé refuge dans la natation et la discipline routinière, familière et rassurante, des entraînements. Je jetai un regard à la pile sous mes fesses, à la faible lumière grise et terne qui traversait la toile de la tente, et je sus que cette fois, il n'y aurait aucun lieu où me réfugier, aucune piscine dans laquelle me jeter, aucun entraîneur pour me crier des instructions.

Je finis par me résoudre à sortir de la tente. Je n'aurais pu y rester une seconde de plus. Me faisant violence, je descendis jusqu'au bras de rivière que j'étais censé surveiller. Il faisait assez chaud, une encoche dans les montagnes laissant encore, quelques secondes avant le crépuscule, les rayons du soleil caresser les branches des cèdres et des pins. Je tendis la main pour toucher les rubans de lumière jaune qui glissaient entre les branches. Je pouvais presque les sentir sur ma main. Pas leur chaleur, mais comme si chaque rayon avait un poids à lui, comme de la soie entre mes doigts. Mais ce n'était pas le cas.

Lorsque le soleil disparut derrière les montagnes, je montai sur la face sud d'Indian Ridge, raide et dénudée, juste assez haut pour sortir de l'obscurité du canyon. Je m'assis sous un large pin parasol.

Boone vint se blottir tout contre moi. Pour une femelle, ce nom était vraiment stupide. À ce moment précis, j'en voulais à A.B. Guthrie dont le *Big Sky* et les autres récits d'hommes des montagnes m'avaient entraîné dans cette fichue histoire.

À cette hauteur, je regardai une deuxième fois le soleil se coucher, et je vis à mes pieds une petite partie de la rivière. Au loin, des volutes de fumée derrière un avion fendirent l'air, très haut au-dessus de ma tête, et je me demandai ce que je faisais là. Je jetai un œil vers le haut de la rivière, vers Magruder et son téléphone. À dix miles d'ici. Je songeai de nouveau à ce que représenterait un tel parcours fait en rampant le long de la rivière sombre et humide après m'être amputé le pied avec une hache. Personne n'avait été témoin de ce qu'avait rapporté Hugh Glass dans son livre et, tout à coup, il me sembla qu'il était au moins aussi menteur que Jim Beckworth.

Boone craqua sur le chemin du retour et je dus la porter pour rentrer à la tente. Cette nuit-là, je dormis dans mon sac de couchage, à côté de la pile d'affaires que je n'avais pas eu le cœur de déballer. Pendant longtemps, je gardai la gorge serrée et sèche, à tel point que je croyais m'étouffer dès que je commençais à m'endormir. Le sommeil fut long à venir cette nuit-là. Un sentiment tenace de solitude me maintint longtemps éveillé, mais la fatigue eut finalement raison des douleurs dans ma gorge.

Le lendemain matin, je me réveillai à côté de la même pile de boîtes, toujours pas déballées, mais les choses paraissaient moins lugubres. J'allumai un feu dans le poêle, et l'odeur de la fumée combinée à l'air frais me rappela tous les séjours de camping que j'avais pu faire. Je mangeai avec fierté des œufs que j'avais fait frire sur le poêle à bois : j'avais cuisiné. Fort de ce succès, je sortis travailler d'un pas enjoué, Boone sur les talons.

Ma seule responsabilité à Indian Creek était le bassin à saumons : un fossé de quatre-vingts yards de long, de six pieds de large, au fond recouvert de pierres. Au début du mois d'octobre, des œufs avaient été transportés depuis des couveuses de l'Idaho et déposés parmi les pierres.

Les saumons naissent ici, du moins ils naissaient ici avant que les États du Nord-Ouest ne construisent des barrages partout. Après avoir passé l'hiver dans les rivières, ils entament un voyage d'une année jusqu'à l'océan, c'est-à-dire, pour eux, près d'un millier de miles à parcourir. Ensuite, après trois ou quatre ans dans l'océan Pacifique, ils reviennent sur leur lieu de naissance pour se reproduire et mourir. Bien sûr, entre les barrages et la pêche, la plupart d'entre eux ne parviennent pas à cette ultime étape. Ce programme avait précisément pour objectif de faire vivre suffisamment de saumons pour la pêche. Les gardes forestiers m'avaient expliqué tout cela. À l'université de Missoula, je n'avais eu jusque-là que des cours théoriques, et si j'en connaissais un bout sur la structure en double hélice de l'ADN, j'en savais autant sur les saumons que sur le nœud en demi-clé.

Depuis que l'État de l'Idaho avait commencé son programme de reproduction, les résultats avaient été assez décevants. Les responsables s'étaient alors dit que les saumons retrouveraient mieux leur point de départ s'ils naissaient dans les rivières et y passaient tout l'hiver plutôt que s'ils y étaient brutalement transférés de la couveuse à chaque printemps. Mon boulot consistait à leur donner une chance de s'en sortir.

À l'automne, une petite écluse située à l'entrée du bassin était largement ouverte afin de laisser passer le plus de courant possible et empêcher ainsi l'eau de geler. Au printemps, ce flux devait être quasiment interrompu car les sédiments déposés par les eaux de fonte étaient si importants qu'ils menaçaient de recouvrir les poissons installés dans les rochers. Ces saumons, qui seraient capables de nager jusqu'au Pacifique à la fin de l'été, n'étaient pas encore suffisamment forts pour éviter d'étouffer sous la vase.

Tous les matins, ma tâche consistait donc à descendre au plan d'eau, à quelques centaines de yards de ma tente, et à briser la glace qui se serait formée aux extrémités. L'idée était de laisser la glace et la neige s'accumuler à la surface du bassin afin de l'isoler tout en empêchant l'eau en dessous de geler – et avec elle tous ces poissons minuscules.

Ce premier matin, j'inspectai les lieux, plein de l'immense responsabilité qui m'avait été confiée. Mais le garde avait déjà réglé l'écluse pour l'hiver, et je ne trouvai pas la moindre trace de glace. Je regardai l'eau, claire comme du cristal. Il n'y avait aucune trace de mes poissons, tous cachés au fond dans les rochers. Il n'y avait rien à faire.

C'était ça, mon boulot. Rien de plus. S'il y avait de la glace, c'était l'affaire de quinze minutes par jour, en comptant le trajet. J'avais tout le reste du temps pour moi, mais je devais passer chaque jour à cet endroit de la rivière. Pour les sept mois à venir. Prendre soin de poissons invisibles, et occuper d'une manière ou d'une autre les vingt-trois heures et demie restantes de la journée.

J'arrêtai là les frais et me dirigeai vers la tente. Je pris l'itinéraire le plus long – j'en avais largement le temps – pour observer l'îlot que le bassin formait entre lui-même et la rivière. Je sautai par-dessus l'écluse mais les geignements de Boone m'arrêtèrent dans ma course. Elle sautillait d'une patte sur l'autre, se couchait et se relevait, sans parvenir à franchir l'obstacle. Je fis demi-tour pour me rapprocher d'elle en l'appelant et en frappant sur ma cuisse. Elle sauta, mais manqua l'autre rive d'un cheveu. J'entendis le crissement de ses griffes contre la paroi de béton, puis le bruit d'une chute dans l'eau.

Elle tomba du côté de la rivière plutôt que dans le courant lent et peu profond du bassin. Avant qu'elle ne réapparaisse à la surface, je vis ses pattes pédaler frénétiquement dans l'air et dans l'eau, un peu comme quelqu'un qui se noie donne l'impression d'escalader une échelle. Je sautai d'un rocher à l'autre avant de parvenir à l'attraper par la peau du cou. Avec ses poils mouillés et aplatis on aurait dit un chat, elle grelottait déjà. Elle se blottit contre ma poitrine, trop petite pour vraiment me mouiller. La serrant dans mes bras pour la maintenir au chaud, je me dirigeai à nouveau vers la tente. Une fois rentré, je la séchai et attisai le feu pour elle. Elle se coucha sur une serviette à côté du poêle et tomba endormie si rapidement que je me demandai si elle allait se réveiller un jour.

Je ne voulais pas la quitter, mais je me dis qu'à attendre sans rien faire je deviendrais fou. Aussi me mis-je à déballer mes affaires pendant qu'elle sommeillait. Je m'installai dans la tente, ne sachant où mettre le sommier à ressorts du lit ou la table en contre-plaqué. Chaque décision me plongeait dans une agitation extrême, car je savais qu'il fallait faire les bons choix, mais en même temps je commençais à deviner que tâcher de rester occupé allait sans doute devenir la plus importante de mes occupations.

À droite, je posai les vieux meubles à tiroirs que nous avions trouvés à Magruder. Mon lit et la pile de bois à brûler iraient remplir le côté gauche, et la table serait entre les deux au fond, en face de l'entrée. Le poêle à bois dans le coin, la table d'un côté et le lit de l'autre. Je remplis un des meubles avec des vêtements, le second avec de la nourriture. Dans le petit espace derrière les meubles, je cachai ce qui était volumineux – la nourriture pour chien, les haricots et le riz. De temps à autre, je jetai un coup d'œil vers Boone pour vérifier que sa respiration soulevait toujours sa poitrine.

Lorsque la chienne fut de nouveau d'aplomb, nous allâmes jusqu'à la prairie. Il n'y avait en réalité pas grand-chose à y faire, si ce n'est aller chercher le bois que j'avais ramassé avec les gardes. Je vérifiai que la tronçonneuse se trouvait toujours à l'arrière du véhicule avant de m'y installer. Boone sauta précipitamment sur mes genoux. La chasse au bois de chauffe me prendrait beaucoup de temps.

Avant leur départ, les gardes avaient abattu un arbre pour me montrer comment faire. En guise d'échauffement, j'allai voir sa grande carcasse brisée et commençai à scier quelques branches. Puis je les découpai en morceaux d'environ un pied et demi, pour qu'ils puissent entrer dans mon poêle. On appelait cela "débiter", m'avaient dit les gardes forestiers : j'étais en train de débiter un arbre.

Plus tard, lorsque j'abattis mon premier arbre (il s'agissait d'un chicot, avais-je appris, pas d'un arbre mort), j'en choisis un tellement incliné que j'étais certain qu'il tomberait du côté que je souhaitais. Je fis une première entaille, puis vérifiai plusieurs fois que l'arbre penchait toujours dans la même direction. Au moment de le couper, j'entaillai son tronc sur un ou deux pouces avant de jeter un coup d'œil pour m'assurer qu'il n'allait pas tenter un sale coup. Pour finir, je le sciai sans le quitter des yeux et, dès le premier signe de tremblement, j'éteignis la tronçonneuse et détalai comme un lapin.

Comme je n'entendais aucun bruit, je m'arrêtai en laissant un autre arbre entre moi et ma victime. Mon chicot était toujours debout. Il ondulait certes davantage que tout à l'heure, mais il restait debout. Je me cachai derrière l'arbre, stupide et ne sachant que faire. C'est alors qu'une forte bourrasque fit violemment craquer le chicot qui commença à tomber. Lorsqu'il toucha le sol, je poussai un cri de victoire dont je ne me savais pas capable. Je me mis à le débiter. Très vite, j'enlevai mes chemises, heureux de sentir l'air de l'automne sécher ma sueur.

Au bout de mon troisième chargement de bois, j'aperçus un arbre abattu et qui avait l'air bien – ils me semblaient tous plutôt bien, à vrai dire, mais celui-ci se trouvait en haut de la colline. Je plaçai le véhicule juste en dessous et, la tronçonneuse à la main, me positionnai pour le débiter. J'avais mal au dos après tous ces déplacements, et des copeaux de bois collaient à mes bras en sueur, mais je m'amusais comme un fou. Cela m'empêchait de penser à quoi que ce soit d'autre.

Le travail terminé, je fis rouler la première bûche le long de la colline et elle atterrit parfaitement derrière le camion. Je souris en pensant à tout le temps qu'il m'aurait fallu pour la porter moi-même jusqu'en bas. La bûche suivante sortit de sa trajectoire, dépassa la route et descendit de l'autre côté de la colline. Malgré tout, cela valait mieux que de les transporter moi-même. Je continuai ainsi jusqu'à ce qu'une des bûches tombe sur le véhicule, brisant le feu arrière et enfonçant légèrement la carrosserie. Je me précipitai pour évaluer les dégâts, transpirant – cette fois – de honte, de nervosité et de peur. Quel imbécile je faisais, je n'en revenais pas. Devant le camion, je me mis à jurer, mon enthousiasme pour le bois de chauffe soudain évanoui, me demandant dans quelle mesure les gardes se rappelleraient les bosses et les coups de la carrosserie.

Ce soir-là, je me couchai exténué. Je revoyais dans ma tête le rebond assourdi de la bûche, sa course à travers la mousse et les épines de pins vers le camion, j'entendais encore le bruit du feu arrière qui se brise. Je me fis la promesse de réfléchir avant de refaire quelque chose d'aussi stupide. Décidément, les gardes penseraient que j'étais le roi des crétins.

V

À mon arrivée, il restait trois semaines avant la fin de la saison de chasse au cerf dans l'Idaho, et il y avait encore un certain nombre de chasseurs sur le petit bout de route entourant la région protégée de la Selway-Bitterroot. Au cours des derniers jours, leur curiosité à l'égard de celui qui n'arrêtait pas de stocker du bois à brûler alors que la saison s'achevait n'avait cessé de grandir. Leur besoin d'en savoir davantage devint tel qu'un chasseur finit par passer à l'endroit où je travaillais avec mes coins à fendre et vint me demander ce qu'il en retournait.

L'information se propagea rapidement parmi les campements de chasseurs. Pendant les jours qui suivirent, alors que les groupes pliaient bagage, des hommes mal rasés, vêtus de lainages ou de combinaisons orange, s'arrêtaient régulièrement pour me proposer les restes de leurs campements. Je me constituai ainsi une collection hétéroclite de produits divers et de bouteilles d'alcool presque vides, le plus souvent différents parfums de brandy – abricot, pêche, mûre sauvage –, toutes choses que je n'avais jamais goûtées. C'était leur manière à eux de me présenter leurs condoléances, je crois. Mais je devinais qu'ils me considéraient comme un type qui a un sacré cran et, le soir dans ma tente, je me délectais de cette idée.

Avec tous ces chasseurs alentour, j'étais loin d'être isolé, mais, en sachant si peu sur tant de sujets, je ne recherchais pas vraiment leur compagnie. Je crevais de solitude, pourtant, mais ces hommes semblaient tellement à leur place ici.

Et puis il y avait la collecte du bois. Cette activité, dans laquelle je me jetais à corps perdu, me permettait d'éloigner le long hiver silencieux qui s'annonçait. Chaque jour, je travaillais jusqu'à l'épuisement et m'endormais immédiatement après le dîner, en général un mélange de pommes de terre et de jambon en conserve. Un jour, alors que la seule pensée de transporter une autre bûche m'était devenue insupportable, je m'enfonçai dans les arbres situés derrière ma tente pour creuser un trou et établir une cache de nourriture en suivant les instructions tirées d'un des ouvrages d'Angier. Je creusai un trou de quatre pieds sur quatre, et de quatre pieds de profondeur, puis le recouvris de vieilles planches et de boue et l'isolai avec du foin récupéré dans les camps des chasseurs. Ce qui importait, c'était de m'occuper au point de n'avoir plus le temps de réfléchir.

Ainsi, entouré comme je l'étais par les derniers humains que je verrais avant six mois, je m'adaptais à leur mode de vie, faisais quelques signes de la main ou de la tête, prenais parfois avec eux un repas ou quelques verres au campement. J'acceptais ces invitations mais, comme je n'avais rien à proposer en retour, je n'invitais personne. J'adorais ces nuits froides dans les tentes chaudes et enfumées, et les verres, les mensonges et les rires. Boone, qui commençait à prendre du poids, s'asseyait à mes pieds et je m'efforçais de ne pas penser au moment où la dernière tente près de la rivière serait la mienne.

Avant la fermeture de la route, je retournai deux fois à Missoula, il y eut de nouvelles soirées d'adieu, identiques et encore plus convenues. Et je rentrai à la tente à chaque fois plus effrayé.

Après ma dernière visite en ville, Rader et quelques autres m'accompagnèrent dans le *Deerslayer*. Nous passâmes deux journées à abattre d'autres chicots et à faire grossir ma réserve de bois, dont Rader m'assura qu'elle était proche des dix cordes.

Nous travaillâmes comme des fous, essentiellement parce que c'était tout ce qu'il y avait à faire ici. Mais ils finirent par se révolter et nous partîmes chasser, ce qui donna lieu à un festin de grouse*

* L'auteur parle indifféremment de tétras sombre (*blue grouse*) et de gélinotte huppée (*ruffed grouse*), deux espèces non représentées en France. Par souci de simplification, nous conservons le terme générique employé aux États-Unis.

rôtie fourrée au maïs – cadeau des chasseurs. Tout le monde trouva le repas délicieux, et il y eut de l'alcool et des bagarres de gamins. Je ris beaucoup à la moindre plaisanterie, sachant mon temps désormais compté et, si mes amis se doutèrent de quelque chose, ils firent semblant de ne rien remarquer.

Ils étaient encore là quand il se mit à neiger. La tempête semblait sérieuse cette fois, même si les vastes parois de la Selway cachaient une bonne partie du ciel. Ils décidèrent de partir un jour plus tôt que prévu, afin d'être sûrs de pouvoir traverser la passe avant que la neige n'en bloque l'accès. J'essayai de les en dissuader, mais la décision de Rader était prise, et je savais que je demandais l'impossible. Lorsque le *Deerslayer* disparut, j'allai m'asseoir au bord de mon lit, sans arriver à croire à l'impression d'espace et de vide que renvoyait cette petite tente. Je me précipitai dehors et marchai jusqu'au bassin, mais comme d'habitude, il n'y avait rien à y faire, la glace ne s'étant pas encore formée. Plutôt que de rentrer dans la tente, je me mis à réparer les manches de marteau qu'ils avaient cassés près du billot. Cela m'occupa un certain temps car c'était une réparation que je n'avais jamais faite auparavant. J'avais déjà appris qu'il ne fallait pas me laisser aller à l'oisiveté, surtout en cas de déprime. Et si je réussissais quelque chose de nouveau, la griserie du succès me ferait passer les moments difficiles, pour un temps en tout cas.

De rafales en bourrasques, la tempête se poursuivit, et les deux derniers soirs de la saison, je dînai avec les seuls chasseurs à n'être pas encore partis, deux frères fermiers dans l'Idaho, qui me traitèrent en héros, moi qui aurait donné n'importe quoi pour partir avec eux. Si j'avais pu penser à quelque chose, inventer n'importe quelle excuse pour me sortir de là sans perdre la face, je l'aurais fait sans la moindre hésitation. Mais c'était impossible. J'étais désormais engagé jusqu'au cou.

Les deux frères me proposèrent d'aller chasser avec eux pour leur dernier jour. J'acceptai l'invitation. Je comptais chasser pour me nourrir durant l'hiver, et je voulais voir comment on faisait. J'avais jusque-là abattu quelques grouses et des écureuils minuscules, mais je savais bien qu'un cerf ou un élan était une tout autre affaire.

Le matin suivant, alors que je me préparais à aller chasser, mon patron apparut devant l'entrée de la tente. Comme il l'avait promis, il venait me voir une dernière fois avant la fermeture de la passe. Il me dit que j'avais l'air d'être installé confortablement, se moqua gentiment de moi à propos de la réserve de bois que j'avais amassée, affirmant que j'étais fin prêt pour un hiver d'enfer et qu'au moins il n'aurait pas à s'inquiéter de savoir si j'allais mourir de froid. Nous allâmes tous les deux jusqu'au bassin, il en fit le tour et déclara que tout avait l'air parfait, qu'à l'évidence je me débrouillais très bien. Je n'avais absolument rien fait d'autre que de l'inspecter tous les matins. Je me demandai ce qu'il pouvait bien voir.

Nous rentrâmes à la tente et il sortit de son camion une boîte en bois blanc que nous installâmes dans la prairie : c'était un petit poste météorologique dont j'aurais à m'occuper pour le service des Eaux & Forêts. Il y avait deux thermomètres : l'un marquait la température la plus élevée de la journée, l'autre la plus basse. Je devais enregistrer chaque matin les températures de la veille et remettre le compteur à zéro. Une jauge de précipitations argentée reposait sur le sommet de la boîte.

Après m'avoir parlé du poste météo, le garde m'expliqua qu'il essaierait de venir me voir en motoneige vers la mi-décembre, pour voir comment j'allais et m'apporter mon courrier. Si j'avais besoin de quelque chose je pouvais marcher jusqu'à Magruder et appeler West Fork, on lui ferait suivre le message. Puis il monta dans sa Jeep et s'en alla. Il n'était pas resté plus d'une demi-heure.

Après son départ, j'allai au campement des deux frères et nous partîmes à la chasse, qui en réalité ne fut rien d'autre qu'une promenade le long de la piste à regarder à droite et à gauche. Nous ne vîmes rien, même si j'abattis une grouse sur le chemin du retour, d'un seul coup efficace, en plein dans la tête. Les deux frères me félicitèrent, et je fus étonné du plaisir que je pris à leurs compliments. Même si je commençais à avoir l'habitude de ce genre de tirs, j'aurais voulu les répéter encore et encore tant que j'avais un public.

Pendant notre retour, il se mit à neiger à gros flocons. Une fois arrivés à leur campement, les chasseurs rangèrent rapidement leurs fusils dans leurs étuis et commencèrent à plier bagage. Pour ne pas traîner dans leurs pattes, je rentrai chez moi. Dans la pénombre de ma tente, j'écoutai leurs cris, les portes de leur camionnette qui claquaient et enfin le premier rugissement de leur moteur.

Ils s'arrêtèrent près de ma tente en partant, sans toutefois couper le moteur. Ils m'offrirent un sac en papier rempli de nourriture, et ce fut le moment des poignées de main. Ils me souhaitèrent bonne chance et me dirent de les contacter quand je rentrerai, que je serai toujours le bienvenu. J'opinai de la tête, craignant de trop parler, et ils grimpèrent dans leur camion. J'entendais le chauffage qui marchait à fond. Ils me firent un dernier signe de la main et s'éloignèrent.

Quand ils furent partis, ma prairie resta totalement vide. Après l'avoir parcourue des yeux quelques minutes, je sautai dans mon vieux camion et me dirigeai vers l'aval de la rivière, loin de la passe. À l'autre extrémité de la route se trouvait Paradise, où il y avait un autre poste de rangers d'été, si petit qu'on l'appelait le poste de garde. Paradise, c'était aussi là qu'était installé l'un des grands pourvoyeurs* de la région. En écoutant le terrible silence autour de ma tente, je m'étais rendu compte que je n'avais pas vu partir ses employés. J'avançai à toute vitesse dans la neige, espérant arriver à temps pour pouvoir discuter avec eux pendant un moment.

Arrivé à Paradise, il ne restait que quelques guides et le responsable du magasin. Ils chargeaient les derniers chevaux dans un camion et étaient en train de démonter les dernières bâches. Tout en travaillant, ils buvaient de la bière et, lorsqu'ils décidèrent qu'ils étaient fin prêts, nous allâmes tous dans la tente du cuistot prendre un dernier verre. À l'intérieur se tenait un vieil homme qui n'avait cessé de boire, un de leurs amis, venu pour la journée.

Avant même qu'ils me demandent en quoi ils pouvaient m'être utiles et ce qui m'avait amené à Paradise, j'avais commencé à me

* Il s'agit de magasins d'équipement et de vêtements d'activités de plein air (chasse, montagne, etc.) installés sur place et qui proposent généralement les services de guides professionnels.

sentir stupide. Je ne connaissais pas bien ces types, et je fus incapable de leur donner des motifs valables à ma présence sur les lieux.

Je bus rapidement un verre avec eux, mais le vieil homme était ivre et la tente n'était pas très confortable. Lorsqu'ils me demandèrent si l'idée de rester dans le coin tout l'hiver me plaisait, je répondis que oui, je le croyais. Ils n'étaient guère loquaces, et rapidement déclarèrent qu'il leur fallait partir tant que c'était encore possible. Ils ajoutèrent qu'ils seraient de retour, vers janvier probablement, avec des motoneiges, pour chasser le lion des montagnes. Je n'avais aucune idée de ce dont ils parlaient, mais je répondis : "Super. À janvier, alors. Passez donc chez moi pour boire un coup." Je n'avais rien d'autre à leur offrir que des demi-bouteilles de brandy aux parfums improbables, ce qui, dans le coin, était la seule forme possible de socialisation.

Pendant notre conversation, le vieil homme ivre partit seul de son côté. Je m'interrogeais sur sa capacité à conduire, mais je me trouvais dans un groupe d'hommes plus âgés, des hommes qui connaissaient tout ce qu'il fallait connaître de cette région, des hommes qui savaient chasser le lion des montagnes – un animal dont j'ignorais même qu'il vivait dans le coin. Aussi ne dis-je pas un mot, sauf "À cet hiver", avant de remonter dans mon camion et de m'éloigner en regrettant de m'être laissé aller à venir les voir. J'étais certain qu'ils avaient reconnu en moi le gamin terrifié qui a besoin de parler, et je m'en voulais de leur avoir laissé voir cela.

Sur la route, moins d'un quart de mile plus bas, j'aperçus le véhicule du vieil homme renversé dans un fossé au milieu de jeunes arbres brisés et fracassés. Je sortis rapidement de mon camion pour découvrir l'homme toujours à l'intérieur de sa voiture. Il sanglotait frénétiquement en parlant d'un autre type. "Seigneur, il est mort. Je l'ai tué." Je distinguais dans la toile de son jean une large déchirure qui ne montrait que du rouge là où il aurait dû y avoir de la peau.

Même si, à Lake Mead, je n'étais officiellement que maître-nageur, j'avais fini par participer à toutes sortes d'opérations de sauvetage, y compris lors d'accidents de voitures. Je me retrouvais en terrain connu. Le vieil homme agitait les bras en tout sens, tellement que je sus que sa colonne vertébrale n'était pas brisée, mais, alors que je m'efforçais de le dégager de la carcasse, il ne cessait de me demander en pleurant de le laisser tranquille. "Laissez-moi ici. Allez chercher l'autre type." Il n'avait plus de dents et j'avais du mal à le comprendre.

Je n'avais pas remarqué qu'il était parti avec quelqu'un, mais je fis le tour du véhicule et vérifiai que personne n'était coincé dessous, avant de chercher plus largement près des saules. Je ne trouvai trace du moindre type.

Revenu au camion accidenté, je finis par le faire passer de force par la fenêtre. Je me mis à le traiter avec rudesse, lui disant de la fermer, qu'il devait me laisser regarder sa jambe. Il parlait dans ses sanglots, et je ne comprenais pas un traître mot à ce qu'il racontait. Il se mit à rire, pourtant, en jetant un coup d'œil à sa jambe, celle que je croyais couverte de sang. Ce rouge était celui de sa combinaison, exactement de la même couleur que celle que je portais.

Je transportai le vieil homme vers la route et le conduisis au campement. Entourant mon véhicule, les autres commencèrent à lui faire des reproches. Je m'informai de l'autre type pour lequel il s'était tant inquiété et on me répondit qu'il n'existait pas, que c'était ce qu'il disait quand il était ivre.

Ils l'installèrent sans ménagement dans la cabine d'un camion et me remercièrent de l'avoir ramené. Je leur dis que son véhicule était dans un fossé, mais ils répondirent qu'ils s'en occuperaient au printemps prochain.

L'adrénaline courant toujours dans mon sang, j'avais du mal à croire qu'ils puissent considérer toute cette histoire comme quelque chose de prévisible. Rien de grave. Mais moi, je m'étais retrouvé dans le fossé à batailler et à m'expliquer avec un vieil homme hystérique et sénile qui aurait fort bien pu se tuer, un homme qu'ils avaient laissé prendre le volant sans broncher.

Pour la première fois je vis ces chasseurs, que j'avais tant admirés, pour ce qu'ils étaient vraiment. Pour la première fois, je compris qu'il y avait certaines choses que je connaissais bien mieux qu'eux. Si leur ami avait été blessé, moi, j'aurais pu faire quelque chose, alors qu'ils n'auraient sans doute pas su par où commencer. Ils n'étaient finalement que des êtres ordinaires.

Je leur renouvelai mes adieux et retournai à ma tente en prenant la route enneigée. Je m'occupai à fendre un peu de bois afin d'être dehors quand le convoi de Paradise passerait par là. Moins d'une heure après, les véhicules passèrent en effet, dans un grondement, et j'eus beau leur faire des signes, ils ne s'arrêtèrent ni même ne ralentirent. Ils répondirent à mes gestes, et le conducteur du camion à chevaux donna un coup de klaxon. Je fis un dernier signe de la main et regardai leurs attelages disparaître derrière les arbres du bord de ma clairière, dans une course contre la tempête de neige qui allait bientôt condamner la passe. Debout en silence, ma hache à la main, j'écoutai combien de temps il faudrait aux routes serpentines du canyon pour faire taire le rugissement de leurs moteurs et les cahots de leurs remorques dévalant les chemins pleins d'ornières. En une minute, le bruit avait cessé, et j'eus l'impression que j'habitais dans cette prairie depuis bien plus de trois semaines. Le canyon me parut beaucoup plus étroit et beaucoup plus silencieux.

Avant la fin du jour, la neige avait recouvert leurs traces, et rapidement il me fut difficile d'imaginer que je n'avais pas toujours été seul. La neige s'empara même des dernières nuances de jaune qui ornaient les arbres et les ensevelit complètement, et il ne me resta plus que le bleu fané du ciel d'hiver et les teintes vertes et noires des arêtes interminables que formaient les sapins et les pins.

Cet après-midi-là, je descendis voir les saumons en marchant dans la neige. Sans être portés par le vent, les flocons humides et lourds tombaient au hasard, plus silencieusement qu'on puisse l'imaginer, assourdissant le fracas du monde.

Boone avait suffisamment grandi pour oser s'aventurer devant moi alors que je remplissais mes obligations nocturnes au bassin – lesquelles consistaient à observer bêtement l'eau sombre qui s'écoulait sur des poissons invisibles. De la neige s'amassa sur son dos et sur mes épaules. La nuit commença à s'enrouler autour de moi et je vis dans ma tête les six mois à venir, déployés à l'infini.

VI

J'avais compris que la neige fermerait la passe. J'avais compris qu'elle ferait partir les derniers chasseurs. J'avais même compris qu'elle bloquerait le petit bout de route où circulait mon camion. Mais lorsqu'elle continua de tomber, le jour suivant le départ des pourvoyeurs, puis le jour suivant, et celui qui vint après ce jour suivant, je compris un peu mieux ce que la neige avait fait d'autre : le temps de l'amassage du bois touchait à sa fin.

Je débitai un nouvel arbre, mais la neige qui recouvrait le bois me trempait jusqu'aux os et cachait les branches, sur lesquelles je trébuchais, l'esprit tout entier occupé au transport des bûches. M'écartant de la piste alors que je transportais une lourde souche, je marchai sur une branche inclinée vers le bas de la colline. Mon pied glissa si rapidement que je basculai en arrière avant de savoir exactement ce qui se passait. Je me retrouvai sur le dos, cloué au sol, et la masse de bois vint frapper violemment ma poitrine. Je restai un moment dans cette position, transi et submergé par l'impression de ne plus pouvoir aspirer la moindre particule d'oxygène. Je me ressaisis et, pour éloigner le sentiment de panique qui m'envahissait, essayai de me remémorer le nombre de fois où un choc m'avait coupé le souffle au football lorsque j'étais gamin. Quand je parvins enfin à reprendre ma respiration, je me dis que j'avais finalement assez de bois comme ça.

Au lieu de tuer le temps en amassant du bois, je me mis à le passer à fendre celui que j'avais stocké près de ma tente. Cette tâche une fois terminée, j'eus devant moi une montagne de bûches.

Appuyé contre cette montagne, je me dis que si la neige ne m'avait pas contraint à l'arrêt, j'aurais volontiers continué ainsi tout l'hiver, me réfugiant dans ce travail à la chaîne abrutissant.

Encore que, dans ce cas, j'aurais dû expliquer la présence de ces énormes piles de bois aux gardes, qui m'avaient fait comprendre que ce genre d'activité était une tâche dont il fallait se débarrasser au plus vite. J'imaginais leurs visages incrédules, leur manière d'échanger des regards entre eux en évitant de me regarder. Donc peut-être qu'après tout je n'aurais pas continué à couper du bois. Ou peut-être que si, en fait. Tous les soirs, j'aurais pu me faire mon feu de joie personnel afin de détruire les preuves. Je songeais à la manière dont les flammes et les braises s'envoleraient haut dans le ciel noir en se réfléchissant sur les parois sombres du canyon. Je me voyais seul, debout près du feu qui crépite, comme un druide invoquant les puissances de l'enfer, en réalité un gamin désœuvré tuant le temps et l'ennui en essayant de ne pas se faire prendre.

Je me forçai à quitter la pile de bois, dix rangées, aussi hautes que moi, couvrant toute la longueur de ma tente, seize pieds. J'entrai dans ma tente pour faire le calcul. Plus de onze cordes. Je souris, fort du sentiment d'avoir accompli quelque chose. Ils m'avaient dit qu'au pire il m'en faudrait dix. Record battu.

Je ressortis pour regarder à nouveau le bois, me demandant ce que je pourrais bien faire désormais. J'allai marcher dans la prairie. Je n'avais pas vraiment réfléchi à cette éventualité. Il n'y avait plus de bois à couper, et je n'avais rien d'autre à faire. En acceptant de venir ici, j'avais dans la tête une vague idée de liberté : n'obéir à personne, ne faire que ce que je voulais. Il me semblait maintenant avoir négligé le fait tout simple que, même si je pouvais faire tout ce qui me chantait, et à n'importe quel moment, il n'y avait rien à faire. Cette impression était aussi angoissante que cette bûche sur ma poitrine qui m'avait coupé le souffle. Et si la claustrophobie me gagnait ? Et si je perdais la raison à force d'ennui ?

Je me précipitai jusqu'à ma tente et glissai ma carabine sur mon épaule. J'irais chasser. Amasser de la nourriture. Mes mollets battant la neige, je remontai Indian Creek plus vite qu'il n'était nécessaire, me concentrant beaucoup plus qu'il ne fallait, car c'était une affaire sérieuse. Chasser était une nécessité. L'amassage du bois terminé, voilà ce dont je devais me persuader.

Ne trouvant aucun gibier, je m'entraînai à la carabine. Rader avait insisté pour que je prenne une énorme quantité de munitions, des milliers de cartouches, et je commençai à tirer dans le vide pour m'amuser. Je visai des pommes de pin, des brindilles ou des nœuds d'arbres. Au bout d'un moment, lassé de ce jeu, je marchai jusqu'à la rivière et lançai des bâtons dans les rapides. Je tirai le plus vite possible sur les bouts de bois qui filaient en tournoyant sur les flots. Au début, c'est surtout de l'eau que j'envoyais jaillir dans les airs mais plus je m'entraînais et plus le claquement sec de la carabine résonnait à travers le canyon, plus je voyais de bâtons bondir sous l'impact de mes balles. J'avais une arme à cinq coups. Rapidement, j'en vins à être déçu quand les cinq ne mettaient pas dans le mille.

Enfant, dans le Milwaukee, je m'amusais tout le temps, sur le chemin de l'école, à jeter des choses : des boules de neige en hiver, des boules de boue ou des pierres en été. Je choisissais des arbres ou des panneaux comme cibles et les visais tout en marchant, imaginant à chaque fois que je coulais des cuirassés ou marquais des points au base-ball. Je commençai à considérer les balles de ma carabine comme de simples boules de neige high-tech.

Lorsque je partais chasser, je choisissais des coups de plus en plus difficiles, qui faisaient partie du jeu que j'avais imaginé pour rendre toute cette affaire plus sérieuse et plus stimulante. Si je manquais une cible, ma journée était fichue. Souvent les grouses – la récompense suprême – s'abritaient quand je les manquais, puis elles s'immobilisaient en clignant des yeux et m'offraient une nouvelle chance. En réalité, la précision était loin d'être aussi cruciale que ce que je voulais croire.

Les premières traces de gel apparurent dans le bassin et je décidai de m'y rendre deux fois par jour. Je récurais énergiquement la moindre parcelle de glace – enfin quelque chose à faire. Un après-midi, en revenant du bassin, j'aperçus une grouse perchée dans un arbre tout près de ma tente. Elle était assez éloignée, peut-être soixante-quinze yards, et l'avoir repérée était déjà un coup de veine. Mais depuis quelque temps, les formes de mes proies se faisaient plus distinctes et commençaient à apparaître plus clairement que les autres éléments du décor.

Au lieu de m'approcher lentement, d'arbre en arbre, comme j'aurais dû le faire, je m'assis à l'endroit où je me trouvais, visai l'oiseau et tirai, tout ça pour rendre le coup plus difficile. La grouse tomba en battant des ailes, qu'elle agita de façon hystérique et désordonnée – signe évident qu'elle avait été touchée à la tête. J'avais appris à l'université que le cerveau est le grand modérateur des fonctions corporelles. Au lieu d'inciter à l'action, il passe au contraire le plus clair de son temps à freiner les actions réflexes, et c'est pour cela qu'un poulet décapité, privé de ces freins, court dans tous les sens.

Je me relevai fièrement et m'arrêtai juste avant de lancer dans le vide : "Dis donc, t'as vu ça ?"

Quand j'arrivai devant l'oiseau, il se débattait encore mollement dans la neige, complètement décapité. La fierté que j'avais ressentie en touchant un objet de la taille d'une pièce de cinq cents, sans lunette de visée, et à cette distance-là, s'émoussa quelque peu. Je me baissai pour ramasser l'oiseau et sentis ses muscles se contracter avant de s'affaisser au moment où leurs terminaisons nerveuses perdaient l'énergie dont ils avaient besoin pour fonctionner.

C'est alors que je remarquai la neige fraîche au-delà de l'endroit abîmé par l'agonie hystérique de l'oiseau. Une fine couche de couleur pourpre maculait le sol, chaque tache plus discrète qu'une tête d'épingle. Cela provenait, j'en pris conscience dans une sorte de surprise, de l'explosion soudaine de la tête d'un animal. Ce n'est pas sur un objet de la taille d'une pièce de cinq cents que j'avais tiré. Je saisis ma carabine avec soin. Le temps où je jetais des boules de neige sur des panneaux n'était plus.

Le soir, je me mis à lire. Je parcourus encore et encore mes manuels et mes livres *Foxfire*, parce qu'ils étaient les seuls que j'avais emportés. Je m'intéressai particulièrement à la manière de tailler des bardeaux de cèdre à partir de bûches ou à la méthode qui consiste à échauder les porcs pour ôter leurs soies. Parce que je n'avais rien d'autre à faire, je devins spécialiste de questions qui ne me seraient jamais d'aucune utilité.

Je lus aussi toutes sortes de choses sur l'art de la trappe. Je me rappelai le sac de pièges que j'avais apportés, tout ce matériel de trappeur. Je passai une journée à faire bouillir les pièges afin de les débarrasser de l'huile dont l'odeur allait trahir leur présence, puis je les fis bouillir une nouvelle fois en y ajoutant un sac de poudre que j'avais acheté, de la teinture de bois de campêche. J'ignorais à quoi elle servait, mais les ouvrages affirmaient qu'elle était nécessaire. Elle noircissait l'acier.

Je me mis à faire des listes. Je traçai des motifs pour les mocassins que j'envisageais de fabriquer, dessinai d'ambitieuses lignes de trappe sur le papier. J'avais une liste de "choses à faire" d'une page que je regardais le soir en tentant de me persuader que la journée du lendemain serait chargée.

Je reportais ces listes dans les cahiers achetés pour mon cours de journal intime et, chaque soir avant de me coucher, je décrivais ce que j'avais fait pendant la journée. Certaines entrées étaient assez brèves. Mais de temps en temps, je me prenais au jeu et le pouvoir qu'avaient les mots de me transporter à Missoula ou même dans le Wisconsin me ramenait au journal dont les paragraphes s'allongeaient peu à peu.

Pendant la journée, quand je n'étais pas dehors avec mon arme ou occupé à débiter du bois, je passais l'essentiel de ces premières semaines à m'acclimater à ma tente et aux forêts environnantes. Apprendre à utiliser des raquettes fut facile. Il ne me fallut qu'une journée pour comprendre – la douleur ressentie à mon entrejambe aidant – que je devais avancer en soulevant les raquettes l'une par-dessus l'autre, et non marcher en me dandinant jambes écartées. Le modèle court s'avéra plus maniable dans les zones boisées. Mais les plus longues soutenaient mieux le poids de mon corps et me permettaient, dans les espaces ouverts, de m'envoler dans un nuage de poudre.

J'appris à faire plus ou moins bien la cuisine. J'arrangeai un vieux gril que j'avais trouvé et le fixai dans mon fourneau. En laissant le bois brûler jusqu'à donner des braises et en réglant le tirage du poêle, je réussis à le transformer en four. Il me fallut toutefois un peu de temps pour maîtriser la régulation de la chaleur, et au début la plupart de mes projets finirent en cendres.

Les petits revers de ce genre provoquaient parfois des changements d'humeur spectaculaires – jusqu'à un sentiment de solitude tel que j'en avais du mal à respirer. Alors, de minuscules victoires, comme ce jour où je sortis du fourneau ma première miche de pain dorée, me faisaient sortir de la tente et courir dans la prairie en hurlant comme un idiot, riant et dansant comme si j'avais gagné au loto.

Pour banals qu'ils fussent, chacun de ces triomphes interrompait la marche de la solitude, toujours présente, tapie non loin de moi, à marauder dans les parcelles sombres des arbres, dans l'eau noire qui s'efforçait de ne pas geler, et même dans la manière dont la rivière parlait le soir, avec des inflexions de voix que je ne lui connaissais pas durant le jour. Je commençais à trouver ma place dans les bois, et je m'y installai confortablement.

Arriva Thanksgiving, que je comptais passer sans fanfare. Je n'avais jamais été un grand fan des fêtes nationales. Mais, alors que la journée fatidique n'en finissait pas, je me pris à imaginer ce qui se passait à la maison. Tout le monde devait être là, tout le monde sauf ma sœur qui vivait en Allemagne. Et moi, qui vivais dans une tente et travaillais à tuer le temps.

Quelqu'un serait allé chercher mes grands-mères en voiture pour les amener à la maison, et la table croulerait sous la nourriture. Chacun aurait son histoire à raconter, on se couperait la parole, on écouterait en attendant nerveusement son tour. Assis seul dans ma tente, vêtu comme toujours de ma combinaison, de mon pantalon et de deux chemises de laine, je cousais un morceau de peau de mouton dans un *mukluk*.

Tout à coup, je sus que je devais respecter la tradition, ne serait-ce que pour moi. Je posai le *mukluk* et pénétrai dans les bois. Pour la première fois, il fallait que je trouve une grouse, j'avais besoin de sa poitrine dorée et rôtie pour en faire le point culminant de mon dîner.

Je me dirigeai vers le sud d'Indian Creek, où les arbres et les broussailles touffus offraient un excellent camouflage aux oiseaux. Je marchai longtemps sans rien trouver. M'arrêtant pour souffler, je me retournai et aperçus ma tente en contrebas, pelotonnée à la jonction de la Selway et d'Indian Creek, les piles de bois bien rangées formant comme une forteresse, de petites volutes de fumée s'échappant encore de la cheminée. L'eau renvoyait les éclats du soleil, et en levant la tête je vis les nuages bas qui détalaient dans le ciel et se brisaient contre les sommets et les crêtes entourant la rivière. Je me tournai vers Boone et lui lançai : "C'est chez moi, ça, Boone." J'avais du mal à croire à une telle perfection, et j'aurais aimé trouver un moyen de raconter tout de suite ce que je voyais à ma famille réunie dans le Milwaukee.

Ce n'est que sur le chemin du retour vers la tente, alors que je désespérais de débusquer une grouse, que je tombai sur des empreintes : des traces d'oiseau, parfaitement dessinées dans la neige. Je levai les yeux, juste à temps pour apercevoir la grouse qui m'observait d'un air inquiet en essayant de maintenir une certaine distance entre nous. Je levai ma carabine pour mettre l'oiseau en joue, mais les broussailles qui nous séparaient me firent hésiter une demi-seconde avant de tirer et il s'envola d'un coup, filant comme un éclair à travers les branches pour se diriger vers la forêt où j'aperçus vaguement quelques bribes de sa fuite à travers les arbres.

Je jurai, furieux de n'avoir pas tiré quand j'en avais eu la possibilité. J'aurais tellement voulu cet oiseau pour mon dîner. Je n'en revenais pas d'avoir manqué ce coup quand j'avais eu la chance de tomber par hasard sur ma proie. Je poursuivis ma traque durant presque une heure, et finis par retrouver la grouse alors qu'elle se faufilait le long d'une branche. De nouveau, un coup à la tête. Je la vidai et la plumai tout en marchant, mais je commençais à prendre conscience que cette pauvre bête n'allait pas pour autant me transporter dans le Milwaukee ce soir.

Je l'accommodai du mieux possible, y ajoutant carottes, oignons et pommes de terre, mais j'avais trop fait chauffer le fourneau et la viande fut sèche. Je n'avais pas prévu de cuisiner ce soir-là, et il était trop tard pour préparer du pain, du moka ou du pudding – recettes récemment découvertes que j'imaginais déjà servir pour les grandes occasions.

Je songeai de nouveau à ma famille, à toutes les familles, réunies à table pour des dîners bien préparés, et j'abandonnai finalement mon petit repas sec pour aller me promener parmi les arbres silencieux. Longtemps après que le jour fut tombé, je rentrai, et le simple fait de retrouver ma tente et d'allumer la lanterne me fut un réconfort. Je voyais à nouveau.

VIII

Pour échapper à la déprime où je m'étais laissé glisser le jour de Thanksgiving, je me jetai à corps perdu dans la pose de pièges. Après avoir rassemblé tous ceux que j'avais emportés avec moi, j'en plaçai partout. Je ne savais pas vraiment comment j'étais censé faire cela, ni d'ailleurs ce que j'étais en train de faire exactement. Parce que j'avais vu très souvent dans les environs des panneaux signalant la présence de martres, j'installai des pièges pour en attraper. Je compris assez vite que mes empreintes de martres étaient en réalité des empreintes d'écureuils. Dans les jours qui suivirent, j'en piégeai un et, avant que je ne le trouve, il avait gelé. Je me sentis assez coupable, aussi retirai-je les autres pièges à martres. Je me dis que je les réinstallerais une fois que j'aurais découvert dans quelle zone ces mammifères gîtaient exactement, mais à dire vrai, je ne voyais pas ce qui justifiait de tuer des animaux de cette façon, seulement pour gagner de l'argent.

Dans un autre piège, je pris un lièvre et quand je le découvris, il n'avait pas gelé, lui. Il était au contraire bien vivant, bêlant de frayeur comme je m'approchais de lui. Je n'aurais jamais pensé que ces animaux pouvaient émettre le moindre cri, et sûrement pas un cri aussi effrayant. Je le tuai aussi rapidement que je pus, et le soir même je le mangeai. Il était délicieux, ce qui me changeait agréablement de mon régime de riz et pommes de terre parfois assortis d'un écureuil ou d'une grouse. J'avais néanmoins du mal à conserver mon enthousiasme pour ce qui touchait à la trappe.

Je laissai tout de même en place la majorité des pièges que j'avais posés, me sentant incapable de faire face à la perte d'une occupation importante. Je n'ôtai aucun de mes pièges à coyotes, par exemple, car ils ne faisaient pas grand mal. Les coyotes sont des animaux intelligents et jamais je ne fus ne serait-ce qu'en position d'en attraper un. De temps à autre, je voyais leurs empreintes près de mes leurres, qu'elles contournaient prudemment avant de s'en éloigner. J'avais dû commettre des erreurs en ce qui concerne l'odeur.

Je n'ôtai pas non plus les pièges que j'avais posés autour du bassin. Des empreintes m'indiquaient que quelque chose entrait dans l'eau la nuit pour manger mes saumons. Le garde forestier m'avait conseillé de m'attaquer à tout ce qui pourrait nuire aux poissons, même si cela impliquait que j'abatte tous les merles qui s'approchaient du fond du bassin pour y picorer ce qu'ils pouvaient. J'aimais bien observer ces petits oiseaux gris ardoise qui s'activaient autour des bords du courant, leurs petits yeux lançant des éclairs blancs à chaque plongeon. Je les voyais parfois marcher sur le fond de la rivière, aller leur train de sénateur comme s'ils ne se rendaient pas compte qu'ils se trouvaient sous l'eau.

Jamais je n'en regardai un à travers mon viseur.

Mais les choses invisibles qui se mouvaient la nuit étaient différentes des lièvres qui hurlent et des oiseaux qui plongent. Je ne pouvais pas observer les animaux nocturnes, ni même les apercevoir. Sans la neige pour les trahir parfois, je n'aurais même pas connu leur existence. La curiosité joua ainsi un rôle non négligeable dans mon envie de poser des pièges. Et une fois qu'ils furent posés, chaque matin apportait avec lui une excitation nouvelle, un espoir quant à ce qui se trouverait là aujourd'hui, à ce que j'allais découvrir, un peu comme le matin de Noël lorsque j'étais enfant. Peut-être y aurait-il quelque chose dans l'un de ces pièges, peut-être qu'aujourd'hui je découvrirais ce qui se cachait dans le coin, ce qui partageait la rivière avec moi.

Le premier jour de décembre, j'allais, comme chaque matin, briser la glace qui s'était formée dans le bassin et examiner les pièges. Après avoir enlevé la glace, je franchis d'un bond l'écluse, Boone sautant désormais facilement juste derrière moi, et commençai à inspecter la petite île qui constituait une sorte de passage obligé pour la plupart des traces menant jusqu'au bassin.

Le premier piège était vide, comme d'habitude, mais quand je tournai le coin pour me diriger vers le suivant, je vis un raton laveur qui tirait sur la chaîne, la patte arrière droite immobilisée. Il se coucha lorsqu'il m'aperçut, la chaîne tendue au maximum dans la direction opposée. Un cercle s'était formé dans la neige dégagée tout autour du piège, et le sol était visible.

Le raton laveur ne bêla pas comme le lièvre. Il ne se laissa pas décourager non plus. Malgré sa fourrure abondante, je pouvais voir tous ses muscles se tendre et se contracter avec force dans une ultime tentative pour se libérer. Lorsque je fis un mouvement, il me regarda à nouveau rapidement, comme s'il se demandait ce qui allait se passer, ses yeux brillant dans les rayures noires et monotones de son masque.

Je me demandais exactement la même chose. Je vis une fois encore le magma circulaire formé de boue et d'aiguilles de pins et compris ce que cela indiquait sur les dernières heures de l'animal. Je voulais y mettre un terme le plus vite possible. Des passages de manuels traversèrent mon esprit, des conseils de trappeurs aguerris sur la valeur des peaux de bêtes, la préparation et les habitudes des animaux. Pour les animaux à fourrure, on n'utilisait un fusil qu'en dernier recours. Assommer n'était pas très soigneux. La meilleure méthode de mise à mort était, si possible, d'écraser le torse de l'animal avec le pied, depuis le talon jusqu'à la plante, ce qui faisait plier la cage thoracique et exploser les poumons et le cœur entre le sternum et la colonne vertébrale. Les premiers secours fonctionnaient sur le même principe, différant seulement en termes de force. J'avais relu ce paragraphe maintes fois, fasciné par sa mécanique simple et l'aisance avec laquelle une démarche aussi brutalement efficace était énoncée.

Mais face au raton laveur qui tirait sur la chaîne et ne me quittait plus des yeux, mon esprit était bien loin de cette approche méthodique et calme. Je fis un pas rapide vers l'avant, ma grosse chaussure clouant l'animal dans le cercle de terre qu'il avait dessiné, et j'appuyai de tout mon poids avec le pied. Malgré la semelle de caoutchouc et la doublure en feutre de ma botte, je pus sentir ses côtes se briser à la manière d'un accordéon, suivant l'inclinaison descendante commune à toutes les côtes de mammifères. Les yeux de l'animal sortirent quelque peu de leurs orbites, de surprise sans doute. Je détournai le regard, m'intéressant soudain à la forme tordue d'un petit peuplier. Même si aucune lutte n'avait plus lieu sous mon pied, je demeurai un long moment debout dans cette position. Chaque matin, alors que je me demandais ce que je trouverais dans les pièges, j'étais parvenu à ne pas me représenter ce qu'impliquerait un succès.

Une fois que j'eus ôté mon pied, je cherchai une trace de mouvement, un faible signe que le raton luttait encore pour respirer, mais il n'y avait rien de cela, absolument rien. Comme Boone s'approchait pour renifler, je remarquai les orteils de l'animal. Seule la dernière phalange restait enserrée dans le piège. Il n'avait pas été loin de s'échapper.

J'appuyai sur le ressort du piège pour en ouvrir le mors et libérer la patte du raton laveur. J'enlevai mes mitaines et touchai les os. Aucun n'était cassé. Assis dans le cercle déblayé, je posai l'animal sur mes genoux, surpris par son poids imposant. D'un geste de la main, je lissai sa douce fourrure et effaçai la marque de ma botte.

Voilà, ce fut mon premier véritable succès de trappeur. J'avais attrapé un animal à fourrure. J'essayai de me comporter en homme des montagnes mais, au lieu de cela, je touchai le cercle de boue gelée dans la neige et m'imaginai le raton laveur courant et bondissant, encore et encore.

Bon, mais il décimait les poissons, après tout, me répétai-je plusieurs fois. Pourtant, je n'avais toujours pas vu un seul de ces saumons, et puis, bon sang, il y en avait deux millions et demi. Il était normal qu'il y ait des pertes. Tandis que je pouvais voir cet animal, je pouvais le toucher et me représenter ce qui lui était arrivé. La forme de ses mains était proche des miennes.

Après cela, je retirai la plupart de mes pièges.

Je passai le reste de ma journée à écorcher soigneusement le raton en suivant de près les conseils de mes livres *Foxfire*, à comparer les recettes de raton laveur et à me familiariser avec les différentes techniques de tannage. Je travaillai sur la peau pendant les jours qui suivirent : j'enlevai la graisse et la chair et la mis à tremper dans une solution d'alun. J'avais décidé de me fabriquer un bonnet à la Davy Crockett.

Mais la peau devait tremper des jours entiers, ce qui n'allait pas m'occuper beaucoup. Je sortis de la tente et m'assis sur une souche. Tout en grattant les oreilles de Boone, je me demandai à nouveau ce que j'allais faire pendant tout l'hiver. Il avait peu neigé dernièrement, et je me dis qu'il serait peut-être encore possible d'aller en camion jusqu'à Magruder.

Je me retrouvai dans la cabine du véhicule. Les gardes m'avaient conseillé de retirer la batterie une fois que la neige aurait immobilisé le camion. La masse de neige avait plus ou moins atteint ce niveau, mais je voulais soudain tenter un ultime voyage motorisé. Je n'avais pas conduit depuis un certain temps, et je décidai de laisser le camion décider pour moi. Je fis un premier tour de clé pour alimenter le moteur puis démarrai. Le moteur vrombit et le véhicule se mit en branle. J'étais en route pour Magruder.

Le vieux poste de rangers, dont les murs étaient en bois et non en toile, abritait une gazinière au propane, un chauffe-eau et une baignoire. Avec la chaleur lente et régulière du poêle à gaz, je pouvais préparer une énorme quantité de haricots blancs, ce qui m'était impossible avec mon fourneau à bois, destiné au chauffage et non à la cuisine. Malgré mon stock de cinquante livres, je ne connaissais qu'une seule recette pour préparer les haricots.

Tandis que le camion chauffait, je passai rapidement l'intérieur de ma tente en revue et embarquai haricots, oignons et tout ce dont je pourrais avoir besoin, enthousiasmé à nouveau à l'idée d'avoir un projet.

Au début du trajet, tout sembla bien se passer. Je jetais des coups d'œil dans le rétroviseur et, à un moment, m'aperçus que le silencieux, ou quelque chose de ce genre, était en train de creuser une ornière dans la neige, mais je roulais lentement, j'avais tout mon temps et ne risquais pas de tomber sur quelqu'un venant dans l'autre sens.

Pour une raison ou une autre, plus j'avançais, plus la neige semblait profonde. Désormais à cinq ou six miles de ma tente, je labourais la neige avec mon pare-chocs et, même s'il se déplaçait par à-coups, hoquetant en première, le véhicule décidait parfois de suivre son propre itinéraire, les pneus glissant sur des congères au lieu de suivre leur chemin dans la neige. À ce stade, j'avais cessé d'appuyer sur l'accélérateur et, oubliant à un moment de débrayer, je fis caler le camion sur une pente escarpée. Derrière mon volant, ma respiration se fit plus rapide et je me retrouvai en un instant couvert d'une sueur stupide et collante, me demandant ce que penseraient les gardes lorsqu'ils passeraient sur leur motoneige à côté du véhicule mort et à moitié enterré la première fois qu'ils viendraient m'apporter mon courrier.

J'aurais fait demi-tour si j'avais seulement pu distinguer le bord de la route. Mais la neige recouvrait tout et brouillait les limites qui, jusque-là, étaient nettes. Si je parvenais à imaginer la motoneige des gardes se frayant un passage pour arriver près du camion enseveli, je refusais de me les représenter sortis de leur véhicule, à regarder, en contrebas de la route, dans la rivière, leur vieil engin vert que venait lécher l'eau noire de la Selway.

Voilà pourquoi, sans jamais dépasser les cinq à dix miles à l'heure, je continuai de labourer la neige tout en ne cessant de regretter cette escapade. J'espérais qu'il ne neigerait pas davantage avant que j'aie rejoint ma tente, mais je souhaitais dans le même temps qu'arrive une tempête de neige phénoménale, qui effacerait pour toujours les traces de mon imbécillité. Assise sagement près de moi, Boone regardait la neige et la rivière par la vitre – sa taille le lui permettait désormais.

Une fois parvenu à Magruder, je me rappelai la colline. Je savais qu'il me serait impossible de la franchir. Je stoppai le camion au-dessus du poste de rangers et descendis la pente en glissant, heureux de sentir mes pieds sur la terre ferme. Je déverrouillai la porte et ouvris les conduites d'eau, suivant les instructions que m'avaient données les gardes. Je remplis le poêle à bois et commençai à préparer quatre fournées de haricots blancs. Une fois que le propane eut chauffé la cuve d'eau, je me fis couler un bain. Tout en laissant couler l'eau, je me glissai dans la froide baignoire de fer afin de m'habituer à la température de l'eau que je voulais aussi élevée que je pourrais le supporter.

Puis je m'allongeai dans la baignoire, les yeux clos. C'était mon premier bain depuis des mois, et le dernier sans doute avant des mois.

Je me détendis autant que possible, sans pouvoir m'ôter de l'esprit l'idée qu'il allait falloir rentrer. J'avais plus ou moins prévu de passer la nuit ici, mais je sortis rapidement de la baignoire, vidai toutes les conduites d'eau, laissai se consumer le feu dans le four et, une fois les haricots prêts, j'éteignis l'arrivée de propane et regagnai le véhicule en marchant difficilement dans la neige. Je ne pouvais prendre le risque qu'une tempête de nuit boucle la route pour de bon. Il fallait que je parte.

La marmite pleine de haricots était bien calée dans la neige qui remplissait le plateau du camion, et Boone entra d'un bond dans la cabine en soulevant un nuage de neige. Je démarrai et m'éloignai en faisant des embardées sans savoir quand je reviendrais à Magruder.

Le trajet du retour fut moins difficile. Je laissai le véhicule suivre ses propres traces dans la neige. Le temps que j'arrive à la tente, il s'était remis à neiger de gros flocons épais, et je me félicitai d'être rentré avant qu'il soit trop tard. Une fois à Indian Creek, j'enlevai la batterie du camion et la posai dans un coin de ma tente. Désormais, j'allais devoir marcher.

Ce soir-là, assis dans ma tente lugubre, je repensais sans cesse à ma brève excursion. Je m'en étais tiré sans dégâts, mais je savais que j'avais commis une erreur, couru un risque énorme pour une marmite de haricots et un bain. Au moindre problème, le camion se serait retrouvé immobilisé tout l'hiver, comme celui du vieil homme de Paradise, souvenir vivace d'un moment de frayeur, d'un jour où j'avais été près de céder à la panique de n'avoir rien à faire, si près que j'aurais fichu mon véhicule dans la Selway River pour une marmite de haricots.

Mais je comprenais en même temps les avantages de l'isolement. Personne n'en saurait jamais rien. La neige était devenue mon alliée, elle enterrait tous les indices. Si je pouvais comprendre et excuser mes décisions stupides, je ne pouvais supporter l'idée que d'autres examinent mes faits et gestes – des gens qui n'avaient fait que passer quelques heures dans le coin et qui ne pouvaient concevoir ce que vivre ici signifiait.

J'éteignis ma lanterne et, dans l'obscurité, entrai dans mon lit de fortune, réconforté par le poids des draps et des sacs de couchage au-dessus de mon corps. Je songeai à l'isolement, mais rapidement ces pensées s'éloignèrent à l'écoute des voix de la rivière qui glissaient le long de son lit rocailleux, parfois des mots presque distincts, ou de longs et lointains passages de musique classique, comme ceux que j'avais entendus enfant, ces symphonies qu'écoutait mon père et qui semblaient sortir directement des murs.

Il ne neigea pas beaucoup cette nuit-là, pas autant que je l'aurais imaginé, certainement pas assez pour recouvrir mes traces, et voilà que, le lendemain matin, arrivèrent en motoneiges devant ma tente le pourvoyeur de Paradise et Brian, l'un de ses guides. C'était la première fois que je voyais des motoneiges et le bruit qu'elles faisaient me stupéfia.

Ils éteignirent leurs bécanes – j'allais vite apprendre qu'on ne les appelait pas motos mais bécanes – et le pourvoyeur, homme bourru et taciturne d'une cinquantaine d'années, me demanda si c'était moi qui étais allé à Magruder. Les traces menaient directement à mon véhicule, et je me demandai s'il croyait vraiment qu'un autre automobiliste que moi se trouvait dans les environs. Sentant le rouge me monter aux joues, je répondis après avoir ri doucement :

— Oui, c'est moi.

— Ça a dû être du sport, fit-il.

J'acquiesçai, et il demanda :

— Et vous avez fini de voyager, comme ça ?

Je répondis que oui.

— Très bien, dit-il. Parce que les ornières que vous avez creusées avec votre camion ont bousillé le tracé de la route. C'est coton d'empêcher nos bécanes de glisser dedans.

Mes joues étaient en feu. Ils parlèrent d'aller chercher du matériel qu'ils avaient oublié à Paradise, mais je les entendis à peine. Je n'aurais jamais pensé avoir bousillé la route. Dans un vacarme de moteurs, ils filèrent en me rappelant qu'ils reviendraient en janvier pour la chasse au lion.

Pour la première fois depuis mon arrivée, je regrettai de n'être pas dans un isolement total. Faudrait-il que je regarde toujours pardessus mon épaule pour vérifier que personne ne me surprenne en train de faire une idiotie dont seul un blanc-bec pourrait avoir l'idée ?

Avant de partir, ils s'arrêtèrent encore une seconde. Le pourvoyeur voulait acheter un trophée de cerf que j'avais trouvé et rapporté jusqu'à la tente. Les bois de l'animal étaient toujours attachés au crâne et il m'expliqua qu'il en aurait l'usage. Je ne savais pas pour quoi. Moi, j'avais trouvé ça original, c'était tout. Il m'en proposa cinquante dollars, et je lui dis d'accord en espérant que cela rachèterait les dégâts que j'avais causés sur la route.

Les deux hommes se tinrent silencieux pendant que le pourvoyeur sortait son carnet de chèques. Il m'expliqua qu'il n'avait pas pensé qu'il aurait besoin d'argent en venant me voir. Il tendit le carnet à son guide et lui fit écrire le chèque, puis il le signa.

Le temps qu'ils remontent sur leurs motoneiges et s'éloignent dans un vacarme de moteurs, le trophée fixé à leur remorque, et je compris que le pourvoyeur ne savait pas écrire.

VIII

Après le départ des pourvoyeurs, qui ne reviendraient pas avant janvier, je savais que j'avais un peu de temps à moi. Il était prévu que les gardes m'apportent mon courrier dans dix jours, c'est-à-dire le 13. Pendant cette période, je continuai à chasser, mais j'en avais fini avec les pièges : cette activité qui aurait dû m'occuper à fond n'avait pas duré deux semaines.

Dans le même temps, la chasse n'était déjà plus guère qu'une simple balade dans les collines, une carabine entre les mains, pour combler le vide des journées. Je tirais encore de temps à autre des grouses – certaines au sol, d'autres perchées sur des arbres – et occasionnellement des lièvres, mais la base de mon alimentation demeurait les petits écureuils roux. Il m'en fallait trois, deux au minimum, pour faire un repas digne de ce nom. Je les mangeais lentement, me concentrant sur les petits os, et les trouvais véritablement délicieux. C'était comme de manger un poulet au huitième de sa taille normale. Des petits os. J'avais tout le temps du monde pour me concentrer sur eux.

Mais, comme la couche de neige épaississait, les écureuils se mirent à creuser des galeries leur permettant d'aller de leurs tanières à leurs caches de pommes de pin sans s'exposer au froid mordant ni entrer dans le champ de vision des faucons, des coyotes, des martres ou dans le mien. Et, en dépit de mes deux années de biologie animale, j'avais mal évalué la population de grouses du coin. Il me fallait marcher de plus en plus loin dans l'espoir d'en trouver une.

Je me voulais avant tout homme des grands espaces, pas mangeur d'écureuils. Je délaissai peu à peu mon petit .22 long rifle au profit d'une arme de montagnard, mon fusil Hawken de calibre .54 que j'emportais partout. Je me fis ainsi, par la seule force de l'imagination, chasseur de gros gibier, et essuyai dans ce domaine un échec monumental. Je trouvais parfois des traces, et débusquai même un jour un gros animal près de la végétation touffue du bord de la rivière, mais je ne le vis jamais.

Pour autant, cette même neige qui poussait les écureuils à s'enterrer faisait aussi sortir des montagnes, là où les chasseurs l'avait acculé, le gros gibier. Un matin, en ouvrant le rabat de la porte d'entrée de ma tente, je me trouvai nez à nez avec une harde d'environ soixante cerfs en train de souffler de l'air chaud sur la prairie. Ils m'avaient repéré les premiers, et ce jour-là, portant mon lourd fusil, je découvris la capacité du gros gibier à disparaître. Nouvel épisode humiliant.

Ainsi, je me promenais avec mon arme, mais me nourrissais de flocons d'avoine au petit déjeuner, de pain au déjeuner et de riz au dîner. Chaque repas me renvoyait à ma propre incompétence. La visite des gardes approchant, j'aurais dû – selon notre accord tacite – m'efforcer de cacher le fait que je chassais. Je continuais pourtant de plus belle, comme si abattre et s'occuper de quatre ou cinq cents livres de viande de cerf n'était pas plus compliqué que de tuer une grouse et la ramener à la tente.

La vue des cerfs dans ma prairie m'avait plongé dans une véritable fièvre du gros gibier. Trouver des traces, chaque matin au même endroit – preuve que les cerfs avaient passé la nuit à moins de quatre-vingts yards de moi, pratiquement sous mon nez –, ne contribuait pas pour rien à mon approche peu rationnelle du phénomène.

Un soir, alors que les gardes devaient arriver trois jours plus tard, j'étais assis dans ma tente, tout à mes activités nocturnes habituelles – boire du thé et relire mon livre *Foxfire*. J'essayais de percer les mystères des mœurs du peuple Ozark tout en m'échinant à capter quelque chose sur mon transistor à ondes courtes. Mais c'était une nuit claire, sans nuages susceptibles de dévier les ondes radio vers mon canyon. Les soirs de neige intense, il m'arrivait de capter plusieurs stations de l'Ouest de l'Idaho et deux puissantes radios californiennes, l'une qui émettait de Los Angeles, l'autre de San Francisco. Ce soir-là, je n'entendis rien d'autre que des parasites.

En désespoir de cause, je sortis de la tente pour évacuer tout le thé que j'avais bu avant de me coucher. Je me baissai pour passer sous le rabat et pénétrai dans un monde à la lumière argentée. La pleine lune s'était hissée par-dessus la muraille de montagnes qui m'entourait et dardait maintenant ses rayons sur mon univers de blanc et de neige. Les vastes étendues immaculées reflétaient ces rayons que les arbres renvoyaient en tous sens, à tel point qu'il n'y avait presque plus d'ombre. Je restai là, fasciné, avant de me diriger lentement, en suivant mes traces de pas, jusqu'à la prairie. J'avais du mal à croire à la réalité de cette lumière spectrale.

Le décor qui m'entourait était si incroyable que j'eus envie de rire. Je dis à Boone en chuchotant : "Regarde-moi ça, Boone." C'est alors que la prairie parut s'animer.

Ce furent quelques sons rauques, étranges et rapides, mais ce que j'entendis surtout fut un mouvement, le bruit lourd de gros animaux qui s'enfuyaient rapidement, leur souffle sonore tandis qu'ils balayaient la neige dans leur course et traversaient les bois comme des bulldozers. Je m'accroupis juste à temps pour apercevoir les formes évanescentes de plusieurs cerfs quittant la prairie pour disparaître dans la ligne d'horizon obscure formée par les arbres et, malgré la lumière vif-argent qui m'entourait, j'émis un juron. Je m'étais retrouvé par hasard au beau milieu de la harde et, pendant ce temps-là, j'avais gardé les yeux rivés sur les sommets qui m'entouraient, remarquant des détails que je n'aurais jamais soupçonnés en plein jour. Une fois encore, le gibier avait filé.

Je tendis le bras et observai mon doigt, me concentrant sur mon ongle. Je le distinguais parfaitement. Pourrais-je voir à travers le viseur de ma carabine ? Je retournai rapidement vers la tente pour revenir avec le Hawken. Je voyais parfaitement le centre de la prairie, mais cela devenait plus difficile dès que je visais en direction des arbres. Si je me cantonnais dans des endroits éclairés par la lune, cela fonctionnerait. Je visai des troncs d'arbres noirs qui rappelaient les contours sombres des animaux et me dis que c'était faisable.

Je suivis la piste des cerfs et pénétrai dans les bois. La température descendait en dessous de moins vingt degrés Celsius et la neige poudreuse amortissait le moindre son, jusqu'au frottement de mes raquettes. Attentif et silencieux, j'avançai en passant rapidement d'un groupe d'arbres à un autre, retenant mon souffle pour que même ce bruit-là ne s'entende pas. Mais au bout d'un moment, l'excitation s'évanouit, et je cessai de croire que chaque arbre dissimulait un cerf. De toute façon, il faisait vraiment trop noir pour viser quoi que ce soit dans la végétation touffue. Je me contentai donc de rester dans les zones à ciel ouvert, me disant que les cerfs, eux, ne suivaient certainement pas mon exemple. Pour finir, je me retrouvai fusil sur l'épaule, à nouveau bouche bée devant le spectacle de la lune qui transformait un épicéa esseulé en un immense cône à l'éclat argenté.

Cette nuit-là, je marchai jusqu'à une heure du matin, n'ayant en fait passé qu'une petite demi-heure à chasser. Le reste du temps, je me contentai d'être spectateur. La lune passa furtivement de l'autre côté de la rivière avant que je ne sois revenu dans la pénombre de ma tente pour me glisser sous les lourdes couvertures.

Le lendemain matin, je me levai tard, n'ayant plus veillé au-delà de vingt-deux heures depuis des mois. Je sortis de ma tente en frottant mes yeux ensommeillés, ce qui fit de nouveau fuir la harde qui avait élu résidence sur mon territoire. Je passai le reste de la journée à la traquer, en vain. Mais j'élaborai un plan.

Cette nuit-là, tandis que la lune se levait, je vérifiai qu'aucun animal ne se trouvait dans la prairie. Ils n'étaient pas encore arrivés, et j'approchai la rampe à chevaux de ma tente. Utilisée pour faire entrer et sortir les chevaux des remorques, cette rampe était le seul endroit surélevé du lieu. Debout sur elle, j'avais vue sur la totalité de la clairière. Sur une bande de la taille d'un homme, je balayai la neige et retournai vers la tente pour prendre mon arme et des couvertures. Je m'installai sur la rampe, tirant un drap blanc sur l'ensemble du dispositif en guise de camouflage. Puis j'appuyai ma carabine sur le rebord et commençai à attendre.

À ce stade, je n'avais pas songé une seconde à ce que tuer un cerf devant ma tente impliquerait. Pas un instant je ne m'étais imaginé à quoi ressemblerait la prairie après mon exploit. Les gardes forestiers arrivaient dans deux jours, mais je ne pensais qu'à une seule chose : manger des steaks, des steaks que je me serais procurés grâce à mon intelligence, mon habileté et ma puissance de feu.

Il faisait froid dehors – moins vingt – mais j'attendais, grelottant. La lune éclaira les collines et le moindre détail de la prairie apparut soudain net et précis. Je réglai mon viseur en dirigeant mon arme sur différents points de la clairière. Depuis la position que j'occupais, tout l'espace était couvert. Rien ne pouvait m'échapper. J'attendis. J'attendis encore.

Quand je me réveillai, la lune était sur l'autre versant. Il faisait sombre, noir même. Je sentais la neige tomber et fondre contre ma joue. Je me redressai, bien droit et raide, puis me recroquevillai sur moi-même, saisi par le froid. Pas une étoile ne brillait. La Selway était comme ensevelie. Cherchant à tâtons ma tente, je trouvai par hasard une corde et la suivis comme un aveugle pour rentrer chez moi.

Je fis tourner le poêle à fond et jetai mes couvertures à l'intérieur. La chaleur de mon corps avait fait fondre l'essentiel de la neige qui avait manqué me recouvrir. Ce qu'il en restait avait gelé sur les couvertures. Je les étendis sur le sol pour les sécher et grondai Boone qui voulait s'y pelotonner. J'enlevai mes vêtements mouillés pour passer des habits secs. Avant d'aller me coucher, je pris ma carabine et mis en joue dehors, près de la porte. J'appuyai sur la détente. Le chien s'abattit et le percuteur se déclencha avec le bruit écœurant d'un bouchon qui saute, très éloigné du rugissement tonitruant d'un Hawken. Comme je l'avais craint, il était impossible de tirer avec le fusil. La condensation avait atteint la poudre.

Après avoir éteint la lanterne, je me glissai dans les sacs de couchage les moins humides en écoutant le poêle chuinter et crépiter. Quel désastre ! M'endormir au beau milieu d'une tempête de neige sur une rampe à vingt yards de mon lit et me retrouver avec mon arme complètement détrempée. Les cerfs auraient pu me piétiner s'ils en avaient eu envie. Je fermai les yeux et me retournai : pourrais-je encore supporter la vue du riz après m'en être nourri durant six mois ?

Le lendemain matin, il me revint à l'esprit que c'était précisément aujourd'hui que les gardes devaient arriver. Je restai toute la journée dans la tente, près du feu qui ronronnait allégrement, à faire sécher les couvertures. Quand nous avions monté la tente, un des gardes avait trouvé à Magruder un vieux rouleau de tapis d'extérieur bien épais. Désormais, il en recouvrait le sol, et la boue et les échardes de bois s'y accrochaient avec une incroyable détermination. Je le balayai encore et encore, et finis par en retirer les dernières échardes à la main.

Je cachai la peau de raton laveur, qui était tannée maintenant, mais que je n'avais pas encore eu le temps de transformer en bonnet à cause de mon obsession à chasser le cerf. Je rassemblai aussi toutes les queues de grouses et les pattes de lapins – mes trophées – dans une boîte que j'allai dissimuler dans la cache à nourriture.

Une fois ces précautions prises, je terminai les lettres que les gardes allaient emporter. En plus de rechercher une fréquence audible sur mon transistor et de lire mes guides *Foxfire*, j'avais en effet passé pas mal de temps, le soir, à rédiger des lettres à des amis et à des membres de ma famille. C'étaient de longues lettres de dix, voire quinze pages. Maintenant qu'elles allaient être postées, j'essayai de les conclure. Dans aucune de ces missives je ne faisais mention de ma nuit passée sur la rampe.

Il ne restait plus que douze jours avant Noël. Je n'avais pas oublié la catastrophe de Thanksgiving et, afin d'éviter une nouvelle débâcle, j'avais préparé des cadeaux pour mes parents et mes frères et sœurs. J'avais emballé mes plus jolies queues de grouses – les plus sèches –, une patte de lapin porte-bonheur, un tapis en peau d'écureuil – avec griffes – comme parodie d'une peau d'ours. Pour mes frères, j'avais prévu des pattes de grouses que j'avais laissées sécher avec les deux doigts extérieurs recroquevillés, ce qui laissait en évidence le doigt du milieu, rigide et tendu. Je n'avais pas grand-chose d'autre à offrir que ce doigt d'humour.

Pour modeste qu'était cette boîte de cadeaux, je savais malgré tout qu'au soir de Noël je les imaginerais ouvrant et distribuant à chacun ce qui lui revenait. Ils auraient alors entre les mains la preuve que je ne les avais pas oubliés, et moi, surtout, saurais que je n'étais pas oublié.

Je fermai le tout avec soin, scotchant plusieurs fois les bords du colis afin qu'aucun garde un peu curieux ne puisse jeter un œil dans cette boîte remplie de produits de contrebande. Sur le côté, j'écrivis NE PAS OUVRIR AVANT NOËL, et je la rangeai dans un coin de ma tente. Puis je terminai mes lettres et posai les enveloppes sur le paquet.

Mais je ne vis personne ce jour-là. Le jour suivant, je restai chez moi à nouveau, à faire du pain – ce qui me prenait toujours la journée. C'est précisément alors que j'étais en train de sortir les miches du four que j'entendis le grondement lointain des motoneiges. Le bruit s'éloignait au gré des tours et détours du canyon, avant de revenir, toujours un peu plus proche, toujours un peu plus fort. J'étais debout devant ma tente, à attendre. Ne pas oublier de les appeler bécanes et pas motos.

Le garde et le biologiste du district pénétrèrent dans la prairie en bringuebalant sur leurs engins et, m'ayant aperçu, foncèrent droit vers moi, tout sourire, avant de s'arrêter dans un nuage de neige. D'un bond, le garde descendit de sa bécane et me tendit la main. Il entra dans la tente comme si c'était la sienne, parla du pain que je faisais et me dit une fois de plus à quel point j'avais l'air de m'être bien adapté. Le biologiste était nouveau et suivait le garde comme son ombre.

Ensemble, nous allâmes voir la rivière. J'expliquai que, ces derniers temps, la température était descendue jusqu'à moins vingt-cinq la nuit et qu'on atteignait à peine les moins dix dans la journée. Le bras de la rivière avait gelé en surface et était recouvert de neige. Le garde fut impressionné par le débit du courant qui continuait à couler sous la couche de glace. Il déclara que tout avait l'air parfait et nous rentrâmes à la tente.

Près de leurs engins, je leur demandai comment s'était passé leur trajet jusqu'ici. Froid, répondirent-ils, alors que le biologiste sortait quelques paquets et les posait sur mon lit. Je remarquai que la contre-adresse indiquait WISCONSIN. Le scientifique me demanda ce que je pouvais bien faire ici toute la journée.

— Pas grand-chose, en fait. Je traîne, je furète. J'écris des lettres, répondis-je en lui tendant mes lettres et la boîte que j'avais préparée.

Le garde entra dans la tente et me donna un paquet de lettres entourées d'un élastique. Je le jetai sur le lit pour m'empêcher de les ouvrir tout de suite et, pendant une minute ou deux, la conversation roula sur le gibier que j'avais vu.

— Des cerfs, partout, fis-je.

Le biologiste m'expliqua que sa femme aimerait venir séjourner ici quelques jours. Il me demanda si j'accepterais de leur laisser ma tente pour un long week-end.

C'était un cadeau du ciel. Je m'efforçai de ne pas paraître trop enthousiaste ou trop hystérique en répondant que oui, en effet, ce serait très bien. Il me dit qu'il en discuterait avec elle et qu'il m'en reparlerait à leur prochaine visite-courrier. Le garde ajouta qu'elle aurait lieu vers la mi-janvier, si tout allait bien.

D'un pas régulier, ils se rapprochèrent de leurs bécanes en poursuivant la conversation. Une fois sur leurs bolides, ils crièrent : "À bientôt, le mois prochain", et filèrent dans un grondement de moteurs. Ils n'étaient restés qu'une demi-heure. Je me demandais pourquoi mon boss avait voulu devenir garde forestier, lui qui semblait toujours tellement pressé de quitter les montagnes.

Ils avaient beau être les premiers humains que j'avais vus depuis des semaines, je n'étais pas vraiment triste de les voir repartir. Pendant tout le temps qu'ils avaient été avec moi, j'avais eu bien du mal à me retenir de me jeter sur les paquets et les lettres posés sur mon lit, et de les ouvrir en les déchirant. Dès que les deux hommes sur leurs motos bruyantes furent hors de ma vue, je me précipitai sur mon courrier.

Il y en avait de tous les membres de ma famille et de la plupart de mes amis. Je ne savais pas par où commencer. En tenant les premières pages dans mes mains, je sentis que je tremblais un peu. C'était une vraie fête dans ma tente. Certaines de ces lettres me firent rire aux larmes. D'autres me permirent de relativiser toute cette aventure au regard du soutien dont je bénéficiais. Mes parents et Ellen, ma sœur aînée, m'envoyaient des livres. Ils me disaient dans leurs lettres qu'ils n'arrivaient pas à imaginer ma vie sans une tonne d'ouvrages à dévorer. Je pris chaque livre comme on découvre un trésor et en parcourus les couvertures. Il y avait des romans, des biographies et des recueils de nouvelles. Mon père m'avait envoyé toutes les histoires de Sherlock Holmes et *Le Livre de la Jungle* – il se souvenait combien j'avais aimé ces livres étant enfant, quand il nous les lisait. C'en était fini des ouvrages sur les façons d'ébouillanter un porc chez les Ozark.

Au fond de la boîte, sous les livres, Ellen avait même placé des préparations pour gâteaux. Cela me fit rire, et je me demandai s'ils se représentaient vraiment l'endroit où je vivais, mais les gâteaux que je ne brûlai pas furent délicieux.

Au bout d'un moment, je fus trop à l'étroit dans la tente. Je sortis en courant, passant près de la rivière en donnant des coups de pied dans la neige qui s'envolait dans les airs. Je ne m'arrêtai que pour allumer la pipe que mes camarades de l'université m'avaient offerte, parce que, évidemment, tous les hommes des bois fument la pipe. Je n'avais jamais fumé auparavant, et cela m'amusa beaucoup, même si je n'arrivai pas à la garder allumée. Je ne cessai de rire sans raison, envoyant des bouffées de fumée dans la pénombre bleue du soir qui tombait. Je me précipitai vers la tente afin de relire toutes les lettres. Je portais la paire de *mukluks* en peau de mouton que j'avais fabriqués et me sentais léger comme la neige. Il y avait de la glace dans ma barbe et, tout en l'ôtant, je repris mon courrier depuis le début.

Le soir, pourtant, une fois le courrier relu si souvent que le charme en était rompu, l'excitation retomba et je sentis combien tous ces gens me manquaient. La soirée fut mélancolique. Mais déjà, après deux mois passés ici, ce sentiment s'était atténué et la solitude désespérée du début, cette solitude qui me prenait à la gorge, s'était muée en une émotion lancinante que je savourais presque.

Il y avait des nuages ce soir-là, aussi parvins-je à capter quelques stations de radio de l'Idaho. Je réussis à entendre presque entièrement une émission de Groucho Marx sur *Nostalgia Radio*. Je me remis à rire, et avant que la station ne laisse la place aux interférences, j'étais prêt pour une autre nuit de sommeil.

Le lendemain matin, je relus encore une fois mon courrier, mais cela n'avait plus guère de sens – je me rappelais chaque mot et rien n'avait changé. Je m'installai à ma table avec l'idée de commencer à répondre, mais cela me parut une manière bien difficile de poursuivre une conversation. J'arrêtai avant d'avoir vraiment commencé et partis faire un tour, ma carabine en main. Plus qu'un tour, me dis-je à moi-même, une chasse.

Mais je ne vis rien. J'avais du mal à me concentrer suffisamment pour observer quoi que ce soit. Plus tard dans l'après-midi, j'étais à nouveau dans ma tente à lire mon courrier, même si maintenant les mots écrits m'étaient devenus si familiers qu'ils en perdaient leur sens. Peu importait, ils étaient tout ce que j'avais.

IX

De toutes les lettres que j'avais reçues, c'est celle de mon père que je relus le plus souvent. Mon frère jumeau Paul et lui étaient en plein entraînement, m'écrivait-il. Ils avaient commandé des cartes et acheté les dernières pièces d'équipement dont ils pensaient avoir besoin. Ils comptaient partir de Milwaukee le lendemain de Noël et rouler jusqu'à Darby. De là, ils monteraient à ski en suivant la route jusqu'à la Passe des Nez Percés, avant de redescendre vers la Selway pour parvenir jusqu'à chez moi. Quarante miles. Ils espéraient faire le trajet en deux jours, peut-être trois, mais ils comptaient sur deux, puisque, passé le sommet, il n'y aurait plus qu'à descendre.

À chaque fois que je finissais la lettre, je relevais la tête et regardais ma tente sombre. Je pourrais toujours la rendre plus accueillante, mais plus que l'habitat, c'était la nourriture qui me préoccupait. Qu'allais-je bien pouvoir offrir à deux hommes qui auront fait quarante miles à ski uniquement pour me voir ? Des flocons d'avoine, du pain, du riz. En faisant un effort, je pourrais peut-être même changer ce repas en festin en y ajoutant une boîte de petits pois.

Je les imaginais glissant sur leurs skis parmi les cerfs et les élans qu'ils surprenaient à chaque détour du chemin. Et moi ici, à songer à mes flocons d'avoine, mon pain et mon riz. J'étais décidé à charger mon Hawken et à me mettre en chasse, résolu cette fois à ne pas rentrer avant d'avoir dans ma cache à viande de quoi rassasier mon père et mon frère. Du gibier sauvage, quelque chose qu'ils n'auraient jamais goûté, que j'aurai tué seul parce qu'il le fallait absolument. Moi, le survivant aguerri.

En plus de sa lettre, mon père m'avait envoyé des livres, y compris celui que je lisais maintenant à propos du voyage épique de Scott au pôle Sud. La tête pleine de ces histoires romanesques de survie, j'en venais à oublier que tous les membres de cette expédition avaient fini par y trouver la mort. J'aimais à m'imaginer Paul et mon père fonçant sur leurs skis, et moi, dans le rôle héroïque de celui qui leur porte secours à la fin de leur périple. Le genre d'actions qui auraient sauvé Scott et ses compagnons, si seulement j'avais été là.

Mais après une semaine de chasse intensive je n'avais toujours rien à me mettre sous le viseur. Parce que je disposais de chaque heure de chaque jour, j'avais développé la capacité de concentration d'un enfant de cinq ans. Très vite je recommençai mes promenades du soir, profitant des derniers rayons du soleil et tirant sur ma pipe – que j'avais appris à garder allumée –, mon fusil sur l'épaule tenu bien inutilement par le canon.

Quand arriva le solstice d'hiver, le jour le plus court de l'année, je bénéficiais d'environ quatre heures de lumière naturelle directe, le soleil traversant les parois de la Selway entre dix et quatorze heures. Le reste de la journée, je restais à l'ombre, sauf à monter vers les crêtes. J'avais hâte que les jours commencent à s'allonger vers le printemps lointain. Je décidai de m'accorder une journée de vacances, à faire la sieste et lire en mettant des bûches dans le feu pour fêter ce jour le plus court. À partir de là, chaque jour serait plus long, plus clair et me rapprocherait de la délivrance.

Ce soir-là, je remontais la rivière le long du sentier battu, réussissant pour la première fois à envoyer des ronds de fumée dans le noir du crépuscule, faisant mes adieux au plus court des jours. Ce n'est que par habitude que j'avais emmené mon arme avec moi – toujours tenue sur l'épaule –, quand soudain, vers la rivière un peu plus bas, quelque chose traversa dans un grand fracas les saules, les rosiers et les baies sauvages. J'eus à peine le temps de voir un énorme animal noir se jeter dans l'un des derniers passages encore accessibles de la Selway et la traverser en chargeant pour en sortir, l'air ridicule sur des pattes en forme d'échasses, en agitant un long museau proéminent dans ma direction avant de foncer bruyamment à travers les arbres de l'autre berge.

J'avais à peine retourné ma carabine et me tenais prêt à tirer que l'animal avait déjà disparu. Je pensais qu'il devait s'agir d'un cerf, car c'était le seul animal que j'avais vu dernièrement. Le mot *élan* commençait à m'effleurer l'esprit lorsque je vis l'animal descendre la colline par un chemin de traverse sur l'autre rive : enfin se trouvait à ma portée un animal plus gros qu'une grouse. Réglant rapidement le viseur, comme je l'avais fait sur d'autres cibles des centaines de fois auparavant, je tirai.

Dans mon esprit, je ne tirais pas sur un être vivant mais bien sur une cible et, après le premier coup de feu, tandis que l'animal se mettait à courir, je rechargeai avec frénésie, versant la poudre noire de la corne que j'avais fabriquée. Je courus de mon côté de la rivière en suivant un trajet parallèle à celui de l'élan, et enfin je l'aperçus de nouveau. Je me jetai au sol et tirai. J'aurais pu tout autant viser le ciel, à en juger par l'effet que mes tirs produisaient.

Le cœur battant, je versai encore de la poudre et glissai une autre balle de plomb ronde dans le canon. L'animal avait repris sa course. Puis il s'arrêta, se tourna vers moi avant de se coucher en me regardant, tête dressée. Toute cette histoire n'avait pas l'air de l'émouvoir.

Il faisait alors presque nuit, et je dus à nouveau viser la neige avant d'abaisser mon fusil sur le rectangle noir de l'élan. Je tirai un troisième coup, l'animal se leva et s'enfonça au trot dans une futaie.

Il faisait trop sombre pour continuer à tirer, et ma cible avait disparu. Je jetai un coup d'œil vers la berge, en direction de la glace verte de la rivière, et me mis enfin à réfléchir. Je me demandai comment faire pour la traverser et retrouver un élan dans l'obscurité.

Je revins en courant vers ma tente, pour prendre mes raquettes et une corde, et enfermer Boone dans le camion – que la neige avait totalement enseveli la semaine précédente. Si l'animal était blessé, je ne voulais pas que Boone s'en approche. J'étais devenu un assez bon tireur, mais je ne savais même pas si j'avais touché l'énorme bête. Lorsque je tirais sur une grouse ou un écureuil, la mort était instantanée et immédiate, ou sinon la fuite était fulgurante. Cette *chose*-là n'avait semblé ni mourir ni fuir.

De retour à la rivière, je glissai le long de la berge pour examiner la glace verte et détrempée. Aucun passage ne semblait meilleur qu'un autre. Retenant ma respiration, je commençai la traversée, raquettes aux pieds. La couche verdâtre de neige fondue pénétra la trame de mes raquettes et y resta collée. Je m'imaginais traversant la couche de glace, mes vêtements en laine absorbant des litres d'eau, le froid glacial me coupant le souffle, le courant m'emportant vers l'aval sous l'eau gelée. Il me paraissait incroyable que la glace tienne et que je ne tombe pas, et je m'évertuai sans succès à imaginer un plan d'action au cas où soudainement je plongerais.

La glace ne céda pas, et j'atteignis l'autre rive en aval de l'endroit où j'avais vu l'élan pour la dernière fois. J'allais vite retrouver sa trace, pensai-je. Et tel fut le cas. La piste se dirigeait vers l'épaisse futaie et j'allumai le fanal que j'avais failli oublier de prendre avec moi. La neige se mit à tomber, de lourds flocons épais à la blancheur éclatante dégringolant dans le faisceau lumineux.

Les traces, dans la neige qui m'arrivait à hauteur de genoux, étaient énormes. Elles n'avaient rien de particulier qui indique qu'il y avait eu un tir de carabine, puis un autre, puis encore un autre. J'avançais à pas de loup, presque sans bruit grâce à mes raquettes, la neige assourdissant tout alentour.

C'est alors qu'apparut, dans le faisceau de lumière, une longue traînée rouge foncé sur la neige – deux, en fait – de chaque côté de la piste laissée par l'animal, sur trois ou quatre pouces de large et deux pieds de long. J'avalai ma salive et ôtai le cran de sûreté de mon arme, prêt à tirer. Je songeai à quel point il était stupide de se retrouver dans le noir près d'un élan blessé.

Les traces continuaient comme si le sang avait coulé à intervalles irréguliers. J'arrivai devant une surface plane, mélange de neige et de boue rougeâtre. Il y avait plus de sang que j'en avais vu de ma vie. Les flocons de neige fondaient en touchant le sol rougi. Ma lampe torche balaya les arbres autour de moi, n'éclairant que des troncs, révélant par contraste l'obscurité absolue qui m'entourait.

Sans savoir quoi faire d'autre, je suivis les traces, le canon de ma carabine dirigé droit devant moi, me demandant où l'animal avait bien pu se cacher. Je regardai vers l'avant, au cas où l'élan chargerait, mais je fus surpris en jetant un coup d'œil vers le sol de voir la piste disparaître. À partir des dernières traces descendait une longue traînée. Je la suivis en l'éclairant et, environ une dizaine de pas plus bas, je tombai sur l'élan, étendu de tout son long contre le large tronc d'un pin ponderosa qui avait vraisemblablement interrompu sa course.

Pendant quelques instants, je restai planté là. Le corps de l'animal était beaucoup plus grand que je l'avais imaginé, que j'aurais pu l'imaginer. Je m'approchai un peu, puis hésitai. Je finis par m'accroupir, ne sachant quoi faire.

Je me relevai, prêt à fuir, et je lançai vers l'élan une boule de neige qui l'atteignit aux côtes dans un bruit sourd. Pas de réaction. J'avançai un peu en direction de sa tête. Je lui lançai une deuxième boule de neige, plus violemment cette fois. Je n'avais jamais vu quelque chose d'aussi énorme mort. Je me demandai s'il l'était vraiment. J'arrachai une branche de saule et m'approchai encore, à pas lents. Dans l'un de mes vieux livres, j'avais lu que si un animal ne cillait pas lorsqu'on lui touchait l'œil, cela voulait dire qu'il était bien mort. Je tentai de m'en assurer en tendant le bras et le bâton aussi loin que possible. Le bout de bois toucha le grand œil rond, ouvert et noir, qui ne cilla pas. Soulagé, je fis un pas de plus et plantai une nouvelle fois mon bâton dans l'œil de l'animal.

J'avançai dans la neige jusqu'à lui et posai la main sur son énorme flanc. Il n'eut aucune réaction et je sus alors que je l'avais tué. Je m'assis sur l'élan.

Je songeai à la manière dont on nettoyait un lièvre, à la disposition précise et nette des intestins, aux zones plus conséquentes que constituent le foie et l'estomac et, comme fermés hermétiquement dans leur propre compartiment, aux deux soufflets des poumons formant un écrin pour le cœur, joyau minuscule. Un lièvre était le plus gros animal qu'il m'était jusque-là arrivé de vider, et j'avais du mal à imaginer une telle disposition grossie et agrandie une centaine de fois ou plus.

Je me levai et regardai une fois encore l'élan avant d'essayer de le faire rouler sur le dos. Il était comme cloué à l'arbre, impossible à déplacer. Je saisis une de ses pattes arrière, et poussai, tirai, suai et jurai mes grands dieux. Je finis par prendre une corde et attacher la patte à un autre arbre. J'étais heureux qu'il n'y ait personne pour me voir.

Une fois la patte fermement fixée, je pris une large inspiration et m'accroupis entre les membres de l'animal. J'étais avec mon couteau, ne sachant trop par où commencer, coupant çà et là des touffes de poils. Finalement, à bout de patience, je fis une entaille le long du ventre. À mesure que le trou s'agrandissait, les organes jaillissaient en se répandant sur le chemin, me bloquant la voie. J'avais lu mille fois ces conseils : ne jamais couper les intestins, ne pas en répandre le contenu à l'intérieur de l'animal, ne pas gâcher la viande… Je coupais avec le plus grand soin possible, et pourtant je faisais n'importe quoi.

Avant d'en avoir fini, j'avais ôté ma veste et mes chemises pour ne garder que ma combinaison. La transpiration collait mes cheveux sur ma tête. J'étais dans le sang jusqu'aux coudes et la neige ne cessait de tomber, plus dense que jamais. Pas étonnant qu'on appelle ça une boucherie, pensai-je.

Au final, les intestins furent entassés sur une pile, à côté de la carcasse vide. Je séparai le cœur et le foie. Ce dernier avait la taille d'un plateau de cafétéria épais de six pouces, et le cœur était aussi gros que ma tête.

Je commençai à dépecer l'élan, retenant mon souffle à chaque timide coup de couteau, certain de trouer et de gâcher l'énorme fourrure chaude dans laquelle je me voyais déjà confortablement emmitouflé. Pendant l'opération, je retrouvai deux des balles que j'avais tirées, à travers les côtes et derrière l'épaule. L'une d'elles avait sectionné l'aorte, quelques pouces au-dessus du cœur. L'autre balle, aplatie, se trouvait sous la peau de l'autre côté. Je la mis dans ma poche. Au moment de faire glisser la peau sous l'animal et de la poser sur mes épaules, je fus stupéfait par le poids de cette fourrure humide et sombre. J'étais épuisé.

J'enroulai la peau autour de mon cou comme une serviette géante et, avec le cœur et le foie de l'élan serrés d'un bras contre ma poitrine, tenant ma carabine de l'autre, je rentrai avec difficulté vers la rivière, à peine éclairé par la lumière déclinante de ma lampe. Arrivé là, je me rappelai l'existence des coyotes. Quel festin ils allaient faire. Je retournai d'un pas lourd jusqu'à la carcasse, et pissai autour d'elle en me demandant si cela serait d'une quelconque utilité.

Repensant à la fine couche de glace verdâtre, je transportai les pièces en deux fois, plus nerveux à chaque passage. Une fois sur la rive, je finis par rejoindre ma tente en vacillant. Boone sortit du camion d'un bond, après ce premier emprisonnement depuis qu'elle était toute jeune. Elle renifla la peau d'un air suspect et s'en tint à l'écart.

Pour le dîner, je lui donnai une partie de l'énorme foie, mais, en dépit des mille livres de viande fraîche que j'avais en réserve, j'étais pour ma part trop fatigué pour manger.

Le lendemain, après avoir détaché les blocs de glace qui se formaient à l'extrémité du bassin, je me rendis d'un pas alourdi par la neige et la fatigue sur le lieu de mon exploit. La neige était tombée doucement, mais sans discontinuer, et mes traces d'urine avaient disparu. L'élan, lui, se détachait clairement, rouge et blanc, encore suffisamment chaud pour empêcher la neige de le recouvrir.

Suivant les instructions relues devant mon café ce matin-là, je découpai l'animal en quartiers à l'aide d'une hache et d'une scie à bois. Je chancelai en portant les morceaux jusqu'à la rivière, ne parvenant à les déplacer que sur dix ou vingt pas à la fois. Parce que je n'osais pas me trouver sur la glace en même temps que la viande, je traversai d'abord la rivière et, une fois en sécurité sur la berge, tirai chaque pièce jusqu'à moi avec une corde. Cette méthode m'obligea à traverser huit fois la glace qui gémissait sous mes pas, retenant mon souffle à chaque passage.

Lorsque tous les morceaux furent de mon côté de la rivière, je compris qu'il m'était impossible de les transporter et de négocier en même temps la berge escarpée et couverte de neige, et décidai donc de les haler à l'aide d'une corde. Le dernier quartier se coinça dans un taillis de saules et, au lieu de me laisser glisser le long de la pente pour le dégager, je poussai un juron, resserrai la corde et commençai à tirer comme un enragé. Le quartier de viande jaillit du taillis comme une flèche, et je sentis ma main se coincer et la corde me serrer les doigts comme un étau. Malgré le froid, la sueur me coulait dans les yeux et sur le nez. Je jurai comme un charretier, retenant difficilement de mon autre main la corde soudain si tendue qu'elle aurait pu chanter.

Ce n'est qu'une fois les quartiers de viande rassemblés en haut de la berge que je commençai à réfléchir en me disant que la force seule ne suffirait pas. Il me fallut une heure pour construire un petit traîneau, grâce auquel je pus tirer la viande, un quartier à la fois, sur près d'un demi-mile, le long d'un chemin dont je savais qu'il finissait en cul-de-sac au pied d'une paroi rocheuse. La transpiration continuait de couler de mon visage, même si, pour la première fois depuis des mois, j'avais ôté presque tous mes vêtements. Mais au moins, avec le traîneau, l'opération semblait jouable. Je songeai à nouveau à Scott et à sa traversée périlleuse de l'Antarctique, traînant tout son matériel à bout de bras.

Arrivé au rocher, j'installai une branche entre deux arbres afin d'y accrocher la viande. Le seul moyen d'accéder à ce cul-de-sac était de remonter Indian Creek. Des saules épais et une masse de jeunes peupliers formaient un mur dans cette direction, tandis que la falaise bloquait toute visibilité. J'avais choisi cet endroit il y a longtemps en me souvenant des paroles du garde sur la nécessité de dissimuler toute trace de chasse.

C'est en tentant de hisser la viande sur la perche de fortune que je me rendis vraiment compte de son poids. Après avoir donné du mou à la corde, je tirai de toutes mes forces, et me retrouvai soudain en l'air, la viande, qui n'avait pas bougé, toujours fermement ancrée au sol. Avec mes lainages d'hiver, je devais peser près de deux cents livres, et la viande ne s'était pas déplacée d'un pouce alors que je ne touchais plus terre, pendu à la corde. Si je n'avais pas été aussi exténué, j'aurais pu m'y balancer toute la journée.

Mes livres insistaient sur la nécessité, pour bien congeler la viande, de la découper en larges morceaux afin de limiter les brûlures, aussi continuai-je à batailler sur tout le chemin avec mes quatre énormes découpes. J'insistai, courant avec la corde en essayant de faire décoller du sol les quartiers de viande par de violents à-coups, mais j'étais comme un chien qui arrive au bout de sa laisse. Je regardai les quatre morceaux, et je sus que j'allais devoir les découper en huit parts d'un poids inférieur au mien afin de pouvoir les soulever. Pourtant, je n'étais pas encore à même de commencer cette opération.

À nouveau, j'urinai en cercle autour du tas de viande et je me mis au lit, exténué. Je sentais quelque chose de dur dans mon estomac, quelque chose qui m'empêchait de me relever une fois couché. Pour le deuxième soir de suite, je ne dînai pas. Le festin que j'avais envisagé allait devoir attendre.

Je terminai l'opération le lendemain. Pour finir, il y eut huit pièces de viande pendues à la branche où je les avais accrochées. La viande était congelée, maintenant, et je restai là à contempler quelques instants les morceaux avant d'y tailler mon premier repas. Je découpai un steak bien rond, de la taille d'une plaque d'égout, et d'ailleurs tout aussi dur. Glissant le morceau sous mon bras, je donnai une tape à l'une des découpes et la regardai se balancer. Je me mis à rire.

On aurait dit un steak tout droit sorti d'un épisode des *Flintstones*, un steak de brontosaure. Lorsque mon père et Paul seraient là, ils n'en croiraient pas leurs yeux. Je caressai les filets que j'avais délibérément conservés depuis le premier soir en prévision du repas que je leur réservais le jour où ils arriveraient à ski dans ma prairie. Des agapes sans fin nous attendaient.

Dans la tente, je posai le steak près du poêle pour qu'il dégèle et commençai à cuisiner. Ce jour-là, je fis un gâteau de riz et deux pains. Le lendemain était la veille de Noël et je comptais me préparer un festin. J'étais de toute façon trop fatigué pour faire autre chose que la cuisine.

Le steak, posé contre le pied de la table, me semblait un exploit extraordinaire. Le soir, je sortis de la tente ma pipe à la bouche et me retrouvai rapidement près de la perche à viande. Hypnotisé, je regardai avec intensité les morceaux osciller sur la branche. Je ne pouvais m'empêcher de sourire. La prise de cet élan avait beau n'être que le résultat ridicule du hasard et de la chance, peut-être étais-je enfin devenu un authentique trappeur. J'avais réussi à me procurer ma propre nourriture. Et même s'il m'avait fallu deux mois, la vie me parut désormais plus facile.

X

La veille de Noël, la neige épaisse des derniers jours céda la place à la pluie. Celle-ci rendait l'intérieur de ma tente presque aussi humide que l'extérieur, aussi n'y avait-il pas grand intérêt à rester enfermé. Je transportai la peau d'élan dans un lieu ouvert près de la rivière, et l'étendis autant qu'il était possible. Sa longueur au sol dépassait ma propre taille, plus d'un mètre quatre-vingts. Après avoir découpé quatre morceaux de pin d'environ dix pieds de long, je fabriquai un cadre à grand renfort de clous et de coups de marteau. J'avais peu de temps, car je voulais que cette énorme robe soit tannée et fin prête avant l'arrivée de mon frère et de mon père.

Je plaçai la peau au centre du cadre et m'installai devant, armé d'une grosse pelote de ficelle. Avec mon couteau Green River, je me mis à faire des trous tout autour de la robe en utilisant un bâton comme support. Je la cousus au cadre, ma brochure sur le *Tannage par la cervelle à la manière des Sioux* posée près de moi dans la neige. Le paragraphe sur la quantité de cervelle à utiliser me fit éclater de rire. "Chaque animal dispose de suffisamment de cervelle pour permettre son propre tannage", précisait le guide. "Et le tanneur, lui, il en a assez ?" me demandai-je.

La pointe du couteau fut usée avant que je ne sois à la moitié de l'opération. Je poursuivis avec mon couteau Buck. Il s'émoussa, lui aussi, avant que j'aie fini, mais j'y étais presque et j'essayai de faire durer la pointe. Je finis par donner des coups violents sur le couteau à l'aide d'un autre bâton, en essayant de le faire pénétrer dans la peau coriace. J'avais presque terminé et je ne voulais pas faire une autre pause affûtage. Toute la journée, j'avais aussi préparé du pain et du moka en prévision du lendemain et, avec ces fréquentes interruptions, le soir était venu rapidement.

Le couteau Buck était à bout. Tout cela commençait à me taper sur les nerfs, j'en avais assez de devoir m'arrêter sans cesse pour tendre à nouveau la peau comme celle d'un tambour, et j'en avais assez de cette pluie qui rendait toujours plus lourds et épais mes vêtements. Je sortis alors mon couteau suisse de ma poche, et sa lame bien aiguisée glissa comme si elle avait été graissée. Je souris en me disant que j'aurais mieux fait d'utiliser ce canif depuis le départ au lieu de m'entêter avec mes gros couteaux à pointes rondes.

La lame du couteau suisse ne tarda pas à s'émousser elle aussi mais, comme il ne restait plus que quelques trous à faire, j'appuyai de toutes mes forces. J'étais à genoux sur le canif, appuyant autant que je pouvais, lorsque je perdis soudain l'équilibre et la lame se replia – en bonne lame de couteau suisse –, en plein milieu de mon majeur.

La surprise et la douleur me firent lever d'un bond, l'outil toujours en main. J'ouvris le poing mais le couteau resta fiché dans mon doigt. En l'arrachant, j'eus un moment de doute, car la lame touchait l'os.

Je retournai à la tente, en proie à la colère plus qu'à la douleur, à la colère de n'avoir pas vu ce coup venir, d'avoir été un aussi parfait imbécile. Le temps que j'atteigne la tente, la quantité de sang qui s'écoulait commençait à devenir inquiétante. J'enveloppai ma main dans un bandage serré et la tins en l'air quelques instants. Cela sembla faire l'affaire et je retournai à mon tannage. À peine avais-je baissé le bras que je recommençai à saigner.

Ce soir-là, quatre heures après m'être planté la lame dans le doigt, je saignais toujours. J'ôtai le bandage et vis les bords repliés de la coupure, séparés les uns des autres. Il était évident qu'il me faudrait des points de suture. Je n'avais guère envie de les faire moi-même, et me demandai si j'en aurais été capable. En désespoir de cause, je croisai le bandage en forme de papillon afin de rapprocher les bords de la plaie et terminai le nœud en serrant fort.

Lorsque le crachin se transforma en une neige épaisse et lourde, mon transistor se remit à fonctionner et je passai la soirée à changer de fréquence, en jetant régulièrement un coup d'œil à ma main tenue en l'air. Le sang avait cessé de couler pour de bon, et je fus soulagé de voir s'éloigner la perspective des points de suture.

Bientôt, je captai une lecture du *Christmas Carol* par Lionel Barrymore et je me mis à écouter cette histoire mille fois entendue dans un recueillement ravi. Après tout, Noël était presque là.

Au cours de la nuit, après que j'eus éteint la radio, le ciel s'éclaircit. Quand je me réveillai, la température était descendue à moins vingt et mon souffle formait de grands nuages de buée au-dessus de mon lit. "Joyeux Noël", dis-je dans un murmure.

Mais le froid accentuait la douleur dans mon doigt et, pire encore, je découvris qu'il avait gelé la peau d'élan et l'avait transformée en une gigantesque planche, aussi souple qu'un morceau de contre-plaqué. Je restai planté là, à observer les dégâts : une journée perdue à étendre cette peau et la conviction que le tannage serait impossible par ces températures. Il me fallait ôter la robe de son cadre et la faire dégeler, la saler et la rouler, avant de la dissimuler dans ma cache à nourriture. Je ne pourrais pas utiliser cette énorme peau de bête avant le printemps, quand elle serait devenue inutile. Et, arrivé aux beaux jours, je n'aurais plus la cervelle de l'animal, ingrédient essentiel pour le tannage. Je n'arrivais pas à imaginer par quel moyen je pourrais la conserver aussi longtemps.

En attendant, je parai au plus pressé et enlevai la robe du cadre, pestant contre mes lourdes mitaines devenues trop raides pour travailler, pestant contre le fait d'avoir voulu étendre cette fichue peau, pestant contre la Terre entière. J'essayai de transporter la peau gelée jusqu'à ma tente, en passant par la colline, mais elle ne cessait de me glisser entre les mains. Excédé, je retirai mes mitaines pour avoir une meilleure prise.

Au moment d'entrer dans la tente avec la peau que j'avais déplacée avec difficulté, mes doigts étaient devenus gourds, après être passés par une phase de douleur aiguë. Je les plaçai sous mes aisselles et me postai tout près du poêle. Je venais de m'apercevoir que le sang avait percé mon bandage.

Une fois terminée la danse de Saint-Guy autour du feu, je constatai que les phalanges de ma main droite étaient d'une blancheur extrême. Cette couleur allait demeurer un certain temps. Je m'assis et ouvris la trousse de secours pour lire les consignes à suivre en cas d'engelures, tout en me demandant si, dans les heures qui suivraient, je trouverais le moyen de faire encore quelques bonnes bêtises ou si j'avais épuisé tout mon potentiel. C'était bien parti pour être un Noël d'enfer.

Cet après-midi-là, après avoir fait dégeler mes doigts et la peau, que je finis de saler et de ranger, je montai jusqu'au sommet d'Indian Ridge. À trois mille pieds au-dessus de ma tente, je parvenais de nouveau à voir le soleil. Je pris plusieurs grandes inspirations, essayant de me détendre et d'oublier la frénésie de l'élan et les bêtises qui avaient suivi.

Assis sur une congère, j'admirai le soleil couchant qui faisait rougir les rares nuages et les innombrables étendues de pics et de crêtes enneigés. Je songeais à ma famille, bien au chaud à la maison, ouvrant les cadeaux que j'avais emballés avec tant de soin, et je souris en imaginant leurs têtes alors qu'ils se montraient les présents que je leur avais envoyés. J'espérais qu'ils comprendraient qu'il s'agissait d'une plaisanterie, une façon de leur montrer qu'ils me manquaient, mais soudain je n'en fus plus aussi certain. Il s'agissait vraiment de trucs assez stupides.

Cela me faisait du bien d'être de nouveau au grand air, et j'y restai presque jusqu'au crépuscule, m'efforçant de ne penser à rien du tout. J'enlevai le bandage de mon doigt : la coupure s'était gentiment refermée. Les choses iraient peut-être en s'améliorant, après tout. Toujours assis sur la congère, je refis mon pansement, et le rendis présentable, puis je me précipitai pour rejoindre la tente en contrebas et arriver chez moi avant que la nuit ne soit totalement tombée.

Pour fêter Noël, je m'étais préparé de la purée de pommes de terre, du maïs en boîte et assez de viande d'élan pour remplir la poêle à frire sur toute sa largeur et sa hauteur. Une fois le repas terminé, je m'éloignai de la table, aussi repu que je l'aurais été à la maison, et je souris en songeant que là-bas, dans le Milwaukee, ma famille était sans doute en train de faire la même chose. Et le lendemain, Paul et mon père monteraient dans le break familial et se mettraient en route pour le Montana. Le trajet en voiture prendrait deux jours, et c'est donc vers le 28 qu'ils devraient commencer leur voyage à ski.

Au cours de ces deux journées, je fus en proie à une frénésie de cuisine et de ménage. Je cuisinai tellement que ma petite table fut rapidement envahie de miches de pain doré et croustillant, de moka et de pudding au riz, et de tout ce que j'avais appris à faire et que j'avais fini par considérer comme des mets raffinés. Je remplis les seaux d'eau, ce qui m'obligea à percer la nouvelle couche de glace que le froid avait formée sur la rivière. Je préparai même une carafe de limonade, grâce à la préparation que j'avais précieusement conservée. C'était la seule boisson que j'avais à offrir, hormis l'eau plate, et je n'en avais sans doute pas apporté suffisamment. C'était une boisson de grandes occasions. J'en préparai quatre litres.

Ce soir-là, je plaçai sur le poêle ma plus grande casserole et attisai le feu jusqu'à ce que ses bords soient rougeoyants. Même si, dehors, la température était descendue jusqu'à moins vingt, celle de ma tente s'élevait à plus de trente degrés lorsque, une heure plus tard, l'eau dans la casserole fut assez chaude pour commencer à faire de la vapeur. Pour la première fois depuis mon expédition à Magruder un mois auparavant, qui avait failli virer à la catastrophe, j'enlevai tous mes vêtements.

Je me glissai dans une baignoire en fer galvanisé et, armé d'un pichet, j'écopai l'eau chaude et la versai sur ma tête. Je me lavai rapidement les cheveux, et utilisai comme je pouvais l'eau qui descendait le long de mon corps pour laver le reste. Je ne disposais que d'une dizaine de litres d'eau chaude, et je finis par y mélanger de l'eau froide afin de pouvoir me rincer. Toute l'affaire fut précipitée et maladroite, et finalement peu agréable.

Mais après ce bain, alors que je me séchais, nu et propre, enfin libéré de mes multiples couches de laine, je me sentis si bien que je me mis à rire comme un gamin. Pourtant, malgré le poêle ronflant, de la glace restait toujours ancrée au sol, près de l'entrée de la tente, et des courants d'air arrivaient jusqu'à moi en tourbillonnant. Je retardai autant que je pus le moment de me rhabiller, mais il me fallut bien remettre ma combinaison. Puis, je me glissai entre les couvertures.

Le 28 décembre, parce que je ne pouvais plus préparer autre chose en prévision de l'arrivée de mes premiers visiteurs, je décidai de descendre à Magruder pour aller à leur rencontre, me sachant incapable de rester à les attendre, assis dans ma tente. Le bassin était désormais entièrement gelé, la neige formant une couverture isolante sur l'eau qui coulait en dessous. Après avoir ôté la dernière trace de glace susceptible de se former dans la chute d'eau à l'extrémité du bassin, je fus certain de pouvoir m'absenter une nuit. J'empoignai mon paquetage avec son lot d'équipement rudimentaire – trousse de secours, vêtements, nourriture, sac de couchage – et me mis en route vers l'amont de la rivière.

À deux miles de ma tente, arrivé à Raven Creek, là où j'avais l'habitude de faire demi-tour pendant mes promenades nocturnes, je dus chausser les raquettes que j'avais attachées à mon sac. Une fois quittée la piste habituelle, où la neige était bien tassée, je me retrouvais en effet confronté à près de quatre pieds de neige et ne pouvais plus avancer sans raquettes.

À mi-chemin de Magruder, je levai une grouse qui se trouvait dans un taillis bordant la rivière. Elle traversa précipitamment la Selway avant d'atterrir dans les broussailles touffues de l'autre rive. Moins d'une semaine après l'affaire de l'élan, la rivière avait achevé de geler complètement et elle était maintenant recouverte d'un pied de neige. Pour rejoindre la grouse, il me suffisait de traverser sans m'inquiéter des risques de chute, dont j'avais du mal à croire qu'ils m'avaient tant effrayé.

Pendant presque une heure, la grouse joua à cache-cache avec moi, mais je finis par l'attraper alors qu'elle tentait de filer en glissant le long d'une branche. Je l'abattis d'une balle en pleine tête. Parfait retriever, Boone se lança à sa recherche et revint la poser à mes pieds. Je lui fis un grand sourire. Tout semblait aller tellement bien que j'en oubliais presque le désastre de la peau d'élan. Sans le bandage taché de sang à ma main, j'aurais pu croire qu'il n'avait pas eu lieu.

Je ramassai la grouse et l'accrochai à mon sac. J'aurais préféré l'abattre sur le chemin du retour, que Paul et mon père me voient faire. J'espérais que nous en rencontrerions une autre par hasard à un détour du chemin menant à ma tente, pour pouvoir enfin partager tout cela avec quelqu'un.

En ce moment, me dis-je, ils devaient être près de la passe, ils l'avaient sans doute franchie d'ailleurs et devaient descendre rapidement les flancs escarpés de la Selway. C'était une journée parfaite pour ce genre d'expédition. Une journée ensoleillée, une température proche de zéro, un monde lumineux à en avoir mal.

La nuit précédente, au cours d'une recherche rapide de stations radio – tentative plutôt vaine par temps clair –, j'avais capté une partie de la météo d'une station de Boise où l'on annonçait des températures de moins vingt pour la nuit suivante. J'avais découvert qu'ici, il faisait régulièrement dix ou quinze degrés de moins qu'à Boise. Si cela se confirmait, j'espérais que mon père et Paul en avaient entendu parler et qu'ils profitaient de cette belle journée et du temps clément pour avancer.

Je traversai à nouveau l'épaisseur de glace et la couverture de neige de la Selway et me mis en route : j'avais décidé que nous passerions la première nuit dans la petite maison en bois de Magruder. Je leur préparerais une grouse aux petits oignons et ils me raconteraient leurs exploits.

Quand j'arrivai à Magruder, il faisait presque noir. Étonnamment, c'était la deuxième fois en quelques jours seulement que je ne respectais pas la règle de sécurité qui veut que tout déplacement se fasse à la lumière du jour. Sur le panneau qui indiquait Magruder, je laissai un petit mot griffonné à l'aide de la pointe de plomb d'une balle de .22 informant Paul et mon père que je me trouvais dans le poste de rangers. Cela raccourcirait leur périple d'une dizaine de miles et j'étais sûr de les voir le lendemain.

Sur les dernières centaines de yards avant Magruder, je pressai le pas et, dans l'obscurité, découvris que quelqu'un – sans doute les gardes forestiers – avait oublié de remettre à sa place la clé de la porte. Avec la lampe de poche sortie de mon sac, je me mis à faire le tour des dépendances avant de trouver une pince qui me permit d'entrer dans les lieux.

Je préparai un bon feu et ouvris les conduites de propane. J'ignorais combien de temps nous resterions ici, et décidai donc de garder l'eau fermée. Je ne voulais surtout pas risquer de faire sauter une conduite. Une fois le feu bien parti dans la chaudière et la température de la maison à un niveau acceptable, je tournai la manivelle du vieux téléphone. Deux tours longs et un court, le signal pour joindre le PC de rangers de West Fork, dans le Montana, au-delà de la passe.

Le ranger me dit que Paul et mon père étaient passés plus tôt ce matin-là et qu'ils étaient en chemin. Il ajouta qu'on attendait une chute de température autour de moins vingt-cinq dans la soirée et me demanda s'ils étaient bons skieurs et s'ils avaient déjà participé à ce genre d'expédition. J'étais presque sûr que leur expérience en la matière était nulle, mais je lui dis qu'ils se débrouilleraient très bien. Jusqu'à récemment, ma propre expérience était nulle, et je m'en sortais plutôt bien.

Après avoir raccroché, je sortis ma carte et examinai une fois encore leur itinéraire. Le ranger m'avait dit que la piste avait été ouverte sur une distance plus grande que celle que j'avais estimée. Il ne leur restait que vingt-cinq miles à parcourir – dix jusqu'à la passe, puis quinze jusqu'ici. Je sortis sur le porche, où je n'eus pas l'impression qu'il faisait tellement froid.

Je retournai au chaud à l'intérieur et préparai un repas rapide de ragoût en boîte, décidant de garder la grouse pour le lendemain. Je me glissai dans le lit, écoutant l'agitation grandissante des souris stimulées par cette chaleur inattendue, imaginant Paul et mon père dans la tente qu'ils auraient dressée là-bas, dans l'obscurité du Montana. Peut-être marcherais-je demain matin à leur rencontre. Peut-être pourrais-je aussi attraper un oiseau ou deux pour en faire un vrai dîner de bienvenue.

Dans le noir de la cabane, je m'endormis en pensant à tout cela, le sourire aux lèvres.

XI

Le lendemain matin, je restai un peu au lit, puis je me levai avec précipitation en imaginant ce que penseraient Paul et mon père s'ils me trouvaient en train de dormir confortablement installé dans ma petite cabane : pas vraiment une image d'homme des montagnes. Je pris mon petit déjeuner avec précipitation – une tasse de café et un morceau de pain, rien de plus – et me mis en route pour aller à leur rencontre.

Tout à mon excitation, il me fallut quelques instants avant de me rendre compte du froid qu'il faisait. Arrivé au centre de la prairie, je m'arrêtai pour jeter un coup d'œil au ciel pâle et d'un bleu de glace. En levant la tête, j'avais permis à l'air froid de glisser dans mon cou, et je dus rapidement m'emmitoufler dans mon manteau. Je marchai d'un bon pas jusqu'au sommet de la colline, puis sur la route principale et, le temps de la quitter dans le virage pour aller vers Deep Creek et la passe, je m'étais déjà bien réchauffé.

Il n'y avait pas la moindre trace de skis dans la neige immaculée, rien que les vieilles empreintes couvertes de neige laissées par le dernier passage du chasse-neige, que je suivis pour éviter de m'enfoncer dans la poudreuse. Je ne marchais pas depuis une demi-heure que je commençai déjà à tordre le cou à chaque tournant, m'attendant à les voir arriver plus vite. Je ne pouvais me départir d'un large sourire. Paul et mon père n'en croiraient pas leurs yeux lorsqu'ils verraient ma tête au détour d'un virage.

Je m'étais mis en route avec un paquetage bourré de choses inutiles et, plus j'y pensais, plus il me semblait lourd. Il n'était pourtant pas plus lourd que la veille, rempli de choses indispensables en cas d'urgence. Tout en continuant de marcher dans l'attente de les voir à chaque instant, je me demandais pourquoi j'avais pris la peine d'emporter tout ce barda, et je fis un court arrêt pour me débarrasser de mon sac, que je posai sur le bord de la route. J'y laissai également mon gros manteau en duvet. Comme je montais, j'aurais bien assez chaud comme ça.

Je poursuivis mon chemin sans ralentir, mon sourire grandissant à chaque détour dès que j'imaginais la surprise sur leurs visages. Mais chaque tournant n'apportait qu'une autre portion de route morne et enneigée, un autre bout de rivière enneigée et d'autres arbres enneigés. Mon sourire disparaissait un peu plus à chaque fois, sans pour autant s'envoler pour de bon. J'en aurais besoin au virage suivant.

Je marchai un certain temps avant de commencer à ressentir le froid. Je pressai le pas pour me réchauffer, attendant de voir se détacher les silhouettes sombres des deux skieurs sur l'immense univers blanc. J'accélérai encore la cadence, mais continuai à avoir de plus en plus froid.

Après trois miles environ, je dus me résoudre à faire demi-tour. Je n'avais jamais rien connu qui ressemblât à ce froid-là. Mon sac et mon manteau se trouvaient à plusieurs miles, et tout à coup cette distance me parut effrayante. Je pris juste le temps de laisser un message rudimentaire à l'aide de bâtons posés sur la neige, leur indiquant que j'étais à Magruder. Puis, je restai un dernier instant à regarder la route, bras croisés sur la poitrine, en essayant par la pensée de leur faire prendre le virage, avant de m'en aller pour de bon.

Mais personne ne prit le virage et, en rebroussant chemin vers Magruder, je marchai le plus vite possible, maladroit sur mes raquettes. Même à cette allure, je ne parvins pas à me réchauffer.

Alors que je me frayais un chemin dans la poudreuse, je commençai à me demander si je réussirais à arriver jusqu'à mon manteau. J'avais froid à la poitrine maintenant, pas seulement aux mains, aux pieds et au visage. Le froid transperçait mes chemises et mes sous-vêtements, un froid terrible. Je savais ce qu'était l'hypothermie, et je me rendais compte qu'abandonner mon manteau avait été une grave erreur. Je trébuchais en retrouvant la piste, essayant de me presser, scrutant les lieux après chaque tournant, désormais à la recherche de mon manteau et de mon paquetage, et non plus de mon père et de mon frère. Je n'arrivais plus à me souvenir de l'endroit exact où j'avais laissé mes affaires.

Au moment où la panique commençait à l'emporter sur la raison, je tombai sur mon sac, posé au détour d'un virage. Grelottant, je me glissai dans le manteau, encore plus froid que moi, et je poursuivis ma course jusqu'à ce que je ressente de la chaleur sous l'épais duvet. Arrivé à Magruder, j'étais épuisé. J'avais parcouru plus de six miles.

J'allumai le poêle et, après avoir retrouvé mon souffle et m'être totalement réchauffé, je me dis que les attendre assis dans cet endroit serait nettement moins grisant que de les retrouver par hasard, quelque part dans l'immensité de neige. Mais le seul souvenir du froid me faisait frissonner, et je fis quelques pas en raquettes jusqu'à la station météo pour regarder les températures maximales et minimales. La maximale était de moins vingt, et la minimale, la nuit dernière, indiquait moins trente-cinq degrés.

Oubliant les belles retrouvailles que j'avais imaginées, je ne pensais plus qu'à mon père et à mon frère, tous deux là-haut, quelque part près de la passe, le froid raidissant leurs doigts, leurs jambes, peut-être même leur cerveau, comme cela m'était arrivé plus tôt. Là-haut, le froid devait être encore plus redoutable et je me demandais ce qu'il était en train de leur faire.

Je restais assis dans le poste de rangers à regarder régulièrement par la fenêtre, et j'attisais le feu pour qu'à leur arrivée l'endroit soit bien chaud. Mais, ce jour et ce soir-là, je les attendis en vain. Une fois la nuit tombée, je tournai la manivelle du téléphone pour appeler West Fork. Le ranger, dont j'avais interrompu le dîner, me dit que les températures avaient dû les toucher à mi-chemin. Quand ils étaient partis, il faisait dans les moins cinq. Ils avaient dû trouver refuge chez Blondie, l'ancienne cabane de trappeur, et devaient attendre le redoux pour reprendre la route.

La cabane de Blondie était une vieille bicoque en ruine, construite une cinquantaine d'années auparavant. Blondie lui-même était mort de froid lors d'une tempête de neige qui l'avait surpris alors qu'il essayait de rejoindre la Bitterroot Valley pour Thanksgiving. Je repris ma carte et découvris que la cabane n'était qu'à quelques miles de la passe, à une douzaine de miles environ de Magruder. Si c'était bien leur position actuelle, ils n'avaient pas parcouru une grande distance. Et je savais qu'ils ne s'arrêteraient pas pour s'abriter. Ils allaient continuer, coûte que coûte. Avancer était la seule option possible. Rester immobile et attendre, par ce froid, c'était faire durer la souffrance en vain.

Je me couchai immédiatement après avoir raccroché. Le lendemain matin, je n'aurais de cesse que de les retrouver.

Il faisait toujours nuit noire à Magruder lorsque je me réveillai. J'allai à la porte pour juger du temps. Le ciel était si proche, si clair que les étoiles semblaient à portée de main. Mais je ne levai pas le bras. On aurait dit que les étoiles étaient l'essence même du froid, qu'elles pouvaient vider la moindre trace de chaleur de toute chose vivante.

Je n'avais pas quitté l'entrée que le froid avait déjà bouché mes narines, tendu et resserré la peau de mon visage. Je me demandais ce que cela pouvait bien donner là-haut, à la passe, trois mille pieds plus près des étoiles.

Je me précipitai à l'intérieur et mis autant de bois qu'il était possible dans le poêle, donnant des coups de pied dans la dernière bûche pour la faire rentrer. Je préparai des *pancakes* pour le petit déjeuner, les offrant d'abord à Boone jusqu'à ce que, saturée, elle n'en veuille plus, avant d'en préparer vingt autres pour la route. J'en remplis les poches avant de mon manteau. Je chaussai mes raquettes dans la pièce principale plutôt qu'à l'extérieur, car le froid m'aurait engourdi les doigts avant même que je puisse en attacher les sangles.

Je jetai mon sac plein d'équipement d'urgence sur mes épaules et claquai la porte de la cabane derrière moi. La neige qui se trouvait devant le porche crissa bruyamment dans l'air glacé. Avant d'avoir atteint la route principale, je vis le ciel en direction de la passe commencer à s'éclaircir, et je me dirigeai vers la pâleur naissante.

La neige bruissait sous mes raquettes et, dans l'air glacial et désolé, j'entendais chaque murmure de laine sur mon corps, chaque craquement de cuir émis par mes bottes et les harnais de mes raquettes. La marche n'était pas difficile. Pendant les trois premiers miles, je suivis les traces de la veille. Ensuite, je pris la vieille piste tracée par la motoneige, désormais recouverte d'une fine couche de neige fraîche. Alors que j'avançais les yeux rivés à mes pieds, quatre élans quittèrent précipitamment le lit de la rivière. Leur fuite fracassante à travers les saules me fit sursauter.

Il faisait grand jour lorsque je commençai à faire une nouvelle trace, et le ciel avait sa couleur hivernale bleue pâle et délavée. À mesure que j'avançais, je retrouvais les endroits que j'avais repérés lors de mon expédition désespérée en camion, au début de mon séjour. Il s'agissait pour l'essentiel de petites rivières : Cache Creek, Cactus Creek, Gabe et Scimitar.

Jusque-là, la pente avait été douce, mais une fois passée la ligne téléphonique de Hell's Half Acre, la montée vers la passe commença véritablement. Il était tard, presque midi. Si pendant toute la matinée je m'étais efforcé de ne pas les guetter à chaque tournant, je n'arrivais plus à me maîtriser désormais. Je n'étais qu'à quatre ou cinq miles de la cabane de Blondie et, à l'heure actuelle, ils étaient sûrement en route depuis un bout de temps, dévalant facilement à ski les cinq miles, tandis que j'en avais monté huit à raquettes. Je me mis de nouveau à observer attentivement chaque virage, retenant à chaque fois ma respiration avant de découvrir qu'une nouvelle étendue de piste gelée et vide s'ouvrait devant moi.

Lorsque j'avais quitté Magruder ce matin-là, il faisait près de moins quarante, et je me perdais en conjectures sur l'endroit où ils pouvaient se trouver et ce qui leur était arrivé. J'essayais de me représenter la nuit qu'ils avaient dû passer dans une tente sans poêle ou une cabane en ruine – sans succès. Maintenant que j'avais retrouvé mon manteau, le froid d'aujourd'hui n'avait plus rien à voir avec celui que j'avais ressenti la veille. Certes, ma barbe, ma cagoule et mon écharpe étaient recouvertes de glace, mais je fournissais un tel effort que je ne ressentais pas vraiment le froid. Je n'avais pas la moindre idée des vêtements qu'ils portaient, et je savais qu'ils n'avaient jamais affronté un tel froid de leur vie. Moi non plus, d'ailleurs.

Je dépassai Halfway Creek et Pete Creek. Le soleil sur la neige étincelait. Le monde entier scintillait en silence. De légères rafales de vent provoquaient de temps à autre des cascades de brillants dans les branches d'arbres, mais tout était calme. J'étais le seul à faire du bruit. À cette altitude, il n'y avait même plus de traces d'animaux.

À une heure de l'après-midi, il était temps de faire demi-tour si je voulais regagner la tente avant la nuit. Toujours pas le moindre signe de mon père et de Paul. Je levai les yeux vers le chemin et la neige immaculée, puis vers le bas et la piste que j'avais tracée avec mes raquettes et que je devrais reprendre sans tarder. Je glissai quelques *pancakes* sous mon manteau pour qu'ils dégèlent en partie avant de les manger. Ils étaient loin d'être délicieux. J'en jetai à Boone, qui les cassa en plusieurs morceaux et les avala gelés.

Je ne m'expliquais pas leur absence, ni comment ils auraient pu ne pas arriver jusqu'ici, à moins que quelque chose ne se soit produit. Je décidai d'avancer encore un peu, au moins jusqu'à ce que je trouve un signe, n'importe lequel.

Au virage suivant, à deux cents pas environ de l'endroit où je venais de m'arrêter, j'aperçus des traces de skis. Je me mis à courir en criant, convaincu qu'ils étaient tout proches. Mais les traces n'allaient pas plus loin et faisaient demi-tour en direction du sommet de la colline. Je les suivis en courant, appelant à intervalles réguliers. Je devais être au-dessus d'eux maintenant.

Qu'ils aient rebroussé chemin à cet endroit précis n'était pas pour me rassurer. Que fallait-il en conclure ? Je me rappelais l'existence de quelques vieilles baraques à Slow Gulch, à environ un demi-mile en amont de la route. Peut-être s'y étaient-ils réfugiés. Mais pourquoi descendre à ski et faire demi-tour ensuite ? Bien sûr, ils avaient pu attraper des engelures, se fouler la cheville, ou, même, le dos capricieux de mon père, âgé de cinquante-trois ans, avait pu lui jouer des tours. Il y avait aussi Paul, capable de faire de l'escalier le plus modeste et le plus inoffensif l'antichambre d'une fracture de la jambe.

Sans parler de l'exposition au froid et de l'hypothermie, ce qui serait la pire des hypothèses. Pourquoi repartir après avoir fait tout ce chemin et passé deux nuits dehors ? C'était incompréhensible. Ce genre de décision était caractéristique de personnes en état avancé d'hypothermie, le cerveau engourdi par le froid. Je pris le temps de monter jusqu'aux baraques en suivant les traces laissées par leurs skis, la neige jaillissant de sous mes raquettes, le rythme de ma respiration s'adaptant à celui de mes pas.

Alors que j'arrivais en vue des cabanes de Slow Gulch, je vis que les traces de skis s'écartaient de la route pour s'enfoncer dans une épaisse masse de neige en direction des bâtiments entourés de saules. Je me mis à courir en criant, fou de joie à l'idée de les apercevoir enfin.

Mais mes cris restèrent sans réponse. Je tentai une percée à travers la neige jusqu'à l'un des saules et il me fallut nager pour m'extirper de la tranchée, une jambe à la surface et l'autre ensevelie jusqu'à la taille. Je criai à nouveau. Toujours pas de réponse. Observant les deux cabanes tout en m'efforçant de me libérer de ce gouffre de neige, je me demandai ce qui m'attendait à l'intérieur. De nouveau debout, je recommençai à courir.

J'entrai dans la première cabane en enfonçant presque la porte : elle était vide. Mon regard scruta l'intérieur sombre, les yeux encore éblouis par la luminosité extraordinaire de la neige. Je sortis de la bicoque en essayant de calmer ma respiration. Les alentours étaient striés d'empreintes de skis, mais aucune d'elles ne se dirigeait vers la cabane. Si j'avais eu toute ma tête, je n'y serais pas entré non plus. Je me tournai vers la seconde cabane, sans être vraiment sûr d'avoir envie de voir ce qui se trouvait à l'intérieur. Toutes les traces de skis convergeaient vers elle.

Chassant de mon esprit les images des corps gelés de Wounded Knee et de l'expédition Scott en Antarctique, je poussai la porte. L'intérieur était à moitié rempli de foin et je fus soulagé de n'y rien trouver d'autre. Il y avait bien quelques traces de leur présence, mais pas de feu.

Lentement je commençai à suivre leur piste autour des cabanes. Je trouvai l'endroit qu'ils avaient utilisé comme latrines. Je retraçai toutes leurs activités, mais toujours pas le moindre signe de feu. Ils n'avaient pas allumé de feu. Il avait fait moins quarante, et ils n'avaient pas allumé de feu. Je retraçai leur route sans y croire. Le froid avait dû leur faire perdre la tête.

Je fis un dernier tour, puis rejoignis la route en suivant les traces les plus fraîches qui menaient à la passe. D'un pas alourdi par la neige et la fatigue, je suivis leur piste, criant toujours de temps à autre, mais j'avais désormais cessé de croire que j'étais juste derrière eux ou qu'ils étaient simplement en retard. Je me demandais s'ils avaient décidé de se réfugier chez Blondie. Notre rendez-vous ressemblait de plus en plus à une opération de sauvetage.

Quand j'arrivai à Kerlee Creek, je vis qu'ils avaient skié jusqu'au panneau et qu'ils en avaient ôté la neige pour le lire. J'en eus presque la nausée, les imaginant totalement perdus, ignorant où ils se trouvaient, d'où ils venaient, quelle distance il leur restait à parcourir, combien de temps allaient durer ces températures hallucinantes. Je criai de nouveau et seul l'écho me répondit.

Passé Kerlee Creek, j'observai une série de marques laissées par des bâtons de skis dans la neige qui composaient 9 h 30. J'avais cinq heures de retard sur eux. Renonçant à crier de nouveau, je redoublai d'énergie pour rejoindre la cabane de Blondie.

Pourquoi marquer ainsi les heures de passage ? Ils n'auraient laissé de telles indications que s'ils pensaient qu'il y avait quel-qu'un d'autre ici, que s'ils s'attendaient à ce qu'on les recherche. Et s'ils espéraient qu'on les recherche, c'est qu'ils avaient un problème.

Ils n'avaient pas quitté la route en passant chez Blondie, ni à l'aller ni au retour. Je continuai moi aussi, mais il était évident qu'ils étaient repartis de l'autre côté de la passe. J'eus un moment d'hésitation. Il était impossible de rentrer à Magruder avant la nuit. Si je partais dans l'autre sens, ils avaient cinq heures d'avance et j'avais déjà parcouru plus de douze miles : j'avais peu de chances de les rattraper. S'ils étaient dans une situation critique, le seul moyen de les rejoindre serait d'arriver par l'autre versant de la montagne. Je pensai au poste téléphonique de Hell's Half. Il était sur la même ligne que celui de Magruder, donc c'était faisable. J'avais beau désirer les voir plus que tout au monde, la sagesse me dictait de redescendre vers le téléphone et de demander à quelqu'un des Eaux & Forêts de les rejoindre de l'autre côté.

Je m'arrêtai sur la route enneigée, à quelques miles à peine du sommet, et m'efforçai de reprendre des forces avant de poursuivre ma course. Mes jambes accusaient le coup de la montée et je commençais à sentir le froid. Une soupe aurait été la bienvenue, mais je ne pouvais perdre du temps à allumer un feu. Je savais pertinemment que redescendre seul par le chemin que j'avais emprunté à l'aller, avec la certitude qu'il n'y aurait personne au prochain virage, allait être plus difficile encore que la montée. Des *pancakes* gelés ne suffiraient pas à me redonner du courage.

Je sortis mon réchaud à gaz et l'allumai, essayant de le maintenir assez chaud pour qu'il fonctionne, mais c'était sans espoir. Je le remis dans mon sac avec le paquet de soupe et commençai à me diriger vers Hell's Half, tout en avalant les *pancakes* que je faisais dégeler sous mes aisselles.

Passer à nouveau devant les lieux où ils s'étaient arrêtés fut pire que la première fois, car à présent chaque pas m'éloignait d'eux. Revoir le panneau dont on avait ôté la neige et l'heure indiquée au sol me causa un chagrin que je ne pensais pas connaître un jour. Je passai sans ralentir à Slow Gulch, toujours incapable de comprendre pourquoi ils n'avaient pas allumé de feu ; les nuits avaient dû leur paraître interminables. À cette époque de l'année, la nuit tombait à cinq heures de l'après-midi et durait jusqu'à huit heures le lendemain matin. Quinze heures de silence et d'obscurité à lutter contre le froid. Je continuais à faire avancer mes jambes fatiguées vers le téléphone.

Quand j'arrivai au poste téléphonique, il ne restait qu'une heure de jour. Le ranger auquel je parlai m'expliqua que non, il n'avait pas eu de leurs nouvelles, mais qu'il se rendrait en camion au début du chemin pour voir si leur voiture s'y trouvait toujours. Il me demanda ma position et me conseilla de filer vite fait à Magruder. Il faisait froid, ajouta-t-il. Je le remerciai et lui dis que je le rappellerais une fois arrivé à bon port.

Magruder n'était plus qu'à huit miles. À l'angoisse et à la déception se mêlaient le froid et l'épuisement : j'étais à bout. Mais je repris mon chemin, m'accordant une pause à Deep Creek pour boire. J'avais repéré un trou d'environ un yard dans la glace qui recouvrait la rivière. J'étais en train de tendre mon gobelet pour le remplir quand la glace céda.

La rivière n'était pas large, mais je ne parvins pas à atteindre la berge avant qu'une de mes raquettes ne pénètre l'eau glacée. La glace recouvrit immédiatement le cordage de cuir. Voyant que je n'étais pas tombé à l'eau, je me jetai en arrière dans la neige pour permettre à mon cœur de se remettre à battre. Puis, je remplis mon gobelet d'eau et rejoignis la route, les jambes en coton.

La raquette s'était transformée en un bloc gelé lourd comme du plomb. Je ne parvenais pas à détacher la glace avec quoi que ce soit. J'enlevai les deux raquettes et fis une tentative pour marcher sur la route. La piste tracée par les motoneiges semblait plutôt bien supporter mon poids, et je décidai d'attacher mes raquettes sur mon sac à dos et de repartir. Plusieurs fois pourtant, il m'arriva de passer à travers la couche de neige durcie et, à chaque fois, je m'enfonçai jusqu'à la taille.

Aux dernières lueurs du crépuscule, je passai près du signal que j'avais fabriqué la veille. Je demeurai un moment à le regarder avant de lui donner un coup de pied, sachant que plus personne ne le lirait, maintenant.

Il me restait trois miles à parcourir et j'avançais d'un pas lent dans l'obscurité. Lorsque je pénétrai dans la futaie plus épaisse qui longeait la route, même l'éclat des étoiles semblait voilé, et je commençai à m'éloigner du chemin, me débattant dans une neige qui m'arrivait à la taille. Je m'arrêtai le temps de sortir ma lampe frontale et de la fixer à ma poitrine, son revêtement de métal étant trop froid pour que je la porte sur la tête.

Le second souffle que j'espérais ne vint jamais. J'étais exténué et la glace sur les raquettes pendues à mon sac pesait de tout son poids. Les piles de la lampe commençaient à faiblir et je frôlai la crise cardiaque lorsqu'un animal surgit comme un éclair du sous-bois près de la rivière avant de bondir sur la route. La lampe détecta une forme plus sombre que l'obscurité qui filait en bondissant sur la piste devant moi : un des élans que j'avais aperçus ce matin-là. Plus d'une fois je l'entendis trotter devant moi, sans jamais le revoir.

J'atteignis la Selway à 18 h 30, avant de la remonter pour le dernier demi-mile avant Magruder. Le bâtiment sombre se détachait sur le manteau neigeux illuminé par les étoiles. Je me retrouvai aussi seul qu'au début de mon séjour. Je poussai la porte et allumai l'une des lampes à propane. Une épaisse couche de glace recouvrait ma cagoule et mon manteau. Lorsque je me déshabillai, elle se brisa sur le parquet de pin.

Je jetai un coup d'œil au téléphone, puis descendis au sous-sol alimenter la chaudière. Après avoir mis de l'eau à chauffer sur le poêle, je me dirigeai vers le téléphone et tournai la manivelle. Deux coups longs, un court.

Un ranger décrocha rapidement et m'expliqua que mon père et mon frère étaient enfin arrivés à bon port, une demi-heure plus tôt et quelques minutes avant que j'arrive à Magruder. Il ajouta qu'il était convenu qu'ils reviendraient demain matin pour me téléphoner vers dix heures. Je le remerciai, puis raccrochai.

Toute ma fatigue disparut d'un coup. Je faillis me mettre à danser autour de la cabane sinistre, malgré mes jambes qui avaient du mal à me porter. J'organisai une petite fête : j'allumai toutes les lampes et me préparai une boîte de ragoût dénichée au sous-sol. Pour le dessert, je dégustai du chocolat chaud et une macédoine de fruits que j'avais trouvée avec le ragoût.

Ce n'est qu'une fois couché dans le noir que je pris conscience de la disparition des projets que j'avais échafaudés pour Noël. Ma tente était remplie de pain, de moka et de pudding - tout ce que j'avais préparé pour accueillir dignement mes premiers invités. Tout cela, ajouté aux cinquante miles que j'avais parcourus, pour rien. Je n'aurais vu de ma famille que des empreintes laissées cinq heures auparavant par leurs skis. Le sommeil, dont je pensais qu'il allait me prendre en une seconde, mit du temps à me gagner ce soir-là.

Le lendemain matin je nettoyai la cabane, fermai le propane et tout le reste. Le thermomètre était descendu jusqu'à moins quarante durant la nuit. À dix heures pile, je tournai la manivelle du téléphone pour joindre West Fork et le ranger me passa mon père et mon frère sur les deux lignes disponibles. J'étais si ému d'entendre leurs voix et de pouvoir leur parler après les terribles images qui m'avaient traversé l'esprit comme j'approchais des cabanes de Slow Gulch que j'eus de la difficulté à maîtriser ma voix.

Je leur demandai d'abord de leurs nouvelles. Mon père me répondit qu'à part quelques engelures sur les doigts ils allaient bien.

Ils avaient passé leur première nuit à la passe, après seulement neuf miles. J'eus du mal à croire qu'ils étaient restés là-haut – il avait dû faire moins quarante ou pire à cette altitude –, mais une fois arrivés là-bas, ils avaient eu le sentiment d'avoir franchi une étape et ils avaient décidé de rester.

Cette nuit-là, le froid avait frappé et ralenti toute chose : ils n'avaient pas rejoint la route avant 10 h 30 le matin suivant. La piste laissée par le passage de la motoneige leur avait donné du fil à retordre, expliqua mon père, car ils se laissaient embarquer dans les traces et avaient manqué plusieurs fois se briser la cheville. La descente, dont ils avaient pensé qu'elle se ferait d'une traite sur une quinzaine de miles, s'avéra au final aussi difficile que la montée jusqu'à la passe. Mon père ajouta que cette neige était comme du sable et qu'il n'avait jamais rien vu de tel dans le Wisconsin.

Quand ils avaient aperçu les cabanes de Slow Gulch, ils n'avaient pu résister. Après avoir d'abord continué leur chemin, ils avaient rapidement fait demi-tour en se disant qu'ils poursuivraient le lendemain matin. Le deuxième jour, ils avaient donc parcouru quatre miles environ.

Ils ne savaient pas que j'étais à Magruder et, à cause du froid, ils avaient mangé plus que prévu. Comme ils ignoraient la quantité de nourriture dont je disposais, ils ne savaient pas si j'aurais des réserves pour eux pendant leur séjour. Ils ne voulaient pas me mettre en difficulté et consommer la nourriture dont j'aurais eu besoin plus tard. Et moi, qui les attendais avec un élan entier.

Je ne pus m'empêcher de les interroger sur le feu. Pourquoi ne pas avoir allumé un feu ? Ils m'expliquèrent qu'ils n'avaient pas voulu que toute la glace accumulée sur leurs affaires fonde, car ils craignaient d'être trempés ensuite.

Au matin du troisième jour, mon père avait les doigts gelés. Paul dut l'aider avec ses fermetures Éclair pour finir de s'habiller et ils comprirent alors qu'ils allaient devoir abandonner. Mon père était prêt avant Paul et il avait tellement froid qu'il ne pouvait même pas rester debout à l'attendre. Il était parti en avant et avait marqué les heures dans la neige afin que Paul puisse mesurer la distance qui les séparait. Ils étaient rentrés ce jour-là après avoir effectué un trajet de treize miles. Onze miles seulement, et ils auraient rejoint Magruder.

Notre conversation fut brève, mais les quelques éléments de leur récit m'angoissèrent plus encore que la vue du panneau de Kerlee Creek où la neige avait été enlevée. Mon père me raconta qu'il avait manqué pleurer en voyant Paul, gêné par ses mitaines, accrocher le réchaud et renverser la poêle pleine de graisse de bacon dans la neige. Ils brûlaient une quantité folle de calories et mon père espérait faire frire du pain dans cette graisse. Il avait tant compté dessus, me confia-t-il. Et quand ils étaient arrivés à la voiture, à la nuit tombée, et qu'elle n'avait pas démarré, il était resté assis derrière le volant et avait failli tout abandonner.

Mais Paul avait placé le réchaud sous le carter du moteur, et le break avait enfin pu démarrer. Ils s'étaient arrêtés à West Fork et avaient découvert que j'avais été tout près d'eux. Ils s'en voulaient de m'avoir laissé tomber, dit Paul, et je l'imaginais aidant mon père à s'habiller, puis partir à sa suite dans les montagnes enneigées et inconnues.

Il nous fallut raccrocher, après nous être mutuellement souhaité bonne chance.

Ce jour-là, les dix miles jusqu'à Indian Creek me parurent interminables. Malgré la température, tout allait bien dans le bassin. J'enlevai un peu de glace avant de rentrer à la tente.

Il me fallut trois jours pour faire fondre les vingt litres d'eau contenus dans mon jerrycan en plastique, que je faillis faire fondre lui aussi, mais que je retirai juste à temps, alors que le plastique commençait à faire des bulles. La vague de froid, elle, resta un peu plus longtemps. Et il me fallut encore plus longtemps avant d'être capable de penser à la tentative désespérée de Paul et de mon père sans en avoir la gorge serrée. Je savais parfaitement ce qu'avait ressenti mon père en voyant la graisse de bacon filer dans la neige, alors qu'il avait déjà anticipé jusqu'au goût qu'elle aurait.

Je savais exactement ce qu'il avait ressenti.

XII

Au cours du retour interminable et solitaire de Magruder, je m'étais attendu à ce que le fiasco de la visite de mon père et de mon frère me plonge dans une forme de dépression, mais ce ne fut pas le cas. Les jours passés à faire dégeler ma tente et ce qu'elle contenait se déroulèrent avec lenteur. J'avais mille choses à faire, à ranger et arranger, le feu à entretenir, de la lecture, un peu de cuisine. J'étais fatigué, et ce rythme paisible me convenait bien.

L'après-midi du deuxième jour qui suivit mon retour, je me dirigeai vers ma cache à nourriture afin d'y prendre quelques pommes de terre pour le dîner. La prairie était couverte de traces de cerfs, mais je fus surpris d'en découvrir dans le bois si proche de ma tente. En m'approchant de la cache, il devint évident que la terre avait été piétinée et, rapidement, je m'aperçus que du foin était éparpillé sur la neige. Le foin que les chasseurs m'avaient donné pour isoler ma cache.

Celle-ci était dans un sale état. Peut-être à cause de la chute des températures, ou bien profitant seulement de mon absence, les cerfs avaient mangé tout le foin. Ils avaient brisé plusieurs planches de la voûte avec leurs sabots et visiblement en avaient déplacé d'autres.

L'endroit était resté à ciel ouvert par des températures de moins trente-cinq. Je m'allongeai sur le sol pour attraper les pommes de terre et je découvris des boîtes de maïs et de petits pois éventrées. Les carottes étaient devenues des bâtons gelés. Mais les pommes de terre, elles, avaient l'air de pommes de terre, et j'en emportai un sac jusqu'à la tente. Le lendemain matin, elles avaient dégelé, mais elles avaient pris une couleur sombre, et une substance écœurante à l'odeur atroce s'en échappait.

Je les jetai et récupérai les boîtes qui n'étaient pas totalement fichues pour les emporter dans ma tente. Je réparai la cache, mais j'en fus pour mes frais : il ne restait plus que de la purée de pommes de terre en bourgeon et plus de la moitié des boîtes de conserve étaient perdues. Je me rappelai que les personnages de *Big Sky* répétaient sans cesse qu'il était possible de survivre en se nourrissant uniquement de viande. En véritable homme des montagnes, le pillage de mes réserves me parut tout de suite moins grave.

Le lendemain, alors que j'étais sur mon lit à attendre que cuise l'une des préparations pour gâteaux que m'avait envoyées ma sœur Helen, j'entendis un bruit de motoneiges. Je sortis de la tente juste à temps pour voir arriver les chasseurs de pumas de Paradise. Ils s'arrêtèrent et m'invitèrent à leur rendre visite à l'occasion avant de repartir dans un concert de vrombissements. Au cours des jours qui suivirent, j'entendis régulièrement leurs machines passer avec fracas le long de la rivière à la recherche de traces de pumas, sans que pour autant ils se donnent la peine de venir me voir.

Une fois la tente tout à fait dégelée, je montai au sommet d'Indian Ridge afin de renouer avec le soleil. Le temps était encore clair et froid et, une fois assis en haut de la crête, je sortis les côtes d'élan que j'avais emportées pour déjeuner et constatai qu'elles étaient complètement gelées. Paressant au soleil par moins quinze degrés, je découpai de fines lamelles de viande congelée que je faisais fondre dans ma bouche jusqu'à ce qu'elles soient assez tendres pour que je les mâche. Quand j'eus terminé la viande, je donnai les os à Boone, qui se coucha dans la neige en mastiquant en silence. Comme toujours, je restai le plus longtemps possible avant de redescendre vers le sombre coin de rivière qui était mon chez-moi.

Au cours de la descente, je rencontrai des traces que je n'avais jamais vues auparavant. Je les suivis jusqu'à ce qu'elles passent sur une congère recouverte de glace. La neige durcie laissait apparaître davantage que de simples marques et je reconnus des empreintes de pattes. Je restai interloqué devant les premières empreintes de puma que je voyais de ma vie. Les traces étaient beaucoup plus larges que je l'imaginais – quatre ou cinq pouces – et leur forme arrondie rappelait celles d'un chat domestique. Cela me fit sourire, et lorsque les chasseurs de lions passèrent me voir à la tente la fois suivante je ne mentionnai pas le lion sur la crête.

Le froid persistait. Il faisait toujours dans les moins vingt ou moins trente la nuit, et le jour on ne dépassait jamais les moins dix. Chaque nuit se répétait le même dilemme : valait-il mieux garder la tête à l'air libre, au risque de geler, ou bien la conserver au chaud sous les couvertures, quitte à imposer à mes narines les odeurs d'un homme qui ne se baigne qu'une fois par mois ? Je dormais avec un bonnet sur la tête. Quand arrivait le matin, ma respiration glacée avait ourlé les couvertures, et des liserés de givre se lovaient autour de mon cou comme des serpents.

Le poêle à bois qu'on m'avait donné était vieux et bon marché. Ses parois étaient trop minces et son système de tirage trop rudimentaire pour conserver longtemps la chaleur. J'aurais pu me lever toutes les deux heures pour l'alimenter mais, en voyant ses parois rougir alors que le feu se consumait, je décidai qu'il ne serait pas prudent de le laisser allumé pendant mon sommeil et préférai encore affronter le froid. À l'aube, la température à l'intérieur de la tente avait chuté en dessous de zéro, et je savais que mes bottes aux semelles en caoutchouc seraient gelées et que j'allais devoir leur marcher dessus afin de les assouplir pour pouvoir les enfiler. Tous les matins, je restais couché dans mon lit jusqu'à ce que le thé bu la veille m'oblige à sortir de la tente à moitié déshabillé.

Je réapprovisionnais ensuite le poêle, allumais le percolateur et descendais au bassin tout en remuant les orteils dans mes bottes gelées. Il me fallait désormais enlever de la glace chaque matin, même la petite chute d'eau à l'extrémité ayant complètement gelé au cours de la nuit. Quand je rentrais à la tente, mon visage et ma poitrine, à cause de ma respiration, étaient recouverts de glace, et je me dépêchais d'ôter mon manteau et mes bottes pour laisser la chaleur du poêle m'envelopper. C'était le moment où le café était prêt, et je sirotais mon breuvage assis sur mon lit en attendant que mes flocons d'avoine soient chauds, tout occupé à la lecture de ce que mon père et ma sœur m'avaient envoyé.

Les gardes devaient passer vers le milieu du mois, et je décidai de marcher jusqu'à Paradise pour voir si le téléphone fonctionnait. Si c'était le cas, je comptais les appeler pour leur demander la date exacte de leur passage. Tous les matins, en redonnant forme à mes bottes à grand renfort de coups de pied, je repensais à la proposition du biologiste d'échanger sa place avec la mienne et de s'installer dans ma tente pour une semaine avec sa femme. Quel bonheur ce serait de sortir à nouveau le soir, de revoir un thermostat, de se réveiller dans la chaleur, de retrouver mes amis. Je comptais demander des nouvelles du biologiste aux types des Eaux & Forêts.

Mais le 9 janvier, le froid s'adoucit. Ce jour-là, la température atteignit zéro, et plutôt que d'aller à Paradise, je choisis de remonter Indian Creek jusqu'à ma réserve de viande. Je me gavais tous les soirs de viande d'élan et, pour le déjeuner, me préparais des sandwiches à partir d'énormes steaks coupés en tranches. Pour autant, il restait dans la réserve trois quartiers entiers et la moitié du quatrième. Si le temps restait au beau, la viande risquait de tourner. Je donnai un coup dans un morceau dur comme la pierre et le regardai se balancer sur la branche en me demandant quoi faire.

Je retournai lentement à la tente et passai la journée à lire mes manuels pour m'informer des différentes méthodes de salage et de fumage. Je n'avais ni fumoir, ni saumure. Angier conseillait, dans ce cas, de découper la viande en morceaux aussi larges que possible et de les badigeonner d'un mélange de sel et d'épices. Quelle que soit la méthode adoptée, elle nécessitait de ramener la viande dans ma tente et de m'en occuper pendant des jours, ce qui était impensable en raison de l'arrivée imminente des gardes. Je ne pouvais me résoudre à enterrer la viande restante et à la gaspiller. J'oubliais que nous étions encore en janvier.

Le lendemain matin, la tente paraissait plus sombre que la normale et, en passant l'entrée en trombe pour mon urgence matinale habituelle, je me retrouvai au beau milieu d'une tempête de neige. Il faisait toujours assez chaud – autour de moins dix –, mais nous étions descendus sous le cap fatidique de zéro degré et je cessai de m'inquiéter pour la viande. Dans une neige emportée aux quatre vents, je me mis en route pour les six miles jusqu'à Paradise.

À un méandre découvert de la rivière, où le vent n'avait laissé sur la glace que la neige toute fraîche, j'aperçus les traces d'un élan qui était descendu de la montagne pour traverser le cours d'eau. Ses empreintes montraient qu'il avait franchi la berge d'un saut, pour visiblement atterrir sur un paquet de neige. Mais une fois arrivé sur la glace ferme, sa situation s'était sérieusement dégradée. Ses pattes avant s'étaient déportées vers la gauche pendant que ses pattes arrière, elles, faisaient le grand écart. À voir les traces sur la glace, il avait patiné de manière frénétique et avait apparemment tenu un assez long moment, avant de finir par tournoyer tandis que ses flancs massifs effaçaient toute trace de neige.

Je me mis à rire en me représentant la scène, et regrettai de n'être pas arrivé un peu plus tôt pour voir l'animal puissant et majestueux se prendre une bonne gamelle.

En reprenant ma route, je me fis la réflexion que l'équilibre du monde ne tenait pas à grand-chose. Si cet élan s'était brisé une patte ou démis la hanche – ce qui, au vu des traces, était plausible –, il aurait été fichu. Il n'en serait resté qu'un cercle de neige sale et un tas d'herbe non digérée au milieu d'un dédale de traces de coyotes.

Depuis que la rivière avait gelé, j'avais découvert un certain nombre de cadavres abandonnés par des coyotes. Les coyotes, toujours par bandes de six ou de sept, débusquaient les cerfs de la forêt et les poussaient vers la surface plane de la rivière. Des touffes de poils indiquaient les endroits où ils avaient commencé à mordre leur proie pour l'affaiblir progressivement.

De temps en temps, je trouvais sur le sentier de minuscules gouttes de sang d'un rouge vif étincelant. Je m'attendais toujours à ce qu'il y ait une sorte de progression : de plus en plus de poils, de plus en plus de sang, puis encore davantage, jusqu'à la mise à mort. Mais ce n'était jamais le cas. Il y avait toujours quelques touffes de poils, souvent pas la moindre goutte de sang et, tout à coup, un immense cercle piétiné avec seulement une tache et de l'herbe. Une fois seulement, je vis un de ces cercles où le cerf était visiblement tombé avant de se remettre debout et de filer. Le cercle qui allait lui être fatal ne l'attendait que quelques yards plus loin.

Je pensai à mes parents qui, des mois auparavant, se demandaient ce que je ferais si je me sectionnais le pied avec une hache. Aujourd'hui, j'aurais pu leur expliquer cette façon qu'ont les coyotes d'aplanir tout un secteur avant une mise à mort.

Arrivé à Paradise, j'appelai West Fork. Comme le téléphone d'Indian Creek n'avait jamais fonctionné, je m'étais persuadé qu'un arbre bloquait la ligne entre ici et Magruder, et je fus donc surpris d'entendre un ranger décrocher depuis le Montana. On m'apprit que le garde devait passer le 15 de ce mois. Ils ne savaient rien du biologiste ni de son projet de prendre ma place pour quelques jours.

Je n'avais pas grand-chose d'autre à faire à Paradise, alors je rebroussai chemin. Ce n'était pas parce que personne n'avait entendu parler du projet du biologiste, me persuadai-je, que ça n'allait pas se faire. Je devais me préparer à partir et faire mes bagages au cas où il débarquerait à l'improviste, prêt à prendre la relève.

Je n'avais pas parcouru plus de quelques centaines de yards que j'aperçus Brian, le guide de Paradise que j'avais rencontré à l'automne, remonter la rivière à toute vitesse sur sa vieille motoneige bringuebalante. Alors qu'il était sur les traces d'un lynx, m'expliqua-t-il, il avait perdu son plus jeune chien. Cela s'était produit la semaine dernière, mais il me demanda tout de même de garder l'œil ouvert.

Je songeai au nombre infini de crêtes et de pics qui nous entouraient à perte de vue et au-delà, aux millions d'arbres touffus qui cachaient les chemins de traverse, sans parvenir à imaginer comment un chien pourrait survivre seul plus d'un jour ou deux. Mais je pensai aussi au coup terrible que serait pour moi la perte brutale de Boone, et je promis de faire attention.

Brian n'était guère causant et, après plusieurs minutes passées à regarder de concert la partie gelée de la rivière, je finis par suggérer de rentrer avant qu'il ne fasse noir. Je fus étonné qu'il m'invite à passer la nuit à Paradise. Je montai à l'arrière de sa motoneige et nous partîmes dans un grondement de moteur, tandis que Boone nous suivait, frénétique.

La tente dans laquelle je me retrouvai – celle où j'avais bu un verre à la fin de la saison du gros gibier, celle que le vieil homme avait quittée pour finir dans le fossé – était froide et sentait la moisissure. Pendant que Brian s'occupait du feu, je m'assis et regardai autour de moi : des étagères et des meubles de rangement tapissaient les murs, couverts de toutes sortes de bouteilles, d'ingrédients et de matériel de cuisine. Le poêle et l'éclairage fonctionnaient au propane, un luxe inimaginable pour moi. Je songeai à ma tente remplie uniquement de vêtements, de nourriture pour chiens et de souris. J'avais l'impression de me trouver dans une véritable maison.

Brian retira son manteau et son étui d'épaule avec son Colt .45 à six coups. À l'automne, j'avais appris à m'intéresser aux armes et je demandai à Brian de me montrer la sienne. Elle était lourde et semblait tout droit sortie d'un western.

Je l'accompagnai pendant qu'il nourrissait ses chiens de meute qui dormaient dans des bidons de deux cents litres, tapissés de foin et à moitié enterrés à flanc de coteau, la chaleur relative du sol les réchauffant exactement comme elle avait empêché la nourriture de geler dans ma cache. Les chiens, retenus par de lourdes chaînes, attendaient leur repas devant leur bidon. Brian me dit que Boone pourrait occuper celui jusque-là dévolu à son jeune chien.

Je savais que ces gars-là n'avaient pas d'animaux de compagnie et que les chiens n'avaient pas leur place sous la tente. Je me demandais comment Boone allait réagir. Je lui avais fabriqué un collier quelques mois plus tôt, afin de l'habituer à rester attachée en prévision de notre retour à la civilisation. Nous nous tenions devant le bidon et j'attachai la chaîne à son collier. Brian déposa une gamelle de nourriture pour elle, mais ce n'était pas ce à quoi elle était habituée, et elle se contenta de la renifler. Comme nous regagnions la grande tente, elle commença à gémir. Une fois que nous fûmes à l'abri, elle se mit à aboyer. Puis à geindre, puis à hurler.

À tel point que Brian s'en émut et se sentit obligé d'expliquer que si cela ne tenait qu'à lui, Boone pourrait entrer dans la tente, mais que certains clients pouvaient être allergiques aux poils de chien et qu'il valait mieux qu'elle reste dehors. Il faisait nuit noire maintenant, et il n'était plus question de rentrer à Indian Creek.

Brian et moi passâmes la soirée à jouer aux cartes, quelque chose que je n'avais pas fait depuis le lycée. Nous bûmes également un peu de whisky, et Brian faillit devenir loquace. Il devait avoir quelques années de plus que moi, à peine, et c'était l'homme le plus proche de mon âge que j'avais rencontré depuis mon arrivée.

Boone hurla et gémit toute la soirée. J'avais de la peine pour elle, mais je ressentais aussi une pointe d'embarras. Les chiens de Brian étaient sages comme des images. Je me demandai si ma chienne aurait l'intelligence de se réfugier à l'intérieur de son bidon pour se réchauffer. Juste avant de me coucher sur l'un des lits de camp vides, je sortis voir comment elle allait. Elle était pelotonnée en boule à l'intérieur et gémissait doucement. Je filai en douce avant qu'elle ait eu le temps de m'apercevoir. Je ne voulais surtout pas qu'elle reprenne une longue complainte qui m'aurait tenu compagnie toute la nuit dans ce lit inconnu.

Le lendemain matin, Boone m'attendait devant le bidon. Dès que j'enlevai la chaîne de son collier, elle fila comme un éclair, puis fit demi-tour dans un tourbillon de neige avant de me sauter dessus comme si un horrible malentendu nous avait séparés, comme si je n'étais pas celui qui l'avait attachée à cette chaîne la veille au soir. Devant ce spectacle, Brian secoua la tête tout en souriant.

Il proposa de me ramener à Indian Creek en motoneige, puisqu'il partait dans cette direction à la recherche de traces de lynx. Il fit entrer plusieurs chiens dans la remorque et le convoi s'ébranla en cahotant, tandis que Boone trottinait derrière nous sans me quitter des yeux une seconde.

Avant d'arriver à Indian Creek, nous rencontrâmes deux autres chasseurs installés à Magruder Crossing, six miles environ en amont de ma tente. Cary était le propriétaire des chiens et Phil se tenait derrière lui, un large sourire aux lèvres et l'air tout aussi dubitatif que moi sur cette affaire de chasse aux lions. Il parlait avec une sorte d'accent du New Jersey et je pensai qu'il devait être un client jusqu'à ce que Cary le présente comme un ami.

Brian et moi étions à l'arrêt lorsqu'ils étaient apparus sur la piste, traînant leurs chiens dans une remorque. Brian était en train d'observer la corniche qui surplombait la rivière, où il avait repéré des corbeaux avec ses jumelles. "Un animal mort ?" demanda Cary.

Brian haussa les épaules et ils décidèrent d'aller vérifier. Ils me proposèrent de gravir avec eux la montagne en suivant les chiens dans l'espoir de tomber sur les restes d'un animal tué par un puma et de le pister à partir de là. Je n'avais jamais vu un puma, mais je répondis : "Bien sûr."

Cary me demanda de tenir Boone le temps qu'il sorte ses chiens et les harnache, car ils risquaient de s'en prendre à un chien qu'ils ne connaissaient pas. Une fois qu'ils furent prêts, que tous les chiens avaient été attachés, ils me dirent d'enfermer Boone dans la remorque avant de partir. J'étais contrarié de devoir lui imposer cette épreuve, mais ils m'expliquèrent que la meute pouvait s'attaquer à elle et la tuer. Je ne voulais pas leur donner l'impression de me défiler – après tout, ces gens étaient des chasseurs de pumas – et encore moins à cause d'un chien.

Je sentais leur regard posé sur moi. Ils me dirent que les corbeaux étaient proches, que nous en aurions tout au plus pour une heure. J'enfermai Boone à clé dans la remorque.

Alors que nous commencions à nous éloigner en raquettes, Boone reprit son raffut comme si elle ne s'était pas interrompue depuis hier soir. Deux miles plus loin, nous fîmes un court arrêt et ses gémissements continuaient de monter jusqu'à nous. J'évitai le regard de mes compagnons et priai pour qu'elle la ferme.

Une fois au sommet, nous ne trouvâmes pas la moindre trace de cadavre ni de puma, nous ne revîmes même pas les corbeaux aperçus auparavant. À peine une heure plus tard, nous étions de nouveau sur nos motoneiges. Comme Cary avait déjà fait un tour en amont de la rivière, Brian décida de laisser tomber, et nous nous séparâmes. Cary n'avait pas de place pour moi et Brian proposa de me raccompagner, mais je préférai rentrer à pied.

J'attendis près de la rivière, Boone serrée contre moi, et regardai leurs motoneiges partir en vrombissant dans des directions opposées. Une fois leur vacarme terminé, je donnai une tape sur le dos de Boone, lui grattai les oreilles et nous partîmes tous deux vers notre tente.

La semaine qui suivit, je vis Brian, Phil et Cary presque chaque jour. Je commençai à prendre mes repas après le coucher du soleil, découpant des steaks sur les quartiers de viande de ma réserve à la lueur de ma lampe, car je craignais qu'ils ne découvrent l'origine de ma nourriture. Un jour, Brian parla d'élans avec beaucoup d'insistance, et j'eus la désagréable impression qu'il savait et cherchait à me faire parler, à prêcher le faux pour connaître le vrai. Mais le lendemain, il m'apporta un quartier de cerf car il n'arrivait pas à croire que j'aie pu passer tout ce temps sans manger de viande.

En souriant, il ajouta que le cerf avait été tué lors de la saison précédente, ce qui me parut un mensonge énorme. Il s'efforçait de se montrer ouvert, attendant que je lui fasse à mon tour des confidences, mais je ne soufflai mot. Je le remerciai pour la viande et, une fois seul et la nuit tombée, j'accrochai dans ma réserve le morceau de cerf à côté de l'élan.

En revanche, je ne vis pas le garde de la semaine. Je restai à proximité de ma tente toute la journée du 15 et du 16, déclinant même une autre partie de chasse au lion. Mais le garde et le biologiste ne se montrèrent pas. Brian passa par la tente pour m'annoncer que lui et Cary avaient réussi à débusquer un puma et l'avaient fait monter dans un arbre. Il s'agissait d'une femelle avec ses trois petits, dont la fourrure était encore tachetée. Ils avaient pris des photos, ajouta-t-il, et ç'avait été un bon entraînement pour les chiens de la meute, mais maintenant les deux hommes avaient hâte de trouver le mâle.

Le lendemain, Cary s'arrêta chez moi. Des amis à lui venaient pour le week-end et allaient dormir dans sa tente. “Ce sont des buveurs”, fit-il avec un sourire, “pas des chasseurs”, comme s'il redoutait de voir arriver sa prochaine gueule de bois.

Enfin, poursuivit-il, ses amis étaient passés à West Fork, où ils avaient appris que les gardes forestiers avaient planté une motoneige en essayant de franchir la passe. “Un feu. Leur moteur a pris feu”, lança-t-il en riant, et pour la première fois je compris qu’aux yeux des chasseurs, les gardes étaient des visiteurs, pas le genre d’hommes qui habitent ici comme eux ou moi, mais des visiteurs, rien de plus. Des visiteurs d’ailleurs pas très compétents. Des gens susceptibles de nous causer des ennuis, mais des gens capables de couler une bielle en essayant de franchir une passe que les chasseurs traversaient sans l’ombre d’une hésitation. Je songeai que les gardes, effectivement, ne passaient jamais la nuit dans les parages, qu’ils débarquaient à l’improviste et ne restaient qu’une heure ou moins, et je me rangeai à l’opinion des chasseurs. Les gardes n’étaient pas comme nous.

Je demandai à Cary s’il savait quand ils repasseraient. Il me répondit qu’ils avaient remorqué leur motoneige avec un camion et qu’ils avaient filé vers l’Idaho le jour même.

Tout en riant avec lui au récit de leur fuite, je n’étais pas ravi à l’idée que je n’aurais sans doute pas de courrier en janvier. Nous étions dehors, dans la neige, à rire et envoyer des nuages de buée dans le ciel. Nous n’étions pas dans un bureau dans l’Idaho. Nous étions différents, nous. Nous étions des chasseurs.

XIII

En fin de matinée, le lendemain, Brian passa me voir avant d'aller chez Cary. Ils partaient chasser ensemble l'après-midi, et il voulait savoir si cela me tentait. Comme je désirais toujours voir un puma, j'acceptai l'invitation. Boone grimpa calmement sur le lit que je lui avais fabriqué dans la cabine de mon camion couvert de neige. Elle y était déjà montée une ou deux fois, et semblait désormais assurée que j'allais revenir.

Je montai derrière Brian sur la motoneige et nous partîmes en amont de la rivière à une vitesse modérée. Sa bécane, m'expliqua-t-il en criant, n'était pas vraiment faite pour deux personnes, mais, une fois que nous fûmes arrivés sur la piste tassée, elle roula assez bien.

À Magruder Crossing, nous arrachâmes Cary et Phil du lit. Brian leur dit qu'il pensait avoir repéré une piste en chemin, un puma qui aurait traversé la rivière. Nous ne nous étions pas arrêtés et je n'avais rien vu. Je me demandai de quoi il pouvait bien parler.

Les amis de Cary étaient toujours au lit, mais il fit monter sa meute dans la remorque en deux temps trois mouvements. Phil s'assit à l'arrière et ils se mirent en route immédiatement. Leur énorme motoneige était bien plus puissante que la nôtre, et nous eûmes bien du mal à les suivre.

À quelques miles seulement d'Indian Creek, la motoneige de tête s'arrêta lentement, et nous glissâmes derrière elle, les skis de notre machine s'immobilisant juste avant de toucher le box des chiens que Cary avait en remorque. Cary descendit de son engin comme on descend d'un cheval. Brian me poussa légèrement vers l'arrière et je perdis un peu l'équilibre, ce qui lui permit de descendre à son tour. Il retrouva Cary devant les motoneiges. J'arrivai quelques secondes plus tard. Phil m'adressa un sourire comme nous nous rassemblions tous les quatre près de la piste du puma. Il portait ce qui ressemblait à une tenue de rechange en laine appartenant à Cary, pas vraiment à sa taille. Il me regardait pendant que les deux autres observaient les traces. J'avais la quasi-certitude qu'il s'agissait d'un client.

La neige était légère et profonde, et la piste du puma n'avait rien à voir avec les traces délicates que laisse un chat dans une allée. Je voyais un peu partout des marques là où la poitrine de l'animal avait pénétré la neige tandis que ses pattes s'enfonçaient profondément. Et même si la neige récente avait partiellement recouvert ses empreintes, je pouvais voir la façon précautionneuse de l'animal de placer ses pattes, chaque nouveau pas parfaitement synchronisé avec le précédent.

— Un gros mâle, fit Brian.

Cary fit oui de la tête et leva les yeux vers les arbres où menait la piste.

— Un sacré gros mâle, tu veux dire, ajouta-t-il en regardant Phil avec un large sourire. C'est bien celui qu'on cherche.

Je n'arrêtais pas d'observer la trace marquant le passage d'un gros animal lourd dans la neige profonde et douce, et je me demandai comment ils pouvaient voir si le couguar était un mâle ou non. Cela me semblait impossible, et je me dis que c'était sans doute un argument qu'utilisaient les guides pour faire frissonner leurs clients.

— Ça te dit ? demanda Cary.

— Bien sûr, si tu penses que ça vaut le coup, répondit Phil.

— Tu m'étonnes que ça vaut le coup, fit Cary sans se départir de son sourire. Et il n'est pas loin. La piste est toute fraîche.

Brian se dirigea vers la remorque et tira le loquet de la cage. À l'aide de son genou, il maintint la porte tout en plaçant des laisses sur les colliers des chiens surexcités à travers le grillage. Puis il les laissa ouvrir la porte. Il retint ses chiens vifs et nerveux jusqu'à ce que Cary ait à son tour fait sortir son trio. Ils se retrouvèrent au départ de la piste du puma et la meute, avec ses gémissements et ses aboiements, me sembla détonner dans ce paysage de neige et de pins sombres. Gris moucheté, noirs et marron foncé, les chiens ressemblaient plus à des ratiers, et je les imaginais mieux à leur aise à la nuit tombée dans les marécages du Sud.

Puisque cette fois-ci, ils avaient une piste, ils ne gardèrent pas les chiens en laisse, comme lorsque nous avions suivi les corbeaux. Alors que Brian et Cary essayaient d'enlever toutes les laisses en même temps, un grand frisson sembla parcourir la meute. Je n'aurais su dire s'il était dû au froid ou à l'excitation.

Une fois libérés, les chiens s'envolèrent littéralement. Déchaînés, ils filèrent d'abord dans tous les sens, jusqu'à ce que la chienne la plus âgée émette un hurlement avant d'avancer dans la neige en bondissant, directement sur la piste du puma. Pendant une minute ou deux, nous restâmes muets. Glapissant et aboyant de temps en temps, les chiens avançaient encore, s'éloignant de plus en plus de nous. Je songeai que nous devrions peut-être faire quelque chose, peut-être les suivre.

Tous les chiens se mirent alors à hurler et, à ce moment-là, Cary dit : "Locus a une bonne piste", et Brian et lui se dirigèrent vers leurs remorques pour prendre leurs raquettes. Ils avaient des modèles Sherpas en métal et en plastique, dont ils vantaient les dents en acier qui les empêchaient de glisser sur la glace et la neige tassée. De mon côté, j'attachai mes raquettes en peau et en frêne. Elles étaient plus grandes et permettaient de mieux marcher dans les trois pieds de poudreuse.

Comme nous nous enfoncions dans la futaie en suivant l'immense piste qu'avaient tracée les chiens, je continuais de m'étonner du côté détendu de notre équipée. Je demandai à Cary ce qui se passerait si le puma n'arrêtait pas sa course, s'il faisait courir la meute jusqu'à l'épuisement.

— Non, il va forcément chercher refuge dans un arbre. Les couguars sont faits pour la vitesse, pas pour l'endurance. Une seule fois j'en ai vu un qui a couru longtemps. On l'a pas lâché jusqu'à la nuit. T'imagines le cirque quand il a fallu rentrer. Les chiens ne sont pas revenus avant trois heures du mat'.

— C'est la fois où Beau s'est perdu, précisa Brian.

Beau était le nom du chiot de concours qu'il avait perdu quelques semaines auparavant. Brian pensait qu'il avait dû finir par se faire attraper par les coyotes. J'imaginai le dédale de traces tout autour de la tache de sang dans la neige.

— Les pumas ne s'attaquent pas aux chiens, expliqua Brian, sauf s'ils n'ont pas le choix.

Aucun de nous ne parla pendant un moment. La piste filait droit sur une colline presque trop raide pour qu'on l'escalade. Pataugeant dans la neige, nous continuâmes notre chemin bon an, mal an, entre glissades en arrière et chutes en avant. Notre respiration prit rapidement un rythme tellement saccadé que nous n'entendions plus les chiens aboyer.

Arrivés en haut, nous fîmes un arrêt. La neige que nous avions traversée collait à nos vêtements de laine et nous commencions à nous fondre parmi les arbres blancs. Phil était celui qui respirait le plus fort parmi nous, il ne devait pas être habitué à l'altitude. Pourtant, il continuait à garder le sourire.

Nous entendîmes à nouveau les chiens qui semblaient de plus en plus éloignés. D'après Cary, ils devaient être à un mile environ. Nous quittâmes la piste pour couper à travers une étendue de neige immaculée en direction des aboiements. Seul, je n'aurais pas pris une telle initiative, je savais trop que les sons qui passent par les arêtes et les corniches finissent par donner l'impression de provenir de tous les côtés à la fois. Cary faisait ça depuis des années, mais pour ma part je serais resté sur la piste en oubliant les raccourcis.

Lors de la pause suivante, Cary leva la main pour demander le silence. Personne ne disait rien, mais nos respirations fendaient l'air glacial et nous enveloppaient de nuages de buée et de sifflements. Nous retînmes notre souffle quelques instants, et les hurlements des chiens ne parurent pas plus éloignés. Mais sans doute plus déchaînés, plus furieux.

Brian hocha la tête avant d'expirer rapidement.

— Il est dans un arbre, dit-il dans un souffle.

Cary eut un large sourire.

— Un gros mâle, ajouta-t-il. Ça m'aurait étonné qu'il coure encore longtemps. Il est allé se planquer pour faire un petit somme.

Et cet homme costaud, qui frôlait la cinquantaine, repartit en courant presque, tout excité, en oubliant de laisser à Phil quelques instants supplémentaires pour reprendre son souffle. Phil tira la fermeture Éclair de son manteau et, le sourire aux lèvres, partit rattraper son ami, des gouttes de sueur brillant sur son visage rougi. Je fermai la marche, mes grandes raquettes devenues inutiles sur la piste bien tassée.

Nous traversâmes une petite corniche au pas de course avant de grimper une pente ensoleillée, où nous perdîmes rapidement de la vitesse. La neige était toujours légère, mais devenait plus profonde et seuls quelques arbres rappelaient de temps à autre l'existence du sol entièrement enseveli. Je ralentis pour éviter de bousculer Phil, puis ralentis encore. La pente devenait de plus en plus raide. Des dents rocheuses finirent par faire saillie dans le manteau neigeux et, à certains endroits, la montée prenait des allures de falaise.

Cary s'arrêta et s'essuya le visage avec un mouchoir.

— Nous y sommes presque, dit-il, haletant. Vous les entendez ?

Peu après la corniche, j'avais aperçu dans la neige une mince ligne gris-bleu. Je la leur montrai, incapable de déterminer s'il s'agissait des traces laissées par les chiens ou d'une empreinte plus ancienne, celle d'un cerf peut-être. Cary éclata de rire et répondit :

— On y est. Pas étonnant qu'il se soit arrêté si vite, le salopard. Après cette grimpette.

Nous attendîmes de retrouver notre souffle afin de pouvoir entendre à nouveau les hurlements des chiens qui n'avaient pas cessé d'aboyer. Cary secoua fièrement la tête.

En contournant un éperon rocheux, nous découvrîmes un chemin étroit entre deux côtés de la muraille grandissante. Pour la fin de la montée, il nous fallut utiliser nos mains, et ce fut presque en nageant que nous escaladâmes la crête. Une fois au sommet, nous fîmes un nouvel arrêt, pliés en deux, les mains sur les genoux à essayer de faire doucement entrer de l'oxygène dans nos poumons. Brian fut le premier à se redresser.

Il enleva la neige qui s'était amassée sur sa poitrine, et souleva son étui de revolver pour aller chercher une paire de jumelles à l'intérieur de son manteau. Après avoir scruté le côté de la colline jusqu'à l'affleurement rocheux suivant, il annonça :

— Je les vois.

Les jumelles passèrent de mains en mains, et chacun put voir les chiens bondir et retomber, toujours au même endroit, avant de se remettre à sauter en aboyant. La meute se trouvait à l'extrémité de l'affleurement. Un vieux pin immense se dressait depuis la colline en contrebas et surplombait la falaise d'au moins cinquante pieds. Un espace vide d'une dizaine de pieds séparait les chiens de l'arbre.

— On ferait bien d'arriver à eux avant qu'ils sautent de la falaise, lança Cary, et ce fut le signal d'un nouveau départ.

Nos poumons étaient désormais moins éprouvés, mais nous devions avancer à flanc de colline pour rejoindre les chiens, et il fallait nous pencher vers l'amont afin d'éviter que la piste ne s'effondre sous nos pieds, ce qui nous aurait fait dévaler la pente, emportés par l'avalanche que nous aurions provoquée. Nos jambes étaient mises à rude épreuve.

Lorsque nous rejoignîmes les chiens, ils se comportèrent comme si nous n'étions pas là. À présent, ils tremblaient tous, et cela n'avait rien à voir avec le froid. Au milieu de mugissements et autres hurlements, ils sautaient aux abords du précipice, furieux de ne pouvoir atteindre le puma réfugié dans son arbre. Après avoir longé le bord de la falaise, nous pûmes enfin voir quelque chose dans les branches. Le puma était une longue boule de muscles de couleur fauve, tranquillement installée sur une grosse branche. Il nous observait à travers des yeux à demi clos, comme lassé et légèrement ennuyé par toute cette histoire. Il ne semblait pas inquiet. Le bout noir de sa queue s'agita, puis le félin baissa la tête et la posa sur ses larges pattes à l'aspect duveteux.

Cary siffla et dit :

— Boone et Crockett. Boone et Crockett, au moins.

Phil, qui s'efforçait toujours de reprendre son souffle, répondit à Cary par un sourire et un hochement de tête. Je n'aimais pas poser des questions qui trahissaient mon ignorance, mais lorsque Brian s'approcha de moi, je lui demandai à voix basse ce que cela signifiait. Il m'expliqua que Boone et Crockett était le nom d'un livre de records.

Brian sortit son appareil photo et prit plusieurs clichés du puma et de la meute. Il essaya de prendre suffisamment de recul pour les avoir tous sur la même image, mais les branches cachaient toujours le félin. Je pris moi aussi quelques photos, des photos de la tête du puma, de ses yeux dorés et fougueux.

Une fois que Phil eut apparemment recouvré son souffle, Cary et Brian se lancèrent dans un corps-à-corps avec leurs meutes respectives, attachant des laisses en pagaille pour éloigner les chiens du bord du précipice. Malgré les efforts des deux hommes, les chiens continuaient de bondir en direction du puma, au point de s'étrangler en faisant des pirouettes pour atterrir sur le dos dès qu'ils arrivaient au bout de leur laisse. Brian s'assit et cala ses pieds contre un rocher, tandis que Cary passait les laisses autour d'un arbre calciné pour retenir ses chiens tant bien que mal. En me regardant, il dit :

— Si on les laissait faire, ils feraient le saut de l'ange pour l'attraper.

Puis Cary annonça à Phil qu'ils étaient prêts.

— Vas-y, descends-le.

Phil sembla presque surpris. Pendant une seconde, il fixa Cary et glissa la main vers l'intérieur de son manteau, comme s'il venait de se rappeler qu'il portait une arme. Parmi les plis noirs de laine apparut un Magnum .357 en acier inoxydable. Phil observa l'arme qui se trouvait dans sa main. Il avait ôté sa mitaine, et l'objet devait être froid.

Il se dirigea vers l'endroit d'où l'on avait le meilleur angle et leva son arme. Le couguar n'était pas à vingt pieds, et son expression n'avait pas changé le moins du monde. Phil se mit à viser avec les quatre pouces du canon, puis il hésita. Il se retourna pour nous regarder, pour regarder Cary surtout, qui lui dit en souriant :

— Droit dans la poitrine. Faudrait pas abîmer cette tête-là.

Phil opina et se tourna à nouveau vers le félin. Je voyais l'arme qui tremblait un peu et me demandais ce qui pouvait lui traverser la tête à cet instant précis. Jusque-là, tout s'était bien passé.

La détonation, grotesque et inutile, se perdit dans l'immensité de la corniche vide et emmitouflée dans la neige. Même si j'y étais préparé, le bruit me fit sursauter, et je manquai les tout premiers instants du bond que fit le puma. Avant que mon cerveau ait eu le temps de comprendre ce que mes yeux avaient enregistré, le fauve était dans les airs : ce n'était pas une chute lourde et maladroite le long des branches, mais un saut parfaitement maîtrisé, le corps du félin complètement détendu grâce à la puissance de ses muscles. J'avançai à côté de Phil jusqu'au bord de la falaise pendant que Cary et Brian tâchaient de contenir l'excitation de la meute.

Le puma atterrit en contrebas dans la neige, loin de l'affleurement rocheux, au moins trente pieds en dessous de l'endroit où il s'était réfugié dans l'arbre, comme s'il avait sauté d'un immeuble de trois étages. Je l'aperçus au moment où il touchait le sol, disparaissant dans une explosion de poudreuse. Avant que j'aie pu voir dans quel état il se trouvait, il jaillit de nouveau de la masse neigeuse en un saut qui couvrait une vingtaine de pieds, et se retrouva au milieu de la colline que nous avions eu tant de mal à gravir. Son corps se mit en boule et l'animal s'écrasa dans la neige pour réapparaître quelques instants plus tard, en plein essor. En l'espace de quelques secondes, il avait rejoint le pied de la colline et avait disparu. Personne n'avait dit un mot.

— Tu l'as eu ? demanda Brian dans un grognement.

Ses chiens avaient bien failli l'entraîner par-dessus les rochers sur lesquels il s'était appuyé.

— Non, dis-je, et Phil d'ajouter :

— Je crois que je l'ai manqué.

— Manqué ?

— Il est parti, expliquai-je. Il a sauté jusqu'en bas et a filé.

Cary noua les laisses de ses chiens autour du tronc d'arbre et vint se placer à notre hauteur, au bord du précipice. Je montrai du doigt les cratères laissés par le puma dans la neige.

— Eh bien ça alors ! s'exclama-t-il.

Il éclata de rire et donna une tape amicale à Phil.

— Panique du débutant, c'est pas bien grave. (Il rit à nouveau.) La vache, comme il est parti, celui-là. (Il secoua la tête et retourna vers sa meute.) Tu lui as fichu la trouille de sa vie, ça c'est certain.

Il s'agenouilla devant ses chiens et se mit à les attraper l'un après l'autre, en leur caressant la tête et en leur tapotant les côtes dans une étreinte amicale et virile. Pour ma part, je n'aurais pour rien au monde placé mon visage ou ma gorge à portée de ces chiens. Mais cela sembla effacer l'impression que le puma avait faite sur eux. Cary se releva et dit :

— On va descendre et les lâcher en bas de la falaise. Il est forcément proche.

Après avoir observé Cary et ses chiens, Brian fit de même avec les siens. Puis les deux chasseurs guidèrent leurs meutes vers la piste après leur avoir fait quitter l'affleurement rocheux. Les chiens furent dirigés vers le chemin escarpé que nous avions emprunté pour monter entre les deux parois de la falaise. Brian et Cary s'agenouillèrent pour les détacher, et ils filèrent vers le pied de la colline en couvrant presque autant de distance que le puma pendant ses sauts, se déplaçant avec une souplesse quasi féline.

Ils atteignirent la vallée en un éclair et, hors de notre vue, se perdirent dans le décor, même si nous les entendions toujours dans l'air glacé.

— Ça va pas traîner, lança Cary, et, debout sur nos raquettes, nous attendîmes sur le coteau.

— J'ai visé trop haut. Au moment d'appuyer sur la gâchette, j'ai visé trop haut. Je l'ai senti, expliqua Phil.

— Tu vas pouvoir te rattraper dans une minute, reprit Cary avant de lever la main pour demander le silence.

Quelques instants plus tard, les cris stridents de la meute se transformèrent en hurlements hystériques, comme ceux que nous avions entendus plus tôt lorsque le puma s'était réfugié dans l'arbre.

— Ils l'ont repéré, dit Brian en nouant la laisse autour de sa taille.

Il glissa le long du chemin que les chiens avaient tracé.

Phil et moi jetâmes un coup d'œil à Cary.

— C'est dans la poche, fit-il avec un grand sourire avant de donner une claque sonore dans le dos de Phil. Tu vas l'avoir cette fois-ci, t'en fais pas.

On aurait dit un entraîneur de base-ball cherchant à rassurer l'un de ses joueurs après une faute inattendue.

Phil fit oui de la tête et se rappela qu'il tenait toujours son arme à la main. Il la glissa à l'intérieur de son manteau et remit sa grosse mitaine. Son sourire n'avait plus la tranquillité et la force qu'il avait auparavant. Cary se lança dans la glissade à la suite de Brian, et Phil et moi après lui, tous les quatre accroupis, prêts à nous laisser tomber sur les fesses si nous prenions trop de vitesse.

Le puma n'avait pas parcouru plus d'un mile, en descente cette fois-ci, et il ne nous fallut pas longtemps avant de le retrouver.

Les chiens avaient transformé le périmètre qui entourait l'arbre où s'était réfugié le puma en un amas de boue mêlée de poussière. Ils piétinaient, hurlaient et gémissaient, puis se ruaient contre le tronc et retombaient au sol, avant de recommencer aussitôt. La neige autour de l'arbre était maculée de morceaux d'écorce orange, qui faisaient penser à un puzzle que les chiens auraient arraché au tronc du pin ponderosa. Je remarquai aussi de petites taches de sang qui brillaient dans la neige. Je me dis tout d'abord que le puma avait été touché, puis je compris qu'elles provenaient des chiens qui, en mordant l'arbre, se coupaient les gencives. Un anneau d'écorce arrachée encerclait l'arbre, à hauteur des sauts de la meute.

Le puma se trouvait maintenant au-dessus de nos têtes, et non plus à hauteur d'yeux comme lorsque nous étions au bord de la falaise. Il était toujours étendu de tout son long sur une grosse branche, et ses yeux étaient toujours mi-clos, mais cette fois il avait l'air vraiment contrarié.

— Est-ce qu'il arrive qu'ils quittent leur arbre ? demandai-je. Je n'étais pas rassuré à l'idée de circuler au-dessous de l'animal.

— Jamais quand on est dans le coin. Sauf s'ils sont morts. répondit Brian.

Je pris d'autres photos. Je m'aventurai sous le félin, grisé par le sentiment étrange de me mettre délibérément en danger. Le puma était fatigué et, en respirant, sa bouche s'ouvrait un peu. Je pouvais distinguer le bout rose de sa langue. Ses yeux suivaient le moindre de mes mouvements.

Je posai mon appareil photo et Cary me demanda :

— C'est bon, t'as terminé ?

J'opinai et remarquai que lui et Brian étaient en train de retenir leurs chiens, laisses tendues au maximum contre les troncs d'arbres, loin du pin où le puma s'était réfugié. Phil était assis sur un petit promontoire. De là, il avait une vue imprenable, aucune branche ou épine ne le gênerait. Les yeux mi-clos du fauve m'avaient hypnotisé, et je n'avais rien remarqué de ce qu'avaient fait les autres.

Je m'éloignai de l'arbre sans me retourner vers le puma et m'assis dans la neige entre Cary et Brian. Je ne pouvais pas me placer plus loin de Phil sans me mettre de l'autre côté de l'arbre – et j'aurais alors été dans sa ligne de mire.

Phil sortit à nouveau son arme et, malgré la pénombre due aux feuillages, j'aperçus des gouttes de sueur sur son front. Nous étions ici depuis suffisamment longtemps pour que la sueur occasionnée par le trajet ait séché ou gelé. La voix de Cary me surprit par son volume lorsqu'il lança :

— Fais-lui sa fête, Phil.

Phil jeta un coup d'œil au sol piétiné sous l'arbre, puis leva les yeux vers le puma. Je l'observai comme il plaçait les coudes sur ses genoux et s'assurait que sa position était stable. Puis il abaissa son revolver le long d'une ligne imaginaire entre son œil et le félin. Je le vis plisser les yeux en regardant le long du canon, œil gauche fermé, respiration arrêtée, parfaitement immobile. Je me tournai alors pour observer le puma.

J'avais moi aussi cessé de respirer et je commençai à perdre patience en regardant l'animal, tendu dans l'attente du coup de feu. Le puma se trouvait de profil par rapport au tireur qu'il ne regardait pas, semblant ne rien regarder du tout, se contentant d'attendre patiemment notre départ.

J'observai attentivement la tête endormie du lion en me demandant quand Phil allait tirer. Je me demandai aussi pourquoi il y tenait tant. Cary et Brian avaient passé des années à dresser leurs chiens, le premier transmettant au second le savoir qui lui avait été transmis. Je voyais que la façon dont les chiens travaillaient, la manière dont ils avaient débusqué le puma à deux reprises, les remplissait de fierté. Cette fierté était visible dans leur manière de diriger leur meute, de contenir la sauvagerie à peine apprivoisée de leurs chiens. J'aurais pu jurer que Cary se réjouissait en secret que Phil ait manqué ce premier tir. Cela lui avait permis de lancer sa meute une deuxième fois. Cary et Brian ne semblaient pas être ici uniquement pour l'argent, mais je m'interrogeai sur les raisons qu'avait Phil de se trouver avec nous. Qu'allait-il faire d'une peau de puma, une fois rentré chez lui à Philadelphie ou quel que soit l'endroit où il habitait ?

Je continuai d'attendre le coup de feu jusqu'au moment où il fallut bien que je me remette à respirer. Je détournai le regard du puma et de l'arbre, la tête rentrée dans les épaules au cas où Phil déciderait de tirer au moment où je n'y croyais plus. Je lui jetai un coup d'œil alors qu'il abaissait son arme et, pendant une seconde, j'espérai qu'il ait compris quel gâchis ce serait d'abattre cet animal au regard de la puissance phénoménale dont nous avions été témoins sur la colline.

Tout à coup, Phil expira longuement et émit un petit rire nerveux. Je le vis secouer les bras et remuer la tête pour en libérer les tensions musculaires. Puis il reposa les coudes sur ses genoux et son œil retourna à sa visée. Il avait seulement retenu trop longtemps sa respiration, et maintenant il était fin prêt. Peut-être n'avait-il pas réfléchi à ce qu'il était en train de faire. Ou peut-être que si, après tout, mais que maintenant qu'il était engagé il devait aller jusqu'au bout. Je n'aurais su le dire.

Je venais de me retourner vers le lion lorsque Phil tira enfin. Cette fois-ci, sous la lourde couverture de la futaie, le coup de feu retentit comme un son précis, lourd et fatal. Le fauve bondit à nouveau, directement en l'air cette fois, et sa gueule s'ouvrit pour laisser échapper un grognement ou un rugissement qui n'advint jamais. Ses yeux s'écarquillèrent et ses pattes, toutes griffes dehors, s'agitèrent rapidement en accrochant les branches, comme les pattes qui tournent dans le vide des personnages de dessins animés.

En tombant, la patte antérieure droite du lion resta accrochée à la branche sur laquelle il était couché, et le puma resta pendu ainsi quelques instants à se balancer, ses muscles massifs tendus à l'extrême. Au bout d'un moment, durant lequel même dans cette position il conservait toute sa grâce, il se mit à dodeliner de la tête, comme s'il inspectait le sol pour choisir un endroit où atterrir. Je vis sa patte se détendre et ses griffes se rétracter. Le lion tomba.

Il se cogna contre une autre branche lors de sa descente, qui le fit tournoyer sur lui-même, et il était difficile de savoir si, oui ou non, il était encore en vie. Il était pénible d'observer ce corps agile et puissant en se disant qu'il pourrait bien n'être plus qu'un cadavre.

Avant même qu'il ne touche le sol, je me sentis mal, et j'entendis soudain Cary se lancer dans un chapelet de jurons. Je jetai un coup d'œil dans sa direction, me demandant s'il était possible qu'il ait éprouvé le même sentiment de gâchis et de tristesse que moi. En fait, il avait la main sous son aisselle : ses chiens avaient filé en arrachant leur laisse avec une telle force qu'il en était brûlé. Au moment où le puma touchait le sol, les chiens étaient là pour l'accueillir, et Cary dut leur courir après en tenant sa main blessée sous son bras.

Le temps que Cary parcoure les quelques yards qui le séparaient du fauve et de la meute, il était clair que le puma était mort avant d'avoir touché le sol. Cary se tenait derrière les chiens, qui mordaient et secouaient violemment l'animal, le tirant dans un sens puis dans l'autre, lui arrachant des morceaux de fourrure et de peau en grognant et secouant la tête en tous sens, comme devenus fous, comme s'ils jouaient avec une simple couverture. Je me demandai ce qu'aurait fait Cary si le fauve n'avait été que blessé.

Quand Brian vit que le puma était mort, il lâcha ses chiens qui se précipitèrent dans la mêlée. Les animaux se mordillaient et s'attaquaient les uns les autres, et seule la chienne de Cary, Locus, réussit à rester accrochée à la place de choix, la gorge du fauve.

Je n'arrivai pas à détourner mon regard de ce spectacle. Tout ceci avait pour but de ramener une peau de puma.

— Ils ne vont pas abîmer la fourrure ? demandai-je.

Cary me regarda et répondit :

— Non. On va les emmener avant qu'ils commencent à la mâcher. C'est leur récompense. C'est bon pour eux. Ça leur fait comprendre ce qu'on cherche.

Je remarquai qu'il ne souriait plus. Pendant quelques secondes, tout était devenu bien sérieux.

— Ça fout un peu les jetons, hein ? me lança-t-il.

Lorsque Cary et Brian commencèrent à emmener leurs chiens, laissant Locus jusqu'à la fin, je cherchai Phil du regard. Il était debout, toujours à l'endroit d'où il avait tiré. Cette fois-ci, il n'avait pas oublié de ranger son arme, qu'il avait glissée rapidement sous son lourd manteau d'emprunt.

Il se dirigea lentement vers nous, Cary, Brian et moi, les chiens et le puma. La meute s'était un peu calmée, et le fauve gisait seul dans la neige piétinée, sa robe, jadis belle et douce, transformée en une masse informe par les coups de dents répétés des chiens. Pendant quelques instants, nous restâmes tous les quatre à contempler l'animal, puis Cary se baissa et souleva une de ses pattes antérieures. Un mince filet de sang tâchait la fourrure blanche.

— En plein dans le cœur. Un sacré coup, dit Cary.

Phil eut un petit sourire et dit :

— Et maintenant, qu'est-ce qu'on fait ?

— Marque-le ! Il est à toi !

Cary partit d'un grand rire. On aurait dit un moteur de bateau qui démarre sur un lac silencieux.

— Comme tu l'as obligé à descendre jusqu'ici, on est presque revenus aux bécanes. Super idée !

Il fit un clin d'œil à Phil lorsque ce dernier leva les yeux vers lui. Le sourire de Phil retrouvait peu à peu son assurance.

— Il est grand, hein ?

— Ça oui, il est grand. Ça passera dans Boone et Crockett. Pas dans les premiers, mais pas loin.

Cary s'agenouilla et souleva les lèvres du fauve.

— Regardez-moi ces dents !

Les canines étaient d'un blanc d'ivoire et faisaient plus d'un pouce et demi de long. Elles avaient l'air sain.

— C'est une tête trophée, ça, fit Cary.

Le sourire de Phil continuait de reprendre des couleurs, et je vis qu'il s'efforçait d'oublier l'échec de sa première tentative. Il était déjà en train de réécrire l'histoire d'une façon qui allait lui permettre de la raconter plus tard, d'en faire une aventure qu'il pourrait évoquer avec orgueil et satisfaction.

— Tu te rappelles comme il a bondi ? demandai-je.

Cary me regarda furtivement et Phil baissa les yeux.

— Comme si une guêpe l'avait piqué, reprit Cary. J'étais sûr que tu l'avais touché quand je l'ai vu sauter comme ça.

— Non, dis-je. Je parlais de la première fois. Quand il a sauté dans la corniche. Je n'avais jamais vu quelque chose comme ça.

Cary me regarda à nouveau, sans sourire. Brian se pencha et souleva le puma. L'animal était aussi grand que lui. Il le posa sur ses épaules et dit :

— On ferait mieux de se mettre en route.

Calmes à nouveau, les chiens le suivirent docilement.

Phil quitta les lieux sans croiser mon regard, derrière Brian et la meute. Cary suivit la piste que les autres avaient tracée et, en passant près de moi, il me donna une tape amicale sur l'épaule. Comme un entraîneur qui cherche à rassurer l'un de ses joueurs après une faute inattendue.

Debout au milieu des arbres silencieux, je regardai la neige piétinée. Les bouts d'écorce orange et les taches de sang étaient les seuls points de couleur de ce décor blanc et gris. Quelques instants plus tard, le jappement d'un des chiens me fit sursauter et lever les yeux, et je fus surpris de me retrouver seul. Je me dépêchai de descendre la pente derrière eux.

XIV

Après avoir transporté le puma jusqu'à la route, nous prîmes la pose : les quatre hommes avec le fauve – l'invité d'honneur – au centre, la rivière comme toujours en arrière-plan du tableau. Quand toutes les photos furent prises, Brian décida de rentrer à Magruder Crossing avec les deux autres au lieu de retourner à Paradise. Ils m'invitèrent à plusieurs reprises à les suivre pour fêter l'événement. Je n'étais pas vraiment d'humeur à faire la fête, mais je montai à l'arrière de la bécane ; je faisais partie du groupe.

Le temps que nous arrivions, les amis de Cary étaient déjà dans la tente. Ils buvaient de la bière en riant et le feu ronronnait dans le poêle. Ils sortirent pour admirer le lion et j'observai Phil dont le visage rougissait, non de honte mais de fierté. Cary conta l'aventure à sa façon, il mentionna bien le premier saut du puma, mais omit de préciser le tir manqué qui en était à l'origine.

Il commença sans tarder à dépouiller l'animal, enlevant la peau jusqu'aux extrémités des pattes afin de conserver les griffes. Il agitait son couteau si rapidement et avec une telle désinvolture que j'étais certain qu'il allait faire d'énormes trous dans la robe, mais il acheva l'opération sans le moindre accroc. Il conserva la tête sur la peau en disant qu'il voulait laisser un peu de travail au taxidermiste. Cette remarque me fit rire, et je regardai autour de moi : j'étais le seul dehors à observer Cary. Le crépuscule s'installait et les autres étaient déjà à l'intérieur de la tente. Depuis notre arrivée, ils n'avaient cessé de parler de festin.

La carcasse dépouillée du puma, pendue tête en bas, semblait plus petite mais plus puissante encore que lorsqu'elle était dissimulée sous sa robe de fourrure. On distinguait bien maintenant chaque paquet de muscles, recouvert d'une gaine de tissu musculaire argenté. Pourtant, toute la grâce et la vivacité du félin s'étaient envolées. Tout cela était resté dans la montagne, et j'avais cessé de me sentir mal à l'aise, ne ressentais plus de compassion. Je m'intéressais à la façon dont on dépouillait l'animal, à la manière de lui ôter le crâne, à ce qu'il adviendrait de sa carcasse. Je posai à Cary quelques questions simples et, bien vite, il devint une mine d'informations.

Quand je l'interrogeai au sujet de la viande, il eut un grand sourire et planta son couteau dans le corps de l'animal, juste derrière l'épaule, le long de la colonne vertébrale.

— Des côtelettes, dit-il. De belles grosses côtelettes.

Il détacha les longes des deux côtés de la colonne et m'en tendit une. La viande avait une couleur rose blanchâtre, on aurait dit du porc. Les morceaux furent apportés dans la tente, et les hommes à l'intérieur sifflèrent. Cary s'assit et, sous les encouragements, se mit à découper la longe en morceaux. Il coupa une tranche épaisse de près d'un pouce, mais s'interrompit avant d'aller jusqu'au bout. Déplaçant légèrement son couteau, il coupa une nouvelle tranche, jusqu'à la fin cette fois. Il détacha la viande du reste de la longe et la laissa s'ouvrir en deux. Les côtes de l'animal se déployèrent en deux parties, comme un papillon, en doublant de volume. J'étais fasciné par la simplicité de l'opération, et me promettais déjà de la reproduire pour mon prochain steak d'élan.

Tandis que les hommes préparaient un énorme repas de pommes de terre grillées et de légumes en boîte, posant les côtelettes sur le gril brûlant à la dernière minute, la tente se remplit d'un mélange d'odeurs et les bouteilles de whisky défilèrent. J'avais vécu des moments comme celui-ci à l'automne, et je me rappelais combien ces fêtes dans des tentes inconnues me manquaient. Mais ces hommes n'étaient plus des inconnus, et je ris de bon cœur en écoutant leurs histoires de chasses et de traques, de pumas et de chiens, je ris à m'en étouffer ou presque.

Le dîner fut délicieux, mais rien n'aurait pu égaler les rires. Je n'avais pas autant ri depuis mon arrivée à Indian Creek. Je m'étais habitué à cette vie, une vie de tranquillité et de contentement, certes, mais qui manquait singulièrement de fous rires. Ce soir-là, je ris tellement que j'en avais les larmes aux yeux, comme les autres et, tout comme eux, je me resservis jusqu'à ce que les plats soient vides et remplis mon verre à chaque passage de la bouteille.

Le dîner terminé, Brian se leva et annonça qu'il devait rentrer à Paradise pour s'occuper de ses chiens. Il fallait aussi que je rentre, à cause de Boone qui avait passé toute la journée enfermée dans mon camion. Les amis de Cary allaient partir le lendemain matin. Je fis mes adieux à tout le monde. Ensuite, Brian et moi partîmes dans la nuit sur sa motoneige.

Brian avait scotché une lampe torche sur son capot en guise de phare, mais la nuit était claire comme le cristal et nous n'avions pas parcouru un mile que la lune illuminait déjà les crêtes, semblable à un immense globe oculaire. Brian me la pointa du doigt, comme si cela avait été nécessaire, et j'éclatai d'un dernier rire fatigué. Il éteignit sa lampe pour économiser les piles et nous continuâmes notre chemin, suivant la rivière inondée par la lumière de la lune, le froid aigre me piquant le visage et tout autre bout de peau qu'il pouvait débusquer. Après des mois de déplacements à pied, glisser aussi rapidement le long de la rivière me paraissait magique. Les effets du whisky se faisaient encore sentir et, en traversant ce monde froid, propre et argenté, je fus saisi de l'envie de lever la tête pour hurler et rire à la lune.

Brian me déposa au bassin et poursuivit sa route. Pendant que j'enlevais la glace qui s'était formée, je songeais avec envie aux miles de rivière qu'il allait parcourir en glissant comme nous venions de le faire. D'un pas lourd, j'arrivai dans ma prairie et ouvris la portière du camion d'un coup sec. Boone en sortit d'un bond et se jeta sur moi comme elle l'avait fait après sa nuit passée dans le bidon. Une fois encore, elle me voyait en sauveur, pas en geôlier.

Après une journée d'absence, j'allais retrouver ma tente glaciale, et Boone tirait sur ma grosse moufle en cuir pour me signifier son envie de jouer. Je la jetai dans les airs et au bout de quelques minutes nous étions en pleine bagarre, courant l'un après l'autre à travers la prairie, trempés jusqu'aux os après nous être roulés dans la neige. Pour finir, Boone vint se poser, victorieuse, sur ma poitrine pantelante. J'étais hors d'haleine, mes vêtements étaient couverts de neige. La lune brillait toujours et commençait sa descente vers l'autre versant de mon ciel étroit.

La semaine suivante, je vis encore les chasseurs de pumas. Je tombai même un jour sur Brian transportant un lynx qu'il avait tué près de Paradise. Il l'avait pisté seul avec ses chiens et un large sourire lui fendait le visage. Il l'avait abattu alors qu'il s'était réfugié dans son arbre, m'expliqua-t-il, mais le corps du félin était resté prisonnier des branches. Il avait dû utiliser presque toutes ses balles pour sectionner la branche sur laquelle se trouvait le lynx, qui s'était retrouvé coincé un peu plus bas. Brian avait fini par escalader l'arbre, ce qui expliquait les marques sur son visage. Le fauve était d'une sacrée taille, me dit-il, et allait lui rapporter des centaines de dollars, de quoi couvrir tous ses frais de chasse. Son sourire ne le quittait pas.

Mais le 27 janvier, tous les chasseurs de fauves vidèrent les lieux. Ils me dirent qu'ils pensaient revenir bientôt, sans en être sûrs. La veille, j'étais descendu à Paradise téléphoner aux rangers, pour savoir quand devaient passer les gardes. Le ranger qui me répondit m'expliqua qu'à son avis, après avoir cramé leur bécane, ils ne reviendraient pas avant la mi-février. Pour la première fois depuis longtemps, j'allais enfin me retrouver seul.

Cette perspective m'enchantait, et pourtant il y a quelques mois encore je n'aurais jamais imaginé une telle réaction. Je commençais à me lasser de la complainte quotidienne des motoneiges, et j'étais fatigué de la possibilité constante d'être en compagnie. Depuis Noël, où je m'étais lancé à la recherche de mon frère et de mon père, je n'avais pas fait une seule véritable randonnée, sauf derrière une meute. J'étais tombé dans le piège consistant à rester près de ma tente, à attendre que passe quelqu'un susceptible de me convier à une activité quelconque.

J'aspirais également à la solitude pour une tout autre raison. Dernièrement, les températures avaient été presque parfaites : proche de zéro le jour, elles descendaient dans les moins vingt la nuit. Mais je n'étais pas parvenu à oublier la crainte qu'avait provoquée chez moi le premier dégel, et je n'étais pas disposé à perdre toute ma viande d'élan.

Tuer un animal ne me dérangeait pas, à condition de ne pas gaspiller ensuite la viande. Après avoir attrapé le raton laveur, je m'étais précipité sur mes livres *Foxfire* pour y trouver une recette et j'avais rôti l'animal entier. Sortant de ma réserve habituelle, j'avais confié mes doutes aux chasseurs et, la veille de lever le camp, Cary m'avait apporté le reste de la carcasse du puma. La viande était restée intacte depuis qu'il en avait ôté les côtes. Je crois qu'il y voyait une sorte de plaisanterie, mais j'accrochai la carcasse au vu de tous et commençai à en découper des morceaux.

Aussi, après avoir entendu s'éloigner le bruit du moteur de Brian jusqu'à ce qu'il devienne une simple rumeur en amont, je remontai Indian Creek en direction de ma perche à viande pour en revenir avec un quartier d'élan – patte et épaule. Je fis un autre voyage pour aller chercher l'autre quartier avant, et je les posai tous deux contre ma table, à côté du poêle, où ils allaient pouvoir dégeler. Le lendemain, je comptais les couper en morceaux de la taille de mon avant-bras comme le préconisait mon livre, c'était l'idéal pour la conservation. L'après-midi, je préparai la saumure avec du sel, du poivre et la plupart des épices dont je disposais. Une fois la viande préparée, elle serait prête à affronter le dégel.

Je commençais à me demander si mon extrême prudence à propos de l'élan ne confinait pas à la paranoïa. Si j'étais pris en plein braconnage, l'amende s'élèverait sans doute à l'équivalent d'un ou deux mois de salaire, mais ce n'était pas le pire. Je me demandais ce que penseraient les gardes en apprenant qu'un de leurs employés avait violé la loi. J'ignorais s'il y avait un règlement spécifique pour ce genre de cas. Et planait toujours la menace du vieil Ironsides, le garde qui aurait attrapé sa propre mère. Je n'étais même pas sûr qu'il existe vraiment. Mais j'étais au moins sûr d'une chose, c'est que je préférais ne jamais le rencontrer. Au fond de moi, je me demandais dans quelle mesure toutes ces précautions n'étaient pas en train de devenir une sorte de jeu pour passer le temps.

Le soir arrivait. Je laissai les quartiers à dégeler et pris ma pipe pour faire ma promenade habituelle. Je voulais rester le plus longtemps possible dehors, avant que la longue nuit d'hiver ne m'oblige à rentrer dans ma tente pour les prochaines quatorze heures. J'étais presque à Raven Creek, deux miles en amont de la Selway, quand je m'arrêtai pour écouter un bruit d'avion. Régulièrement, des avions de ligne fendaient l'air au-dessus de ma tête, et parfois même un engin militaire déchirait le ciel, laissant dans son sillage un énorme boum supersonique à faire trembler la montagne. Mais cette fois, il devait s'agir d'un petit avion volant à basse altitude, et je m'arrêtai pour écouter ce son inhabituel.

Il me fallut quelques instants avant de comprendre qu'il ne s'agissait pas d'un avion, mais d'une motoneige. Elle était encore très loin, et le bruit se déplaçait en fonction des entrelacs de la rivière. Un des chasseurs avait sans doute oublié quelque chose, et je fus émerveillé par leur incroyable mobilité. J'étais déjà à plus d'une heure de marche de ma tente. Qui sait s'ils n'étaient pas déjà arrivés à Darby lorsqu'ils s'étaient rendu compte qu'il leur fallait faire demi-tour.

Comme le bruit du moteur se rapprochait, je songeai avec appréhension aux quartiers de viande restés dans ma tente, mais les chasseurs ne s'y rendaient jamais, et je me mis à sourire en les entendant passer un dernier tournant.

Soudain, je me retrouvai en face de deux motoneiges du *Fish and Game* de l'Idaho qui se dirigeaient vers moi avec fracas. Les deux pilotes coupèrent les moteurs et, alors qu'ils enlevaient leurs casques, je reconnus le biologiste, mais pas le garde. Le biologiste me présenta à l'autre homme, et j'entendis prononcer le nom du seul garde dont on m'avait dit de me méfier – le vieil Ironsides. Il existait donc bel et bien. Je revis les énormes quartiers de viande rouge et blanche contre ma table, preuves irréfutables et incontournables de mon délit. Je ressentis une douleur au ventre et ma gorge devint si sèche que je ramassai un peu de neige pour en mettre dans ma bouche.

Le garde se mit immédiatement à poser des questions. Lorsque j'avais appelé Paradise la veille, le ranger m'avait parlé des chasseurs de pumas et je lui avais dit qu'ils partaient tous aujourd'hui. Le vieil Ironsides avait hurlé depuis l'Idaho qu'il fallait les rattraper avant qu'ils ne quittent la montagne. Il les avait coincés au sommet de la passe. J'imaginais Cary et Brian aussi stupéfaits que moi. Je me demandais s'ils avaient fait quelque chose de répréhensible – s'ils s'étaient sentis aussi désespérément piégés que moi en ce moment.

En plus de son lynx, Brian avait abattu un puma quelques jours plus tôt, et le garde voulait savoir qui avait vraiment tué ces animaux, quel était le client dont le nom figurait sur les bagues. Je lui répondis que Brian était seul avec le lynx et que je ne doutais pas que le puma fût aussi le sien.

Ensuite, il m'interrogea au sujet de Phil. Cary ne possédait pas de licence de guide, m'expliqua-t-il, et il était absolument convaincu que Phil était un client. J'en étais presque certain aussi, mais je lui dis que Phil était un ami de Cary, qu'il vivait à Hamilton et était au chômage. Comment aurait-il pu s'offrir les services d'un guide de chasse ? C'est ce que Cary m'avait raconté un jour, et à l'époque j'avais trouvé étrange qu'il se confie à moi. Je me demandai tout à coup si j'avais fait autant partie de leur groupe que je l'avais cru, si je n'avais pas constitué pour eux un alibi en or.

Le garde me dévisagea avec circonspection, fort mécontent de mes réponses, mais quitte à être pris la main dans le sac, mieux valait plonger seul. Est-ce qu'il allait m'emmener menottes aux poignets ? Les autres gardes m'avaient averti qu'il me clouerait la peau à un arbre.

Le biologiste interrompit l'interrogatoire en s'approchant pour caresser Boone. Il dit qu'il faisait presque noir et que si je montais à l'arrière de sa bécane ils me ramèneraient à Indian Creek. Ils allaient passer la nuit à Magruder, précisa-t-il.

Je réfléchis à toute vitesse, et mon esprit s'empara d'une possibilité bien mince.

— Ce n'est pas la peine de me ramener, merci. J'aime bien marcher.

Je me fendis d'un grand sourire en ajoutant que je faisais beaucoup de marche.

Mais ils insistèrent et mes espoirs s'évanouirent. C'est alors que je pensai à Boone.

— Qu'allons-nous faire de Boone ? demandai-je. Elle ne peut pas monter avec nous.

— Ce n'est pas si loin, fit le garde. Elle nous prendra en chasse.

Là, je vis une vraie chance de m'en tirer.

— Avec tous ces types en motoneiges, Boone s'est mise à les prendre en chasse tout le temps, expliquai-je. J'essaie de la faire arrêter, et c'est pas facile. Franchement, je ne peux pas lui demander de nous suivre.

Le garde hocha la tête, convaincu du bon sens de ma remarque, et le biologiste se mit à chercher quelque chose sous le capot de son engin. Il en sortit mon courrier, ainsi qu'une boîte de bonbons ronde en fer-blanc avec des motifs de Noël. Il sourit en secouant la tête.

— J'avais cette boîte avec moi quand ma bécane a cramé, fit-il.

La moitié de la peinture était carbonisée, en effet.

— C'était emballé, au départ, mais le papier a un peu souffert.

Avec toute cette tension nerveuse, la tête me tournait, et je fus ravi d'avoir une excuse pour éclater de rire. J'ouvris la boîte et leur montrai la masse informe de chocolat qui en remplissait tout un côté, des emballages de papier rouge apparaissant de-ci, de-là. Nous partîmes d'un grand rire et le garde s'écria "C'est le dégel !" ce qui redoubla notre hilarité. Il n'était pas si mauvais bougre, après tout.

Le biologiste m'offrit un énorme steak *T-bone*, acheté sur ses propres deniers, que j'eus quelques scrupules à accepter. Il m'expliqua qu'il n'était pas un gros mangeur de viande, mais que cela finirait par lui manquer au bout d'un moment. J'avais la moitié d'un élan, un quartier de cerf et l'essentiel d'un puma autour de ma tente, mais je me confondis en remerciements et, lorsqu'il me tendit un sac rempli d'oranges, je faillis lui sauter au cou : rien ne m'avait tant manqué que les aliments frais, en particulier les fruits.

Je les remerciai tous deux avec chaleur et, pendant qu'ils attachaient leurs casques, le scientifique me dit qu'il était sur le point de convaincre sa femme de venir s'installer dans ma tente le temps d'un week-end. Il pensait être de retour d'ici quelques jours en compagnie de mon patron. Il me confirmerait la chose à cette occasion. Je leur proposai de passer à la tente le lendemain pour prendre un café, mais ils déclinèrent mon invitation : maintenant que les chasseurs étaient partis, ils n'avaient plus grand-chose à faire dans le coin et quitteraient Magruder à l'aube.

Une fois sur leurs motoneiges, ils firent demi-tour et remontèrent la rivière en direction de Magruder, loin de toutes les pièces à conviction. Je les regardai partir et attendis jusqu'à ce que je ne les entende plus.

Puis je repris le chemin de la tente et, malgré la nuit tombante, je marchai lentement, encore ému d'avoir frôlé la catastrophe. Arrivé à la tente, je sortis la viande pour la placer dans la cache, et l'enterrai pour la nuit au cas où le garde déciderait de repasser par ici pour me donner quelques lettres qu'il aurait opportunément oublié de me remettre.

La soirée se passa dans la frénésie habituelle qui accompagnait chaque arrivée de courrier, et je m'installai à la lumière de la bougie pour ouvrir la boîte de bonbons noircie par le feu. Je regardai le gros morceau de chocolat et les papiers rouges qui s'y étaient agglutinés en fondant. J'en découpai un petit bout à l'aide de mon couteau et le mis dans ma bouche. Ma grand-mère aurait été bien triste de voir dans quel état la boîte qu'elle m'avait envoyée était arrivée, mais je n'avais pas mangé de sucreries depuis des mois et, même si ma langue était couverte de fragments de papier humide, même si le chocolat avait un léger goût de fumée, cela me parut un luxe inouï. Je me calai dans ma chaise et me mis à rire en imaginant la tête qu'aurait fait ma grand-mère.

Le jour suivant, j'attendis jusqu'à midi, mais le garde ne revint jamais. Je récupérai mes quartiers de viande et passai le reste de la journée à les découper en morceaux avant de les rouler dans le sel. J'étais censé les suspendre ensuite dans un endroit sec, mais je n'avais pas trouvé de lieu adéquat. Tard dans la soirée, pourtant, alors que j'étais au lit, je me souvins de la petite dépendance qui servait d'écurie à Paradise. Il n'y aurait pas de chevaux avant juin. Je souris à l'idée de stocker ma viande de contrebande dans un bâtiment des Eaux & Forêts.

Le lendemain matin, la viande s'était ramollie, le sel ayant aspiré l'eau comme une éponge. J'aurais voulu la laisser pendre jusqu'à ce qu'elle sèche, mais j'avais appris que les gens avaient la fâcheuse habitude de débarquer à l'improviste aux pires moments. Je jetai la viande dans un sac poubelle que je mis dans mon sac à dos, plein à ras bord. Je dus m'asseoir pour le soulever et, une fois le sac sur mes épaules, je fus surpris que mes jambes ne se brisent pas net sous son poids.

Le sac pesait plus de cent livres et il aurait été judicieux de séparer l'ensemble pour faire deux voyages. Mais j'étais sur ma lancée, et je voulais au plus vite débarrasser ma tente de toute cette viande.

Mes premiers pas, sur les six miles jusqu'à Paradise, furent timides et maladroits, mais j'arrivai bientôt à la piste bien tassée par les motoneiges et je me mis en route. Le poids supplémentaire était de trop : je fus pris de court, tombai et dévalai la colline, incapable de maîtriser le paquetage une fois mon équilibre perdu. Je parvins toutefois à tomber sur le dos et, étendu dans la neige, regardant ma jambe toujours sur la piste, je compris que si j'étais tombé vers l'avant ou sur le bas-côté, je me serais écrasé le genou. J'enlevai les bretelles de mon sac et retournai à la tente pour prendre mes raquettes. La journée s'annonçait longue, mais il était encore tôt et, titubant sous le poids de ma cargaison, je pensai à l'expédition Scott en Antarctique. Mon périple n'était rien en comparaison.

J'étais presque à Paradise et presque mort quand j'entendis dans mon dos le grondement d'une motoneige qui arrivait à ma hauteur. Je jetai rapidement un coup d'œil alentour, mais ne trouvai pas même un arbre derrière lequel me cacher. Je me laissai tomber sur le talus en jurant, certain que cette viande serait ma perte, mais trop éreinté pour m'en inquiéter. Quelques instants plus tard, le pourvoyeur de Paradise arrêtait sa bécane devant moi.

La conversation dura quelques minutes. Il venait vérifier que ses locaux étaient bien fermés à clé. Il y avait peut-être des chances pour qu'il revienne avec un autre chasseur d'ici quelques semaines. Je me tenais debout pendant notre discussion, et il ne cessait de regarder dans mon dos. Il finit par me demander ce que j'étais en train de faire. Je lui expliquai que je déménageais quelques petites affaires jusqu'au poste de rangers de Paradise.

— Quelles petites affaires ?

— Oh, des trucs divers et variés, c'est tout.

— Ça a l'air drôlement lourd, fit-il en hochant la tête.

Je confirmai tout en déclinant son offre de m'emmener en motoneige. J'étais presque arrivé, ajoutai-je.

Après son départ, je me dirigeai vers la piste, et c'est alors que je remarquai la tache rougeâtre qui s'était formée dans la neige, à l'endroit où je m'étais tenu le temps de notre conversation. Je passai les bras dans mon dos et touchai mon sac. Le fond en était trempé, et ma main revint gluante à cause du jus que le sel faisait couler de la viande. Il y avait déjà quelques traces sur la piste. Je me représentai les gouttes rouges menant jusqu'à ma tente, comme les miettes semées par Hansel et Gretel.

Je levai les yeux vers le ciel, regrettant de n'avoir pas tout simplement enterré cette fichue bidoche. Mais je continuai mon chemin d'un pas lourd en me demandant si le pourvoyeur serait là pour m'observer quand j'allais la suspendre. Peut-être même allait-il me proposer un coup de main ?

Mais le camp du pourvoyeur se trouvait à plus d'un demi-mile de Paradise et je ne le revis pas. Il me fallut déblayer la neige avec mes raquettes pour libérer l'entrée de la dépendance, mais, une fois à l'intérieur, je pus enfin accrocher la viande. Le temps que j'aie fini, la pièce entière sentait le poivre et des gouttes d'un rouge sale commençaient à souiller le sol. Je me demandai comment faire cesser l'hémorragie, jusqu'à ce que je décide que cela n'avait pas d'importance. D'ici à ce que l'été arrive, personne ne pourrait plus faire le rapprochement.

Plutôt que rester dans le coin et risquer de tomber une nouvelle fois sur le pourvoyeur, dont la curiosité serait plus aiguisée encore, je repris mon sac vide et me remis en route vers Indian Creek. Le trajet avait beau être assez long, j'avais l'impression d'avoir des ailes depuis que je m'étais délesté du poids terrible de cette viande ramollie.

Il faisait presque nuit quand j'arrivai au bassin à saumons, et j'aperçus deux motoneiges garées au bord de la route. Ce n'étaient pas celles du *Fish and Game*, et je suivis les traces qui menaient jusqu'au bassin. En examinant la petite chute d'eau à l'extrémité du canal pris par les glaces, je tombai sur deux hommes couverts de neige. Leurs visages étaient encore rougis par le froid, et je compris qu'ils venaient juste d'arriver.

Ils se présentèrent et voulurent tout savoir de mes activités dans le secteur. Ils me dirent qu'ils étaient entrés dans ma tente et ne m'y avaient pas trouvé. Ils répétaient sans cesse combien ils m'admiraient d'avoir passé ici un hiver complet en solitaire. C'était le genre de discussion que j'aurais adoré à l'automne, mais aujourd'hui, je ne pensais qu'à une seule chose : que ces fils de putes s'étaient permis d'entrer chez moi, de regarder à droite et à gauche sans y avoir été invités.

Je leur demandai s'ils chassaient le puma, ce qu'ils faisaient exactement dans le coin – je m'interrompis juste avant de leur demander ce qu'ils *foutaient* dans le coin. Ils ne chassaient pas le puma, non, expliquèrent-ils, ils étaient de simples promeneurs du dimanche.

— On voulait juste sortir de Hamilton pour la journée, ajoutèrent-ils.

Je hochai la tête, comme si je comprenais, et je continuai en disant qu'il faisait presque nuit et qu'ils feraient mieux de se mettre en route pour rejoindre l'endroit où ils comptaient passer la nuit. Ils éclatèrent de rire et, tandis que nous remontions ensemble la colline jusqu'à leurs motoneiges et à la route, ils m'expliquèrent qu'ils dormiraient à Hamilton, chez eux, dans leur lit. Ma tente avait l'air plutôt confortable, mais pas assez pour qu'ils y passent la nuit. Ils fermèrent leurs combinaisons de Nylon en me disant au revoir. Leurs phares traçaient devant eux un chemin sur lequel ils allaient foncer pendant quarante miles jusqu'à Hamilton, achevant ainsi leur excursion dominicale.

Je rentrai lentement jusqu'à ma tente en imaginant les endroits qu'ils allaient traverser. Raven Creek, Magruder Crossing, Magruder puis, en remontant Deep Creek jusqu'à la passe, le téléphone de Hell's Half Acre près duquel ils passeraient à toute vitesse, puis les cabanes isolées de Slow Gulch et la vieille bicoque de Blondie.

Dans le noir, isolés du monde alentour par la lumière de leurs phares, ils ne verraient rien de tout cela, mais moi si. Cela m'était facile. Et, tout en remettant un peu de bois dans le poêle, tremblant de froid et de fatigue en attendant que la chaleur se répande dans la tente, je me rendis compte que l'essentiel de ma colère à l'égard de ces promeneurs du dimanche était motivée par la jalousie. Il était tellement évident qu'ils faisaient exactement ce qui leur plaisait.

Quand les braises du poêle se mirent à rougeoyer, j'ôtai plusieurs de mes chemises de laine et commençai à me préparer à dîner. J'avais choisi un mélange de viandes grillées – cerf, élan et puma – en me disant qu'un bon repas me remonterait le moral.

Comme je découpais mon premier steak d'élan, je murmurai : “T'as choisi ta semaine pour préparer ta viande tranquillement”, en essayant de sourire. J'émis un petit rire fatigué qui ne fit que souligner le décalage avec les fous rires à se briser les côtes que j'avais partagés avec les chasseurs.

Après le dîner, assis dans la lumière médiocre de ma lanterne en faisant infuser mon thé, j'entendis soudain une autre motoneige. Elle venait du bas de la rivière, de Paradise, et il ne pouvait s'agir que du pourvoyeur. Assis sans bouger, j'écoutai l'engin traverser le pont d'Indian Creek et débouler dans ma prairie sans ralentir, trop loin déjà pour pouvoir franchir la passe qui le ramènerait vers le reste du monde.

Je me souvins des plaisanteries des chasseurs au sujet des gardes et de leurs visites éclairs. Mais tous les chasseurs étaient partis maintenant et je restais seul. J'attrapai ma tasse de thé et mon livre en me remémorant les questions du garde, et je me demandai à nouveau si les chasseurs, avec lesquels j'avais tellement ri, s'étaient servi de moi comme alibi.

Je n'avais plus vraiment le cœur à lire et j'emportai ma tasse dehors. Observant les étoiles glacées, je bus mon thé par petites gorgées, sentant la vapeur sur mes joues dans l'air de la nuit noire. Je n'avais rien d'un visiteur, moi.

XV

Maintenant que tout le monde était parti pour de bon, je pouvais reprendre mes longues marches. Je ne risquais plus de manquer un visiteur en quittant ma tente – aucun chasseur pour débarquer en motoneige –, aussi décidai-je de sortir presque chaque jour. Je passais beaucoup de temps sur les sommets, me délectant de panoramas et de longues heures au soleil après être resté si longtemps enfermé dans mon étroit canyon. Pendant plusieurs jours, le temps se maintint au beau fixe – nuits froides, journées magnifiques – et, malgré des températures en dessous de zéro, je partais souvent vêtu d'une simple chemise, mes différents manteaux noués autour de la taille.

J'avais conservé les oranges du biologiste comme un trésor : j'en prenais une par jour, que je mangeais seulement une fois arrivé au sommet. Je choisissais un endroit découvert, un rocher ou le pied d'un énorme pin ponderosa pour déjeuner – viande froide, restes du dîner de la veille et orange en dessert. Le simple parfum de l'orange m'emmenait bien loin de ce monde glacé. J'avalais un peu de neige, le goût du fruit toujours présent dans ma bouche, et je pouvais me croire à nouveau gamin, distribuant des journaux en dégustant un Mr. Freeze.

Le 1er février, le biologiste revint, accompagné cette fois de mon patron et non plus du vieil Ironsides. Cette visite n'avait pas de motif réel mais, comme elle avait été planifiée après celle avortée de janvier, ils avaient décidé de venir malgré tout. On m'avait apporté mon courrier quelques jours plus tôt, donc même ce prétexte avait disparu. Comme de coutume, nous fîmes le tour d'inspection du bassin et le garde me dit que tout avait l'air très bien.

Ils ne dépassèrent pas leur demi-heure de visite habituelle. Juste avant de repartir, le biologiste me conseilla de descendre à Magruder aux alentours du 12 pour leur donner le numéro de téléphone de la personne qui viendrait me chercher : en souriant, il précisa qu'il arriverait normalement le 14 avec sa femme, pour la Saint-Valentin. Ils viendraient en motoneige, et je quitterais les lieux par le même moyen. Trois jours après, nous échangerions à nouveau nos places. Il parlait d'un long week-end, mais c'étaient pour moi des vacances.

Ils s'en allèrent vers deux heures, tandis que le soleil disparaissait pour la journée derrière les vastes murailles de la Selway. Après l'évocation de mes vacances, je ne tenais plus en place : j'attrapai mes raquettes et me dirigeai à toute vitesse vers Indian Ridge pour me retrouver à nouveau baigné de soleil. De là-haut, je pouvais regarder au-delà des innombrables vagues de crêtes qui m'entouraient, enneigées et battues par le vent, allant vers l'est jusqu'au Montana, la Bitterroot Valley et même jusqu'à Missoula. J'avais du mal à croire que, dans deux semaines à peine, je me baladerais dans cette vallée avec Rader et son *Deerslayer*, en simple visiteur.

Le temps finit par se gâter et le ciel se couvrit, crachotant de la neige. Je continuai de marcher toute la journée, même quand les températures augmentèrent et qu'une pluie fine, comme c'était souvent le cas, commença à se mêler à la neige. Par ce temps maussade, les montagnes étaient un peu moins agréables, mais tout aussi impressionnantes. Les nuages déchiquetés pendaient en lambeaux sur les crêtes rocheuses. La neige tombait lourdement des arbres en gros paquets compacts, ce qui rendait les promenades dans les bois un peu effrayantes. Enfin privé de son blanc manteau neigeux, le monde prenait des teintes plus sombres, vert foncé presque noir, tandis que les tessons gris des nuages restaient partout accrochés et que le blanc de la neige continuait d'orner le sol. Un monde en noir et blanc. Quand je montais assez haut, je me retrouvais à l'intérieur même des nuages, et la distance se transformait alors en un gris de néant, la pluie laissant sur mes vêtements détrempés de minuscules perles de cristal.

Puis avec le vent revint la vraie neige : épaisse, humide et lourde, elle s'accrochait à la moindre épine de pin. Le monde redevint blanc et je le parcourais inlassablement, rentrant le soir à la tente alourdi, comme les arbres, de plusieurs couches de neige apportées par le vent.

Là-haut, dans les montagnes d'Indian Creek et de Sheep Creek, j'avais découvert des coulées de neige géantes. Il s'agissait en réalité d'avalanches, mais je préférais les appeler coulées – cela paraissait moins dangereux, moins susceptible de m'enterrer vivant sans laisser de traces. J'en trouvai une autre sur la Selway, quelques miles en aval de Paradise. Elle avait enseveli la route et à moitié recouvert le lit de la rivière. Rentrant chez moi après ce spectacle, je sursautai en entendant un murmure soudain qui se transforma très vite en un vacarme assourdissant. J'eus le temps de me retourner pour apercevoir un énorme cèdre qui s'effondrait de tout son long sur la rivière, succombant sous le poids extraordinaire de la neige.

Ce soir-là, je restai à l'extérieur de ma tente, observant ce que je pouvais voir des montagnes au milieu du blizzard. Entre les vagues de nuages, j'aperçus brièvement, aux prises avec la neige, les arbres qu'une blancheur extrême faisait ressortir. J'étudiai ma prairie sur toute sa largeur en me représentant les impressionnants murs de neige des avalanches : jusqu'où pourraient-ils traverser l'espace à découvert ? Je retournai dans ma tente et me tins près du poêle, la buée s'échappant de mes vêtements détrempés, en me disant que les avalanches finiraient sans doute par s'épuiser avant d'atteindre les minces parois de toile.

Malgré sa beauté, ce temps épouvantable finit par déteindre sur moi. L'humidité permanente et la laine détrempée commençaient à me lasser. Je passai des journées complètes dans ma tente à élaborer des projets chimériques, fabriquer des mocassins, repriser mes vêtements, nettoyer mes armes, lire et cuisiner. J'en étais désormais aux pièces du dos de l'élan, dont les morceaux étaient incroyablement savoureux. Je me composai des dîners entiers de viande et de thé. Je m'empiffrai.

Plus la date du 14 approchait, plus je pensais à mon voyage dans l'autre monde. Je préparai une boîte de petites choses à emporter, des cadeaux pour l'essentiel, comme ceux que j'avais fabriqués pour ma famille à Noël. J'enveloppai aussi un rôti de la taille d'une boîte de café de trois livres. Nous allions nous régaler. J'allais enfin avoir une chance de partager ne serait-ce qu'une infime partie de mon univers.

Arrivé au 10, je me mis en route vers Magruder pour demander aux rangers de West Fork de passer un coup de fil à Rader. Nous étions samedi et je me dis qu'ils pourraient sûrement le joindre dans notre chambre et me rappeler tout de suite après pour me confirmer sa venue le quatorze. Je voyais déjà le *Deerslayer* garé le long de la grande muraille de neige au bout de la route dégagée, Rader appuyé contre le capot et moi, passant le dernier virage de mon tout premier périple de quarante miles en motoneige.

Les chasseurs de pumas étaient revenus quelques jours plus tôt, mais je ne les avais pas beaucoup vus. J'avais poursuivi mes randonnées, ne ressentant plus le besoin de rester à la tente à attendre une éventuelle visite. Je n'avais pas réussi à m'ôter de l'esprit qu'ils m'avaient utilisé comme un pion dans leur jeu de cache-cache avec les gardes. Je n'avais pas encore passé Raven Creek que je tombai sur Cary. Au milieu de la route, nous commençâmes à bavarder. D'autres avalanches avaient bloqué la voie et il enrageait parce qu'elles avaient brouillé ses pistes. Il me dit que la neige qui était tombée était si dure et si compacte que les pumas pourraient bientôt se balader à la surface sans laisser de traces. Il n'avait pas trouvé la moindre piste en deux jours.

Au cours de notre conversation, les oreilles de Boone s'agitèrent et, quelques instants plus tard, j'entendis de nouvelles motoneiges qui arrivaient vers nous. C'est un véritable convoi qui passa le virage, et je reconnus le pourvoyeur de Paradise sur l'engin de tête, suivi de Brian et de quelques autres types que je ne connaissais pas. Il commençait à y avoir foule.

Tandis qu'il arrêtait sa bécane, Brian se leva sur sa selle et me signala de la main les autres véhicules. Je plissai les yeux pour mieux voir au-delà de la brume blanchâtre qui emplissait l'air. L'un des types descendit de sa bécane et leva les bras au ciel en criant : “Salaud de Fromm !”

Je restai un instant sans pouvoir bouger, croyant rêver. Mais ce n'était pas un rêve. C'était Rader, accompagné de Sponz. J'étais bouche bée, et je me mis à courir aussi vite que le permettaient mes raquettes, passant devant les chasseurs en titubant. Je donnai à Rader un coup d'épaule dans le ventre, et nous roulâmes tous les deux hors de la route jusque dans les fourrés couverts de neige qui longeaient la rivière.

Nous nous relevâmes dans un nuage de neige, et je sautai sur Sponz. Je sentais les regards des chasseurs qui nous suivaient, et je savais bien que ce n'était pas tout à fait une attitude d'homme des montagnes, que nous avions l'air de gamins qui jouent près de leur château de neige. Et je m'en fichais royalement.

Mais plus tard, quand les chasseurs reprirent leur chemin et que Rader et Sponz les suivirent en tandem sur leur machine de location en me laissant faire les deux miles à pied, je ne pus m'empêcher de revoir la scène à travers les yeux des chasseurs. Mes amis avaient quitté Missoula la veille avec l'idée d'arriver ici hier, mais ils avaient cassé une courroie de transmission en montant vers le col et avaient dû passer leur première nuit là-haut. Le samedi, décidés à abandonner, ils s'apprêtaient à rentrer piteusement dans le Montana avec leur machine abîmée quand ils étaient tombés sur les chasseurs. Eux avaient une courroie de rechange et savaient s'en servir.

Ils étaient ensuite repartis à toute vitesse, laissant loin derrière eux les chasseurs et leurs motoneiges lourdes de matériel. C'est au moment d'atteindre la Selway qu'ils étaient tombés sur la coulée de neige. Rader l'avait abordée à pleine vitesse, Sponz accroché derrière en priant. Alors que la motoneige s'approchait du vide, Sponz avait sauté en marche. Rader, lui, était resté aux commandes et avait fait une énorme culbute jusqu'en bas de la rivière.

Par miracle, il n'avait pas été blessé, mais le pare-brise de l'engin s'était brisé en mille morceaux et son capot s'était fissuré. En plus, la motoneige s'était enlisée dans la neige. Mes deux amis avaient passé une heure à jurer et transpirer sans savoir quoi faire. Une fois de plus, le pourvoyeur de Paradise était arrivé sur les lieux et, ensemble, ils étaient parvenus à dégager la machine et à la remettre sur la route. Depuis ce moment – et même maintenant qu'il était arrivé – Rader suivait les chasseurs comme son ombre.

En marchant le long de la route déserte, je revoyais les sourires et les hochements de tête des chasseurs quand Rader et Sponz m'avaient décrit leur succession de bourdes. Nous étions tous sur la route à rire, et je ne souhaitais plus qu'une chose : qu'ils s'en aillent.

Je me remémorai l'expression des chasseurs et des gardes quand je leur avais raconté le périple à skis de mon père et de mon frère. Ils n'avaient jamais rien entendu d'aussi inconscient. Pourquoi n'avoir pas simplement loué des motoneiges ? Une des raisons était qu'ils tenaient vraiment à faire le trajet à ski, mais il y avait une autre explication dont je ne parlai à personne : ils n'avaient simplement pas songé un instant aux motoneiges car ils n'en avaient jamais vues.

Mais je chassai ces pensées de mon esprit et me dépêchai de parcourir le dernier mile jusqu'à la rivière. Ce soir-là, serrés à l'intérieur de la tente, Rader et Sponz me racontèrent leur histoire et elle me fit rire plus encore que celles des chasseurs de pumas.

Nous passâmes le jour suivant à traîner et à fureter dans les bois à la recherche d'une grouse. La température atteignit trois degrés et la neige recommença à fondre et à tomber lourdement des arbres. Un paquet de neige me tomba sur la tête et glissa le long de mon cou comme un serpent. Ce n'était pas la première fois que cela m'arrivait, mais c'était la première fois que je trouvais cela drôle. Nous entendions de temps à autre le rugissement des avalanches et, pour les plus violentes d'entre elles, nous regardions autour de nous comme si nous nous attendions à voir la déferlante de neige traverser l'épais barrage formé par les arbres.

Le lendemain matin, nous partîmes très tôt en direction de Magruder. Je voulais leur montrer la cabane, la maison idéale à mes yeux. La route était couverte de coulées diverses, tantôt un mince filet pur et blanc l'atteignant à peine, tantôt un énorme barrage de boue et de rochers la condamnant ainsi que la rivière, des bûches écorcées sortant de la masse comme des dents cassées. Nous avions des difficultés à escalader de tels magmas qu'il semblait impossible de franchir en motoneige.

Nous nous arrêtâmes au camp de Cary à Magruder Crossing, mais l'endroit était désert et nous reprîmes notre chemin. Dans les coulées que nous traversions désormais, quelqu'un avait tracé un sentier. Un mince lacet plat de la largeur d'une motoneige serpentait parmi les avalanches.

À mi-chemin de Magruder, nous rencontrâmes Cary qui dégageait avec lassitude un autre segment de route bloqué par la neige. Le front couvert de sueur, il n'arrêtait pas de jurer. Il nous expliqua qu'il avait passé les deux derniers jours à pelleter de la neige et qu'il lui restait encore deux miles à couvrir avant Magruder. L'essentiel de ce qu'il avait fait le premier jour avait été recouvert pendant la nuit. Rader et Sponz commençaient à se demander avec angoisse comment ils allaient rentrer à Missoula.

Cary avait des projets pour nous : nous trouverions des pelles à Magruder, et nous pourrions commencer à déblayer la route dans sa direction. Il nous assurait que Brian et les gars de Paradise étaient en train de creuser en aval de la rivière. Lorsque nous l'aurions rejoint, il ne resterait plus qu'à continuer ensemble jusqu'à Brian et ses compagnons. “Pour que tout le monde puisse se casser d'ici”, conclut-il, et pour moi-même je dis : non, pas tout le monde.

Cary me demanda d'utiliser le téléphone de Magruder pour appeler des amis à lui à la rescousse et leur demander de déblayer de leur côté, ainsi que sa femme pour lui dire qu'il rentrerait quand il pourrait. Rader et Sponz devaient aussi appeler leur petite amie respective. Nous reprîmes notre chemin, laissant Cary avec sa pelle.

J'appelai le Montana dès notre arrivée à Magruder. Ils m'assurèrent qu'ils préviendraient toutes les personnes concernées. Juste avant de raccrocher, j'ajoutai qu'ils feraient bien d'appeler aussi le biologiste de l'Idaho. Je leur demandai de lui laisser le message suivant : “Impossible de venir.” Lui et sa femme n'auraient jamais pu arriver jusqu'ici, et il valait mieux qu'ils restent chez eux.

Tirer un trait sur mes projets m'avait mis un coup au moral, mais bien vite nous étions en pleine préparation de l'énorme rôti que j'avais pensé à emporter avec moi. Le repas fut délicieux, et Rader et Sponz ne trouvaient pas les mots pour dire combien ils se régalaient.

Ce soir-là, Rader et moi restâmes à veiller tard, à discuter le bout de gras comme il disait. Il m'annonça qu'il pensait se marier bientôt. Avec Lorrie. Je crus d'abord à une plaisanterie et faillis réveiller Sponz pour qu'il confirme l'information, mais Rader était sérieux. Il voulait que je quitte Indian Creek le temps de la cérémonie, et je me demandais s'il croyait vraiment que c'était faisable. Il se mit à élaborer un plan et, de fil en aiguille, commença à imaginer les moyens de me faire rentrer aussitôt que la route serait dégagée, sur la motoneige d'un chasseur.

Je ne le contredis pas, tout en sachant pertinemment que cela ne serait pas possible. Les chasseurs allaient partir pour de bon, cette fois, et ils allaient charger leurs engins comme des mules. Il n'y aurait pas de place pour moi.

Cette nuit-là, étendu dans mon lit à écouter les légers ronflements qui m'entouraient, j'avais du mal à croire que Rader allait se marier. La dernière fois que je l'avais vu en compagnie de Lorrie, ils ne sortaient pas encore ensemble. C'était il y a seulement quatre mois, mais à présent cela me semblait beaucoup plus loin – une éternité. Que s'était-il passé d'autre, dont je ne savais rien ? Étais-je en train de tout manquer ?

Le lendemain, je parvins difficilement jusqu'aux portes de l'appentis, enseveli sous la neige. Je sortis trois pelles, et nous commençâmes à déblayer la route. C'était un travail de forçat, avec ces gros paquets de neige tassée, durs comme de la glace. Il nous fallait contourner les rochers et les troncs d'arbres enfoncés dans la neige, la piste ondulait le long des petites avalanches et passait au-dessus des plus importantes, certaines hautes de vingt pieds et plus. À la nuit tombée, nous avions les mains couvertes d'ampoules et n'avions toujours pas rejoint Cary.

Le lendemain, le réveil fut laborieux. Armés de nos pelles, nous retournâmes d'un pas lourd jusqu'à la route pour nous remettre au travail. Nous assistâmes à plusieurs avalanches, et dûmes même une fois partir à toute vitesse pour éviter d'être ensevelis.

Au milieu de l'après-midi, nous retrouvâmes Cary et fîmes une pause, le dos appuyé contre nos pelles plantées dans la neige. L'équipe de Paradise était déjà arrivée à Magruder Crossing. La route était donc dégagée jusqu'à Magruder et, pour ce qu'on pouvait voir de la voie et des montagnes menant à la passe, il semblait possible de tenter une sortie le lendemain. Les types de Paradise étaient déjà rentrés pour plier bagage et comptaient partir à la première heure.

Rader et Sponz décidèrent de descendre jusqu'à Indian Creek pour reprendre leur motoneige et commencer à préparer leurs sacs. Ils y passeraient la nuit, puis rejoindraient le convoi de Paradise au matin. De mon côté, j'irais à Magruder pour ranger et réunir les affaires qu'ils avaient laissées. Soit je passerais la nuit seul là-haut, soit je rentrerais dormir dans le campement de Cary.

Je n'étais pas emballé à l'idée de manquer les dernières heures de leur visite, mais Rader ne voulait pas faire le détour par Magruder le lendemain matin pour charger ses affaires. Il imaginait mal les chasseurs attendre patiemment son retour, tant ils étaient pressés de repartir. Après toutes les difficultés rencontrées à l'aller – alors que la route était ouverte –, Rader ne voulait pas risquer de rentrer seul tant qu'il y avait des gens avec lesquels il pouvait partir.

Quand Cary, le spécialiste, le chasseur de pumas, déclara que c'était sans doute le meilleur plan, la chose fut entendue. Je remontai seul à Magruder, Boone sur les talons. Une fois la cabane propre et rangée, impossible de rester sur place. Sans les bavardages incessants de Rader et de Sponz, la vieille baraque me semblait vide. Je hissai le sac de Rader sur mes épaules et, malgré l'heure tardive, décidai de rejoindre Cary.

J'arrivai à Magruder Crossing quelques minutes avant le crépuscule et, peu après, Cary et moi entendîmes des motoneiges s'approcher. Trois de ses amis apparurent dans un tumulte de moteurs. Leurs véhicules étaient hérissés de pelles, de haches et de piquets. C'était l'équipe de secours. Ils s'étaient frayé un chemin à travers plusieurs avalanches avant de venir s'assurer que tout allait bien de notre côté. Une demi-heure plus tard, quatre autres sauveteurs arrivèrent.

Ce soir-là, nous étions neuf sous une seule tente, et la veillée dura longtemps, à raconter des histoires et des mensonges. J'aurais pu m'amuser autant que la dernière fois avec les chasseurs, mais j'avais la tête à Indian Creek : Rader et Sponz se trouvaient dans ma tente, et je ressentais leur crainte à la perspective du trajet du lendemain, quand il leur faudrait négocier les virages en lacet de la route étroite et instable sans se faire distancer par les experts.

De mon côté, j'avais aussi mes craintes, malgré le confort des rires à l'intérieur de la tente bondée et enfumée. Tout le monde allait partir pour de bon cette fois-ci et, après plusieurs jours en compagnie de mes amis, je craignais que la rivière, les montagnes et les arbres ne signifient plus tout à fait la même chose pour moi. Je redoutais de sombrer à nouveau dans la déprime que j'avais connue à l'automne. J'imaginais déjà les dernières fumées de pots d'échappement, l'ultime grondement des machines emmenant tout le monde. J'imaginais déjà mon retour solitaire jusqu'à la tente, sous le crachin, empruntant les pistes précaires, maintenant inutiles, que nous avions déblayées avec tant d'ardeur.

Au matin, je montai sur l'un des engins de l'équipe de secours qui se rendait à Paradise avec un chargement de courroies de rechange pour les chasseurs. Mais nous ne tardâmes pas à tomber sur eux. Ils avaient dû quitter Paradise avant le lever du soleil et Rader et Sponz jouaient déjà les ombres en queue de convoi. Sponz se mit à raconter qu'assis à l'arrière de la bécane de Rader, il avait vu toute sa vie défiler devant ses yeux au moment où ils abordaient certaines coulées. Il se demandait pourquoi nous n'avions pas creusé des pistes plus larges.

Pour toute réponse, le pourvoyeur cria qu'il était temps de repartir. "Faut se casser d'ici avant que ces foutues montagnes s'effondrent sur nous", grommela-t-il. Il ne me restait plus qu'à serrer la main de Rader et de Sponz en leur souhaitant bonne chance. Ils me souhaitèrent la même chose et partirent en faisant vrombir leur moteur.

Alors je partis moi aussi, seul sous le crachin, exactement comme je l'avais imaginé. Quand j'arrivai à la tente, je remplis le poêle et lus le mot qu'ils m'avaient laissé. Je sentis la déprime sourdre en moi, plus puissante que la plus redoutable des avalanches.

Je me levai d'un bond et allai jusqu'au bassin. J'enlevai la moindre trace de glace. Après cela, je commençai à transporter de l'eau et du bois. Je balayai le vieux tapis avec rage, sans y laisser une seule écharde.

Puis j'écrasai les cannettes de bière vides, agissant dans une sorte de fièvre parce qu'il fallait bien s'occuper. Je balayai toute trace de leur visite dans l'espoir que tout redeviendrait exactement comme avant. Mais j'entendais encore leurs rires, et la puanteur de leurs cigarettes était imprégnée dans la toile. Je n'aurais jamais pensé aimer un jour cette odeur.

Tout alla bien jusqu'à la tombée de la nuit. Je n'avais pas le cœur à manger, et pourtant je m'obligeai à accomplir ce rituel, m'asseyant à la table sans savoir ce que j'allais faire ensuite. Je repensai à mon accord avec le biologiste, qui était tombé à l'eau au tout dernier moment, et me dis que je ne partirais peut-être jamais d'ici. J'entendis à nouveau le cri d'avertissement du pourvoyeur, et regrettai de n'avoir pas sauté sur l'occasion.

Je parcourus du regard ma tente sinistre et, comme d'habitude, lorsque mon regard tomba sur Boone, elle remua la queue plusieurs fois. J'avalai pour m'éclaircir la gorge et enfilai ma grosse moufle de cuir. J'agitai la main et fis légèrement claquer le gant : le signal pour nos jeux. Boone réagit en un éclair, les crocs enfoncés dans le cuir. Je me mis à secouer la main aussi fort que possible. Ses grognements augmentaient en intensité mais pour rien au monde elle n'aurait lâché sa proie.

Bien vite, nous fûmes dans la prairie, où la pluie s'était transformée en neige une nouvelle fois, et nous courûmes l'un après l'autre dans l'obscurité, moi criant et Boone aboyant sous les grands arbres lourds qui assourdissaient nos voix.

Ce n'est qu'au moment où nous retournions tous les deux vers la tente, haletants et trempés jusqu'aux os, que je me rappelai que c'était Rader, Rader et Lorrie, qui étaient allés au chenil pour chercher Boone et me l'offrir. Et maintenant ils allaient se marier. J'avais manqué tout cela, seul dans mon coin à jouer les trappeurs.

XVI

La semaine qui suivit, j'essayai de me remettre dans le bain en repensant à mes longues journées de marche, au soulagement que j'avais ressenti la première fois que les chasseurs étaient partis, au plaisir que j'avais tout compte fait éprouvé en me retrouvant seul. Mais j'avais du mal à oublier la manière dont l'échange avec le biologiste avait capoté et la visite de Rader dégénéré en une séance frénétique de déneigement.

Avant la fin de la semaine, j'étais décidé à quitter la vallée. Je pouvais atteindre l'autre monde en deux jours, me disais-je, si je passais une nuit dans la cabane de Blondie. Une fois sur la route, je marcherais jusqu'à ce qu'on accepte de m'emmener en voiture, au moins jusqu'à une cabine téléphonique pour que j'appelle Rader. Au vu des températures récentes, je savais que le bassin se passerait très bien de moi. J'avais le sentiment qu'on m'avait injustement volé mes vacances et je n'étais pas disposé à l'accepter. J'allais faire mon retour au monde. J'allais m'accorder mon long week-end.

Je n'avais pas plutôt pris cette décision que le ciel s'éclaircit et les nuits redevinrent froides. Je n'étais plus aussi sûr à propos du bassin. Mais l'eau s'était réchauffée, il n'y avait plus de risque qu'elle gèle, et la glace n'encombrait plus la sortie comme pendant les vagues de froid. Après avoir vérifié ces données plusieurs matins de suite, je me dis que tout irait bien. Ce soir-là, il se mit à neiger, et je pus capter une radio de Boise. Les conditions météo étaient idéales – aucune vague de froid en vue – et je remplis mon sac à dos avec soin, prenant quelques-uns des cadeaux que je voulais offrir à Missoula, mais qui ne semblaient plus si importants désormais. Ce qui était important, c'était de partir.

Le lendemain matin, je me réveillai tôt. Le ciel était rempli d'étoiles et non de nuages. Je me précipitai vers le bassin pour vérifier que tout allait bien. Ensuite, je pris mon sac et me mis en marche pour rejoindre la passe. Sous la neige fraîche gisait une croûte de neige glacée, assez dure pour supporter mon poids jusqu'à midi environ, heure à laquelle les rayons du soleil la réchaufferaient et me feraient passer au travers. Je portais mes raquettes sur mon sac et marchais à bonne allure. La cabane de Blondie était à vingt-quatre miles et, même s'il y avait un bon bout de chemin à faire, ce ne serait pas bien difficile. J'imaginais déjà la tête de Rader lorsqu'il me verrait à sa porte, tout emmitouflé dans mes vêtements de laine, mon sac sur le dos, mes *mukluks* aux pieds et Boone dans mon sillage. J'avais désormais les cheveux assez longs pour me faire une queue-de-cheval. Je serais une sorte de revenant.

J'étais parti avant l'aube, mais l'éclat de la lune et des étoiles m'éclairait amplement. Je me déplaçais silencieusement sur les reflets argent et sombre de la nouvelle couche de neige offerte par la nuit. Ce silence était agréable après des semaines passées à entendre le crissement de mes pas sur la neige. Je gravissais et redescendais les coulées et j'avais déjà parcouru deux miles lorsque Boone eut soudain le poil tout hérissé. Elle s'arrêta net et resta à m'attendre.

Je m'apprêtais à rejoindre la civilisation et, pour la première fois ou presque, je ne portais pas d'arme. J'avançai doucement, Boone sur mes talons. La seule fois où j'avais vu son poil se dresser ainsi, c'était au cours d'une nuit polaire où, réveillé par ses grognements, j'avais à peine eu le temps d'allumer ma lampe torche avant d'entrevoir une biche sortir la tête de ma tente.

En suivant un des coudes de la rivière, nous arrivâmes devant une autre coulée de neige. L'aurore commençait à diffuser assez de lumière pour que l'on puisse distinguer des choses. Je regardai Boone qui restait collée à moi. Comme nous commencions à gravir la coulée, elle se mit à grogner. Je ralentis, mais ma curiosité était piquée.

Au sommet de l'amas de neige, je découvris le cadavre d'un cerf. Son flanc était entaillé et ouvert, et du sang coulait de la blessure. Je me rappelai le grognement de Boone et parcourus des yeux les arbres sombres qui m'entouraient. Je fis le tour de l'animal mais ne trouvai aucune autre blessure. Il n'y avait pas non plus la moindre empreinte. Un peu en hauteur, je distinguai une sorte de bosse dans la neige, puis une autre un peu plus bas, suivie d'une trace de glissade jusqu'au corps de l'animal. Comme s'il y avait eu une chute, puis un rebond et enfin une glissade.

Je levai les yeux vers la falaise au-dessus de moi. La chute avait dû être de quarante à cinquante pieds environ. Mais un cerf ne tombe pas d'une falaise sans raison. Je jetai un nouveau regard circulaire, sans trouver d'autre indice. Boone avait cessé de grogner lorsqu'elle avait trouvé l'animal. Elle le renifla, puis s'assit.

En faisant un nouveau tour des lieux, je découvris une traînée qui s'éloignait du cerf et suivait la pente. Il était plus facile de voir les traces sur la neige fraîche. Cela faisait une légère dépression, profonde de quelques pouces et large d'à peu près huit pouces.

Je jetai un nouveau coup d'œil au cerf et le retournai. Ses entrailles étaient encore chaudes, l'accident était donc récent. Je ne comprenais pas la raison de cette traînée, à moins qu'un autre animal n'ait essayé d'emporter un morceau du cerf, mais rien ne manquait. Y avait-il eu deux cerfs ? Je vérifiai une nouvelle fois, et cela ne semblait pas le cas. Il n'y avait pas non plus de marque de sang. Je ne comprenais rien à cette affaire, et me tournai à nouveau vers les arbres sombres avant de suivre la trace.

Après le premier tournant, la piste s'enfonçait dans la neige fraîche, droit devant jusqu'au virage suivant. Il n'y avait aucune empreinte de pas, juste cette traînée dans la neige. Je n'avais aucune idée de ce que cela pouvait être. Boone reprit son comportement bizarre – grognements et poil hérissé –, et je regrettai de n'être pas armé.

J'avançai sur la pointe des pieds à côté de la piste, en me disant qu'il faudrait sans doute refaire tout ce chemin à l'envers pour étudier le phénomène, et je ne voulais pas piétiner les indices.

Au virage suivant, Boone chargea. La traînée menait droit à un lynx installé au beau milieu du chemin. Avant que je m'en sois rendu compte, il s'était retourné et, toutes griffes dehors, avait lancé une énorme claque à ma chienne.

Échappant d'un poil aux griffes du fauve, Boone fit demi-tour et se précipita près de moi. Le lynx nous fusilla du regard et se retourna, essayant de se traîner le long de la route. Il s'engagea vers la falaise en direction d'une cuvette de neige située sous un arbre.

Je commençais à comprendre ce qui s'était passé : le lynx et le cerf étaient tombés ensemble de la falaise. Le cerf était mort sur le coup et le lynx était gravement blessé. Il était de toute évidence paralysé depuis le milieu de la colonne vertébrale. Je l'observai s'avancer vers l'arbre en rampant, là où il savait que son dos serait à l'abri, pour offrir un dernier baroud d'honneur. Mais gravir la pente lui était plus difficile, et il dut s'arrêter à mi-chemin pour se reposer. Il s'était déjà traîné sur deux cents yards, à en juger par la position du cerf.

Je regardai ce spectacle quelques instants de plus, trop étonné pour faire quoi que ce soit. La traînée avait été laissée par la hanche et la patte gauches de l'animal. Des taches noires bordaient ses flancs entre la bigarrure brun clair du dos et le blanc immaculé du ventre. Les extrémités de ses pattes désormais inutiles étaient noires, avec des poils noirs entre les orteils. En traînant son arrière-train, le lynx avait recouvert les empreintes laissées par ses pattes avant.

Dans la montée légère qui menait jusqu'à l'arbre, il ne parvenait à faire que trois ou quatre pas d'affilée avant de se reposer. Il haletait, bouche ouverte, et je pus distinguer le bout rose de sa langue. Il était sans aucun doute aussi mal en point à l'intérieur.

Je repensai au lynx qu'avait tué Brian, à ce qu'une fourrure pouvait rapporter, mais je voyais surtout les côtes du félin se soulever avec difficulté à chaque inspiration, sa douleur manifeste à chaque fois qu'il se redressait avant de ramper sur quelques yards.

Je ramassai une grosse pierre au bord de la rivière et la transportai bien en évidence dans ma main droite, prêt à frapper la tête du lynx paralysé pour mettre un terme à ses souffrances aussi vite que possible. Je me souvenais du raton laveur que j'avais attrapé dans un piège près du bassin. Il me semblait que c'était un siècle plus tôt, mais je voulais achever le félin tout aussi rapidement.

Le lynx m'entendit approcher et me jeta un coup d'œil par-dessus son épaule. Puis il se retourna, prêt à m'affronter. Il soufflait comme un chat, en plus fort et plus menaçant. Il lança un coup de patte foudroyant, toutes griffes dehors. Puis il se mit à avancer vers moi, les yeux jaunes et brillants, deux petites fentes remplies d'hostilité. Même mortellement blessé, il cherchait à m'attaquer, moi, qui le dominais de toute ma taille et faisais cinq fois son poids.

Ses yeux ne cillaient pas, et je ne parvenais pas à détourner mon regard du sien. Il continua à avancer en agitant ses griffes, sifflant et crachant. Je commençai à reculer. Boone émit un grognement et le lynx siffla alors plus fort. Il fit deux pas vers l'avant en titubant, les oreilles collées contre la tête, et réussit presque à rugir – un rugissement assourdi de puma.

Je laissai tomber la pierre sur le sol et reculai jusqu'au bord de la rivière. Après quelques instants, je ramassai une branche de peuplier d'environ huit pieds de long, plus épaisse et solide qu'une batte de base-ball – j'aurais aimé qu'elle soit plus longue. Je remontai sur le talus et trouvai le lynx assis là, reprenant des forces.

En me voyant, ses oreilles s'aplatirent à nouveau et il avança vers moi. Je levai mon bâton et regardai droit dans les deux fentes jaunes qui lui servaient d'yeux. Jamais je n'avais vu une telle colère et une telle détermination.

J'eus un mouvement d'hésitation avant de le frapper. Le fauve s'arrêta net, semblant comprendre ce qui allait se passer. Il rentra la tête entre ses épaules et je cognai comme jamais.

Mon coup lui fendit le crâne. Il était mort. Je frappai une seconde fois, enfonçant sa tête et ses épaules dans la neige durcie, me félicitant que cela ait été rapide et propre.

Je restai plus d'une minute à observer l'animal, m'assurant qu'il n'y avait plus le moindre signe de vie en lui. Enfin, je l'abandonnai et contournai les falaises pour arriver au sommet. Je vis les empreintes du cerf, tout au bord du précipice, et les suivis à l'envers, stupéfait par les tours et les détours qui caractérisaient la piste. Toutefois, il n'y avait aucune trace visible de lynx. C'est alors que je tombai sur une touffe de poils. Puis une autre. Le lynx avait chevauché le cerf tout du long, lui déchirant les flancs.

Cela se poursuivait sur une distance de près de quatre-vingts pieds. Ensuite, j'aperçus un cratère de neige qui signalait le dernier saut du lynx avant qu'il n'atterrisse sur le cerf. Il n'y avait que deux de ces cratères. Ils conduisaient à une poche de neige située sous un petit pin, où le lynx s'était caché pour guetter sa proie. Le cerf était passé à une dizaine de pieds de l'arbre, et ses empreintes indiquaient qu'il marchait lentement, flânant presque.

La première trace de saut du lynx n'était qu'à quelques pas de là. C'est alors que le cerf avait bondi et que le fauve l'avait suivi. Il y avait l'ultime saut, puis la chute folle et désordonnée, jusqu'au bas de la falaise. Je jetai un coup d'œil au bord et vis les deux animaux morts. Je me demandai si le cerf avait senti venir l'issue fatale ou si l'attaque du lynx et ses coups de griffes incessants n'avaient pas créé un tel état de panique qu'il avait sauté sans s'en rendre compte.

Lentement et avec prudence, je redescendis de la falaise et ramassai le cadavre du félin. Il était étonnamment lourd, sans doute près de quarante livres, et je le laissai glisser par terre avant de m'asseoir à ses côtés. Je caressai la douce fourrure de l'animal ; jamais je n'aurais cru une telle fin possible. À nouveau, j'imaginai mon arrivée triomphale dans la chambre de Rader, et cette image était maintenant rehaussée par l'énorme lynx négligemment posé sur mon sac. Le transporter sur toute cette distance allait être un enfer, mais je l'attachai tout de même à mon paquetage, incapable de résister à l'image mentale que je m'étais construite. On ne peut plus trappeur.

Stimulé par toutes ces images qui dansaient dans ma tête, je marchai rapidement. La route était jonchée de nouvelles coulées de neige qui ralentissaient mon allure. Mais je réussis à rejoindre Magruder Crossing en deux heures – une bonne moyenne sur six miles en tenant compte de l'épisode du lynx. Mes jambes souffraient du poids supplémentaire de l'animal, mais je tenais à arriver chez Blondie avant la nuit et je poursuivis ma route. En abordant la coulée suivante, j'effrayai une biche couchée au beau milieu de la piste que nous avions tracée avec nos pelles. Les yeux exorbités, elle détala à toute vitesse, traversant le gué avec fracas avant de disparaître dans les bois. Je rappelai Boone qui s'était lancée à sa poursuite, et nous continuâmes d'avancer.

Le temps d'atteindre Magruder, la poussée d'adrénaline provoquée par la découverte du lynx était passée. Même les images mentales de moi en super homme des montagnes avaient déjà un côté sépia. Je savais qu'il fallait téléphoner à West Fork, ne serait-ce que pour m'assurer que personne n'était en route pour venir me voir et, après avoir posé mon sac sur la route, je m'écroulai à ses côtés. Le poids du lynx se faisait vraiment sentir, et je m'assis dans la neige pour me masser les jambes. Après une pause de quelques minutes, je repris mon sac et le cachai sous un arbre. Puis j'allai jusqu'à la cabane et son téléphone.

Avant d'appeler, je concoctai un plan pour que Rader vienne me chercher au départ de la route, ce qui m'éviterait de marcher ou de faire du stop dès mon entrée dans le monde civilisé : j'allais demander aux rangers de lui dire qu'un de mes amis arrivait à Missoula le lendemain et qu'il devrait le conduire au départ de la piste. Je comptais leur donner le nom du meilleur ami de Rader dans l'Ohio, un gars que je n'avais jamais rencontré, et j'espérais que Rader comprendrait ce qui se tramait. Je décrochai le téléphone en souriant, puis tournai la manivelle. C'était un plan très malin.

Quand le ranger répondit, je lui demandai d'abord s'il savait quand les gardes devaient repasser – motif habituel de mes appels. Il n'en savait rien et alla vérifier, me laissant répéter mon plan une dernière fois. Ça allait passer comme une lettre à la poste. J'étais sur le point d'éclater de rire. Revenu au téléphone, le ranger me dit que les gardes devaient arriver dans une semaine. Je fis rapidement mes calculs, essayant de déterminer si mes empreintes de raquettes – aller et retour – seraient encore visibles à ce moment-là. Cela collerait parfaitement.

C'est alors que le ranger ajouta que plusieurs huiles des Eaux & Forêts allaient passer dans le coin d'ici un jour ou deux pour une sorte de mission d'évaluation. Il me dit que la vallée allait grouiller de biologistes et de bureaucrates de tout poil. Avant qu'il m'ait demandé si j'avais besoin d'autre chose, s'ils pouvaient m'apporter quoi que ce soit à la tente, tous mes projets s'étaient effondrés. Je commençais à me croire maudit. Allais-je un jour quitter cet endroit ?

Je lui répondis que non, merci, je n'avais besoin de rien. Puis, après une seconde, je dis : "En fait, si. Des bougies, si possible." J'aimais bien leur lumière. Je fis un ultime effort, lui parlai des avalanches qui avaient empiré, des nouvelles coulées qui avaient bloqué la route à plusieurs endroits. Il me remercia et ajouta qu'il en informerait les huiles, que ça leur ferait du bien de se bouger un peu et de faire du vrai boulot de terrain. Je ris pour être poli et raccrochai.

Pendant quelques instants, je restai à regarder fixement le téléphone en le traitant de tous les noms. Fils de pute ! Non seulement mes rêves de grande évasion tombaient à l'eau, mais, en plus, je ne pouvais même pas dormir ici cette nuit, puisque les huiles allaient sans doute loger dans la cabane.

Je m'engageai sur la route en donnant des coups de pied dans la neige. Je repris mon sac, le posai sur mes épaules, oubliant presque combien il était lourd. Je gémis et repris la piste en sens inverse. J'aurais fait vingt miles aujourd'hui, vingt miles à tourner en rond.

Ce retour me porta un coup au moral presque aussi rude que lorsque j'avais dû faire demi-tour sans avoir retrouvé Paul et mon père. À mi-chemin d'Indian Creek, j'arrivais à peine à mettre un pied devant l'autre. Je m'arrêtais à chaque mile pour me reposer, ce qui consistait à jeter mon barda et à m'écrouler dans la neige. Mais j'avais de plus en plus de mal à reprendre mon sac et je finis par m'écrouler sans même l'ôter. Lorsque, pendant une de mes pauses, je me mis à pisser sans même me mettre debout, je compris que je filais un mauvais coton. Je me libérai de mon fardeau et descendis à la rivière pour boire, plongeant mon gobelet dans l'un des trous qui s'étaient formés dans la glace. Puis je retournai avec difficulté jusqu'à mon sac pour en sortir les cookies que Rader et Sponz m'avaient apportés. C'étaient des biscuits faits maison, avec du chocolat, des noix, de la noix de coco, et leur goût incroyable me stupéfia. Je n'avais rien mangé de semblable depuis mon arrivée à Indian Creek. Assis dans la neige, je mangeai le paquet entier en regardant mes jambes trembler.

Je me trouvais près du gué qu'utilisaient autrefois les Indiens Nez Percé pour traverser la Selway lorsqu'ils quittaient leur camp de l'Idaho pour rejoindre les territoires de chasse au bison du Montana. En suivant leur piste, on pouvait apercevoir de vieux arbres dénudés : les Indiens en avaient mangé l'écorce, car ils n'avaient rien d'autre à se mettre sous la dent dans cette rude contrée montagneuse. Je me représentais assez bien leur envie farouche de sortir de cet endroit et de retrouver la terre promise du Montana.

Je repris mon sac et pénétrai plus avant dans les montagnes en direction de ma tente. Quand je passai près du cerf que le lynx avait tué, une volée de corbeaux se dispersa bruyamment et un aigle à tête blanche – juvénile et solitaire – quitta la carcasse à tire-d'aile et s'envola lourdement, en silence, vers l'aval de la rivière. Je suivis le mouvement.

Une fois dans ma tente, je me débarrassai de mon barda comme s'il m'avait attaqué. Je remplis le poêle et m'écroulai sur mon lit. Penser que j'avais trimballé ce lynx sur dix-huit miles alors que je l'avais trouvé à deux miles de la tente. J'essayai de me mettre en colère, mais ne réussis qu'à éclater de rire. Je ne sortirais jamais d'ici, et je commençai à comprendre que si j'étais parti un jour plus tôt, je n'aurais jamais rencontré le lynx. Pendant tout ce temps passé à regretter ce que je manquais dans l'autre monde, jamais je ne m'étais rendu compte de ce que je manquerais en quittant Indian Creek.

Je me relevai et me glissai dans mes mocassins. J'étais presque heureux de n'avoir pu partir. Il me restait toute une vie à vivre dans la civilisation, mais à peine quelques mois ici.

Après le dîner, je détachai le lynx du sac et me mis à le dépecer. Je me souvenais des moindres gestes de Cary avec le puma, et je les reproduisis scrupuleusement. À mesure que j'enlevais la peau, je voyais apparaître de larges zones contusionnées, couvertes d'ecchymoses géantes à la hanche gauche et sur l'épine dorsale. La colonne était brisée, comme l'étaient la hanche et la patte gauches. Je me demandai si le lynx ne s'était pas retrouvé sous le cerf après la chute. Il était clair qu'il n'avait pas atterri sur ses pattes.

J'examinai les dents. Les canines étaient fendues et cassées, non pas du fait de la chute, mais de vieillesse. Pas une seule d'entre elles n'était intacte. Plates et dévitalisées, elles atteignaient à peine le quart de leur taille normale. Avec ces dents-là, jamais le lynx n'aurait pu achever le cerf après sa charge désespérée.

Je n'aurais jamais cru ce genre de choses possible et je me dis à nouveau que c'est au hasard que je devais d'avoir fait cette découverte. Si j'avais été en ville à prendre des cuites avec mes copains, je n'aurais rien vu de tout cela.

Je finis de dépecer le lynx, faisant par maladresse un minuscule trou dans le ventre dont je me fis le reproche. Il était tard et j'étais claqué. J'enroulai la peau avec soin et allai la poser dans la cabine de mon camion, le seul endroit hermétique à tout, même aux souris.

Pendant les jours qui suivirent, je ne m'éloignai guère de ma tente, attendant l'invasion des huiles des Eaux & Forêts. Je retournai voir le cerf, me demandant quand les coyotes allaient le découvrir et où l'aigle pouvait bien se trouver. D'où était-il venu ? Comment avait-il découvert le cerf ? Tandis que j'attendais les Eaux & Forêts, l'ennui et la curiosité me poussèrent plus d'une fois à retourner sur les lieux.

Je découvris que les corbeaux avaient désigné des oiseaux de garde, un en amont, l'autre en aval du cadavre. Dès que je m'engageais sur la piste, à plusieurs centaines de yards du cerf, je voyais un corbeau s'envoler d'un arbre en croassant. Quand j'approchais de l'animal mort, je ne trouvais plus que des traces de pattes. L'aigle continuait de se servir à l'intérieur de la carcasse, mais lui aussi s'enfuyait à tire-d'aile en me voyant arriver. Ses empreintes ressortaient nettement dans le dédale des traces de corbeaux, elles étaient aussi longues que mes mains. J'avais du mal à me représenter la taille exacte de cet oiseau.

Je commençai à m'amuser un peu avec les corbeaux. Je me faufilais discrètement dans les arbres en essayant de les surprendre. Ils me devançaient toujours si je passais par la rivière, qui était devenue une sorte de grande route depuis qu'elle avait gelé. Mais si je choisissais d'élargir mon itinéraire, montant en haut de la falaise pour passer la tête du haut du précipice, j'arrivais à les prendre par surprise : quinze corbeaux occupés sur le cerf. J'éclatais de rire et ils se dispersaient à toute vitesse, ombres obscures rejoignant les arbres comme des fusées, fuyant le danger. Ils ne comprirent jamais comment je m'y prenais, et je les surpris plusieurs fois en train de se repaître du cerf ou, quand l'aigle s'occupait de la carcasse, attendant leur tour derrière lui, prêts à prendre sa place.

Quatre jours passèrent avant que les coyotes ne finissent par trouver le cerf. Leurs empreintes innombrables avaient entièrement tassé la neige alentour. Il ne restait de l'animal qu'un fragment de verdure gisant dans la neige à côté d'une tache rosâtre. Rien de nouveau sous le soleil.

Je suivis les empreintes des coyotes. Six d'entre eux étaient partis de l'autre côté de la rivière. Ils avaient traîné la carcasse un peu partout et n'étaient pas faciles à suivre. Autour d'une brèche dans la glace de la rivière, je repérai les traces d'une bagarre. L'eau noire était visible sous la neige et la glace. Aux abords du trou, je distinguai un petit morceau de patte et les sabots fendus de l'animal, six pouces sous l'eau. La glace dissimulait tout le reste et je me demandai s'ils avaient perdu toute la carcasse ou s'ils n'en avaient laissé que ce morceau.

Je souris en imaginant la bagarre frénétique des coyotes, tirant à hue et à dia, jusqu'au plouf final. Et voilà six coyotes, soudain silencieux, sondant les flots et regardant fixement l'endroit où avait glissé leur proie. J'imitai ce que j'imaginais être leur expression stupéfaite et rageuse, me tordant le visage en tous sens avant de prononcer : “Dommage.”

Je partis d'un grand éclat de rire. Voilà qu'avaient disparu les dernières traces du lynx et du cerf, de l'aigle et des corbeaux. Si j'avais quitté Indian Creek, voilà ce que j'aurais manqué.

XVII

L'équipe des Eaux & Forêts ne vint jamais. Je n'étais pas vraiment surpris. Après avoir moi-même fait l'expérience du déneigement – chose nécessaire si on voulait s'échapper – j'aurais été étonné que des gratte-papier se lancent dans ce genre de travail simplement pour passer un ou deux jours en montagne.

Pourtant, je ne m'éloignais pas trop de la tente – on ne savait jamais – et, quelques miles en amont de la rivière, je découvris une tanière de loutres : deux trous creusés dans la neige avec deux longues traînées les reliant au cours d'eau. Me frayant un chemin dans la neige détrempée, je me fabriquai ma propre tanière sous les longues branches sombres d'un épicéa et commençai à espionner les loutres. Boone vint se blottir tout contre moi, les poils aplatis par la pluie. Mais les branches nous protégeaient du crachin, et je me lançai dans une surveillance de deux jours complets, ravi d'avoir trouvé à m'occuper.

Le troisième jour, la première loutre émergea d'une ouverture dans la glace à environ cent yards en aval. Elle fit quelques pas rapides sur la neige avant de se lancer sur le ventre, traversant la rivière en dérapant, utilisant ses pattes arrière pour reprendre de la vitesse. Puis elle plongea dans le courant avant de reparaître plus loin. Dès qu'elle eut atteint une nouvelle ouverture dans la glace, elle fit un autre plongeon dans l'eau. Elle réapparut au trou suivant, glissant sur la neige, avant de disparaître une dernière fois dans la rivière. Je souris. Comment se repérait-elle dans cette eau noire au courant rapide ?

Je finis par faire la connaissance de toute la famille – elles étaient quatre –, et je retournais chaque jour à ma tanière pour les regarder jouer. Un jour, l'une d'elles apporta un poisson qui ressemblait à une brème, elle s'installa près d'une des ouvertures et commença à dévorer sa prise en entier, à partir de la tête, comme s'il s'était agi d'un hot dog glacé avec des arêtes. Le bruit de ses grignotements affairés résonnait sur toute la surface de glace et de neige.

Les nuits étaient de longues et froides interruptions qui me privaient du spectacle des loutres. Mais ce froid qui nous enveloppait était favorable aux ondes radio, et je passais une heure chaque soir à écouter des émissions, ce qui était tout ce que mon stock de piles me permettait. Au cours de l'un de ces programmes, j'appris que dans moins d'une semaine l'Idaho se trouverait en plein dans l'axe d'une éclipse solaire totale.

Pendant quelques jours, j'étudiai le soleil et la pendule, sélectionnant le meilleur point de vue. Je découvris qu'à l'heure prévue le soleil était parfaitement encadré dans le défilé situé entre les crêtes d'Indian Creek. Je choisis un pic rocheux où la vue ne serait pas obstruée par les arbres, et je n'eus plus qu'à espérer que le temps ne me joue pas un vilain tour.

Le 26, jour de l'éclipse, je sortis de ma tente immédiatement après le petit déjeuner, mais en montant au-dessus d'Indian Creek je constatai que la neige avait durci et m'interdisait l'accès au sommet. La tête levée, je restai à admirer le pic enneigé et caressai de la main la glace étincelante qui le couronnait. Privé de ce point de vue exceptionnel, je ne pouvais guère qu'espérer apercevoir les rayons du soleil glisser entre les arbres, ce qui était, je m'en rendais compte, la seule image que j'avais devant les yeux depuis des mois.

Je pris mon couteau et grattai la couche de glace, faisant tomber des morceaux brillants et cassants comme du verre. Bien vite, j'avais découpé une marche, que j'essayai tout de suite. J'y introduisis le pied et y portai tout mon poids. La prise tint bon, et j'en fis une deuxième, puis une autre. Je découpais la glace puis montais un peu plus à chaque fois, jusqu'à parvenir au sommet.

Une fois là-haut, j'avais juste assez de place pour me tenir assis, jambes croisées. Boone, bloquée un peu plus bas, gémit quelques instants, puis elle se roula en boule dans la neige en me jetant des regards courroucés.

Le ciel était couvert, sans équivoque et sans espoir, mais je m'efforçai de croire qu'il se dégageait en direction de l'est. Alors le défilé s'éclaircit pour de bon, et j'aperçus dans la brume la grosse boule brillante du soleil qui se leva rapidement, et durant quelques minutes on aurait dit qu'un côté était plus sombre que l'autre. J'attendis, mais il n'y eut aucun changement. Je jetai un coup d'œil au réveil que j'avais emporté avec moi. Est-ce que c'était tout ? Cette vague obscurité ? Je parcourus du regard mon univers gris et me sentis assez stupide : j'avais gravi ce pic en creusant marche après marche, et voilà le résultat. Je me réjouis que personne n'ait été témoin de ma bêtise.

J'attendis encore un peu, les yeux tournés vers l'orient lumineux et gris. La pendule était loin de donner l'heure juste et j'avais d'ailleurs l'habitude de la régler au juger. Peut-être allait-il tout de même se passer quelque chose.

Maintenant les rayons du soleil avaient percé et dessinaient un disque en haut du défilé. La brume était assez épaisse pour que je puisse le regarder sans être ébloui. Puis, si soudainement que j'eus peine à y croire, un morceau du disque disparut. Je vérifiai que j'avais bien vu, et il n'y avait pas de doute : il ne s'agissait pas d'un passage nuageux. Le soleil avait véritablement perdu un morceau.

Je détournai les yeux. La radio n'avait cessé de parler des risques d'aveuglement pour les spectateurs de l'éclipse. Le paysage s'obscurcissait lentement, si lentement que c'en était presque imperceptible. Je jetai un nouveau coup d'œil rapide. La moitié du soleil avait disparu.

Les montagnes étaient plus sombres désormais. Je regardai vers le bas et vis mon campement et la rivière Selway. On aurait cru le soir tombé, à l'heure où je me trouvais habituellement dans les parages et où je rentrais à la tente avant qu'il ne fasse nuit noire.

Il ne restait maintenant qu'un liseré de soleil ornant le côté gauche de la boule noire. Cette boule était la lune, j'en avais bien conscience, mais le savoir ne voulait rien dire. À l'étroit sur mon pic rocheux, je me levai pour regarder ce qui restait du soleil disparaître en un clin d'œil.

À la place de l'astre se trouvait un anneau de lumière voilée et mouvante. Et rien d'autre. Tout autour de moi, les bois étaient maintenant plongés dans une obscurité totale. Sur les pentes à découvert en face de moi, la neige scintillait d'un bleu pur, plus net que lors de n'importe quel crépuscule, comme si elle dissimulait une force qui allait bientôt surgir. Pour une fois, les mésanges étaient silencieuses. Il me sembla qu'il faisait un peu plus frais mais je ne crois pas que c'était possible. Boone émit un gémissement, puis se tut.

Au-dessus du défilé, l'anneau de lumière floue tremblait tandis que le ciel tout entier s'empourprait. Le long de la rivière, les pentes jonchées d'arbres verts virèrent au noir violet.

Je faisais le tour de mon piédestal en frissonnant, poings serrés. L'obscurité était complète et l'éclat bleuté de la neige semblait palpiter. Au sud, la deuxième aurore du jour commença à se lever. Une première pâleur, d'abord incertaine, fit bientôt place à un rouge qui rappelait la plus sombre des roses sauvages. Un incendie se répandit dans tout le ciel, mais son intensité déclina vite, comme si toutes les couleurs possibles avaient été utilisées.

Je me retournai pour regarder le soleil comme la lune se déplaçait vers le côté, et le jour se fit. La neige reprit sa couleur blanche habituelle, le bleu disparaissant sous la surface où on le distinguait à peine. Le soleil retrouva son apparence, et toute trace de lune disparut. Un premier oiseau gazouilla, et d'autres suivirent son exemple avec prudence.

De mon côté, parcouru de frissons, je continuai à tourner en tout sens sur mon étroit promontoire, essayant de voir ce qui n'était plus visible, ce que je n'avais pas eu le temps d'admirer suffisamment en l'espace de ces deux minutes – je voulais m'imprégner de tout ce que je voyais depuis des mois, comme si cette aube nouvelle avait révélé davantage que de simples montagnes.

Je poussai un cri. Levant les poings au-dessus de ma tête, je criai. En poursuivant ma ronde de fou en haut des cimes, je savais que partout où mes yeux se posaient, et même plus loin encore, partout où le soleil venait de disparaître, la seule empreinte sur le sol qui n'était pas celle d'un animal était la mienne. Je criai de nouveau, prêt à exploser.

En poussant des hurlements de joie, je me laissai glisser pour descendre de mon pic et Boone en profita pour me donner la charge. Nous commençâmes à jouer et à nous bagarrer sur la neige durcie, puis nous nous mîmes à courir comme si rien au monde ne pouvait nous arrêter.

Plus tard dans la journée, il se mit à pleuvoir, et je m'efforçai de rester occupé à l'intérieur de la tente. Mais je pensais sans cesse à mon sommet. En fin d'après-midi, j'y remontai en dérapant car la pluie avait fait fondre mes prises. Une fois là-haut, j'admirai le défilé et le reste du monde autour de moi. J'essayai de plisser les yeux pour mieux me remémorer les changements observés plus tôt. Mais cette lumière si particulière était pour toujours envolée. Et déjà je me mettais à douter de la réalité de la neige bleutée ou de l'embrasement du ciel. Pourtant, même sans en retrouver les images exactes, je souris en sachant que tout cela était réel, un spectacle unique dont j'avais été le seul spectateur.

Comme le vrai crépuscule tombait sur la Selway, je redescendis de mon paradis en glissant pour aller jusqu'à ma perche à viande. Il me restait de quoi découper un steak ou deux et je voulais finir la viande en beauté au cours d'un dîner mémorable. Mais lorsque j'arrivai à la perche, je découvris qu'on m'avait coiffé au poteau : un dernier morceau de colonne vertébrale pendait au bout de la corde et il ne restait que quelques lambeaux de viande brûlés par la glace. Je repérai les empreintes d'une martre et compris vite comment elle avait grimpé à un arbre, s'était faufilée jusqu'à la perche, avait glissé le long de la corde pour se gorger de viande avant de sauter au sol une fois rassasiée. Sa chute avait imprimé profondément ses empreintes dans la neige dure. Je me souvins qu'à l'automne, lorsque je faisais mes débuts de trappeur, j'avais confondu des empreintes d'écureuil avec celles d'une martre. "Ç'aurait été le plus gros écureuil au monde", lançai-je en secouant la tête. Je coupai l'ultime vestige de l'élan et le jetai au loin vers les arbres. La martre pouvait bien finir son repas sans haute voltige.

Le lendemain je descendis à Paradise et récupérai ma viande salée. Je constatai avec plaisir qu'elle était beaucoup plus légère maintenant qu'elle s'était vidée de son eau. Sur le chemin du retour, j'en découpai de petits morceaux, mais j'avais eu la main un peu lourde sur les épices et la viande était trop relevée. J'allais devoir préparer beaucoup de chili pour la liquider en même temps que toute cette quantité de haricots que je désespérais d'utiliser un jour. Il me restait trois mois à passer ici, et j'allais être dégoûté du chili à vie.

La première semaine de mars, il se mit à pleuvoir par intermittence et la température augmenta un peu chaque jour. Enfin, en sortant un matin de ma tente, je constatai que le ciel était dégagé. Ce jour-là, la température atteignit sept degrés au-dessus de zéro, la plus élevée depuis novembre.

La neige commençait à fondre et je passai la matinée à écoper le périmètre de mon campement. Pendant tout l'hiver, la neige m'avait servi d'isolant et, maintenant qu'elle traversait la toile, ma tente se remplissait d'une odeur de linge humide.

La neige plus ancienne était dure et rigide et il me fallut la découper en blocs que j'emportais pour les jeter un peu plus loin. Avant d'avoir terminé ce travail, j'avais enlevé jusqu'à ma combinaison. J'avais du mal à croire que c'était bien le soleil qui venait frapper mon dos. Je regardais mes bras nus se gonfler comme je soulevais les blocs de neige et sentais des cristaux durs et rêches fondre sur mon torse. J'avais l'impression que tous mes sens s'étaient réveillés.

Le jour suivant fut tout aussi clair que la veille et, après avoir mis un pied dehors et vu le grand beau temps, je décidai de me mettre en route tout de suite, sans même prendre de petit déjeuner. Mes raquettes étaient attachées à mon sac pour plus tard, quand la première couche de neige aurait commencé à fondre. Je marchai toute la journée, enlevant une chemise après l'autre, allant jusqu'à déboutonner le haut de ma combinaison pour sentir la caresse merveilleuse du vent contre ma peau.

Du haut de la montagne, j'examinai les pics qui m'entouraient, identifiant les vallées que je connaissais, et même si, à l'est, Trapper Peak se détachait, solitaire et d'une blancheur étincelante, en bordure de la Bitterroot Valley, il n'attirait plus mon œil comme par le passé. Je me tournai vers le monde que je connaissais, suivis la vallée de la Little Clearwater, descendis par le sud puis l'ouest jusqu'au chemin de la Selway qui serpentait en contrebas. Je savais qu'à ce virage correspondait le gué des Nez Percés, et je souris, presque surpris par ma connaissance intime de ce pays.

Je descendis de la montagne en glissant, la neige à cette altitude ayant pris une étrange consistance : les premiers pouces à la surface commençaient à se ramollir sous l'effet des rayons du soleil, mais en profondeur la croûte gelée restait dure comme de la pierre. Il m'arrivait de temps à autre de dégringoler une pente jusqu'en bas, glissant dans la neige fondue sans parvenir à trouver de prise. Je me laissai glisser jusqu'à ce que j'atteigne un rocher ou un arbre auquel me rattraper. Même si je ne prenais jamais beaucoup de vitesse, ces glissades me faisaient peur, mon imagination me faisant déjà tomber du haut d'immenses falaises où, comme dans un rêve, je roulais sans m'arrêter avant de m'écraser sur des étendues couvertes de sapins et de neige dure comme du granit.

Cet après-midi-là, à mesure que je descendais des montagnes, la croûte commençait à céder et je dus chausser mes raquettes. Tout en avançant lourdement, je mangeai les derniers morceaux de fromage que ma tante m'avait envoyé du Wisconsin pour Noël, quelque chose comme de l'édam, du gouda ou du brick que je ne me souvenais pas avoir jamais mangé quand j'y habitais. Je n'avais pas apporté de fromage avec moi et je ne m'autorisais ces nouvelles saveurs qu'au compte-gouttes, afin d'en profiter pleinement. Sous le soleil chaud et extravagant, je décidai de bousculer mes propres habitudes.

Je descendais la dernière partie, tout en épingles à cheveux, du versant sud au-dessus du gué des Nez Percés lorsque je tombai sur une zone de terre découverte au pied d'un large pin ponderosa. Je la regardai fixement pendant un moment. Je n'avais pas vu de terre depuis des mois.

J'avançai doucement, traversant la colline pour aller m'asseoir au milieu de ce petit lopin de terre circulaire. La terre était en fait un mélange de boue et de neige fondue recouvert d'épines de pins. J'y enfonçai les doigts et me mis à rire. Elle sentait la boue et l'humidité, le parfum entêtant des épines. Des éléments dont je n'avais jamais pris conscience qu'ils avaient une odeur.

Lorsqu'elle se rendit compte que j'étais assis sur le sol, Boone se précipita vers moi et bien vite nous roulions ensemble dans la boue et la neige. Je lui jetais des boules de neige qu'elle attrapait sans ralentir ses attaques furieuses sur ma poitrine.

Tandis que je me relevais, mes oreilles se remplirent de sifflements et de ronronnements. Je me couchai instinctivement, comme si j'avais été pris pour cible. En levant les yeux, j'eus le temps d'apercevoir un grand pic passer en criant au-dessus de ma tête, les ailes fermement collées à ses flancs. Il fila parmi les arbres en contrebas et disparut dans l'océan de branches. Je n'en avais jamais vu voler de cette manière et, après m'être remis de ma surprise, je me demandai si le retour du soleil ne rendait pas tout le monde un peu fou.

Je me rappelai l'éclipse. Je savais qu'elle n'avait aucun lien avec le changement de temps, mais je ne pouvais m'empêcher de l'associer aux transformations que j'observais. L'éclat bleuté de la neige dans cette obscurité temporaire avait semblé annoncer les métamorphoses dont j'étais aujourd'hui le témoin, comme si l'énergie prisonnière de la glace était enfin en train de se libérer. Je ne parvenais pas à détacher mes yeux de ce spectacle, et je passai la journée du lendemain à nouveau sur les sommets.

Cette fois je décidai d'aller vers le nord, effrayant des hardes de cerfs de corniche en corniche, tombant par hasard sur un cerf ou deux. Je modifiai mon itinéraire et poussai jusqu'à Sheep Creek, me disant que j'y verrais peut-être quelques mouflons, l'animal dont la photo m'avait fait venir au Montana.

La croûte de neige semblait différente ce jour-là : c'était toujours le même mélange de neige, de boue et d'eau, mais il cédait parfois sous mes pieds, même à haute altitude. S'enfoncer tout à coup n'avait rien d'agréable, et je me faisais mal à la hanche et au genou. Je décidai de chausser mes raquettes et poursuivis ma route, plus préoccupé par les effets de la neige dure et humide sur la trame de mes raquettes que par leur probable inefficacité sur les flancs de collines. Si la pente devenait trop escarpée, je les enlèverais pour creuser des marches avec mes bottes.

Je continuai mon chemin vers Sheep Creek mais les crêtes cédèrent vite la place à des falaises impossibles à contourner, et je ne cessais de m'éloigner un peu plus loin vers l'est jusqu'au moment où je commençai à me demander à quelle distance je me trouvais de ma tente. Je me frayai un passage et pressai le pas sans prendre la peine d'enlever mes raquettes pour la prochaine pente, pourtant très raide.

Je sentis mes pieds glisser sous moi tellement vite que je me retrouvai au sol avant même d'avoir compris que je tombais. En un quart de seconde, je pris de la vitesse. J'essayai d'enfoncer les coudes et les genoux dans la neige, mais la croûte à cet endroit était dure et je ne parvins qu'à racler la couche de neige fondue. Quelque part en dessous de moi se trouvait une falaise, et je me disais que j'allais beaucoup trop vite, que jamais je ne m'arrêterais, quand je sentis soudain mes genoux frôler la roche. J'attrapai tout ce que je pouvais au vol, m'écorchant les doigts au passage. Je m'arrêtai enfin, respirant si fort que chaque souffle semblait le dernier.

J'attendis une minute pour m'assurer que j'étais toujours entier, puis j'attrapai mon couteau à ma ceinture et taillai une marche pour mon genou. Une fois celui-ci bien calé, je pus creuser une autre prise pour ma main, et ainsi de suite. Je continuai à avancer lentement comme je l'avais fait pour atteindre mon pic le jour de l'éclipse, mais cette fois je tremblais et je ne quittais pas des yeux la surface rêche de la neige devant moi.

Je continuai à tailler des marches jusqu'à ce que j'arrive à un arbre, sur lequel je m'assis à califourchon. Sain et sauf, une jambe de chaque côté du tronc, j'évaluai l'ampleur de ma chute. La trace de ma glissade – la neige fondue nettoyée par mon passage – descendait jusqu'au bord de la falaise. Je fermai les yeux et appuyai mon visage contre l'écorce de l'arbre. Mes pieds avaient dû se balancer dans le vide. Mon cœur se mit à battre la chamade, comme un automobiliste qui vient d'éviter de justesse un accident prend conscience de ce qui a failli lui arriver.

Je restai quelques minutes blotti contre mon arbre, puis je détachai mes raquettes. Une fois que je les eus placées sur mon dos, je repris le chemin circulaire que j'avais emprunté avant de trouver une occasion de me jeter dans le vide et laissai derrière moi ce paysage de falaises.

Les nuages commençaient à envahir le ciel au moment où j'arrivai à ma tente ce soir-là. Je ne vis pas un mouflon de la journée. Et je ne pus jamais tout à fait oublier à quel point j'avais frôlé la mort.

La pluie reprit durant la nuit et je restai plusieurs jours dans la tente à cuisiner, lire et écouter le crépitement régulier des gouttes sur la toile. Je lus la totalité d'*Atlas Shrugged* d'Ayn Rand, cadeau de ma sœur, et poursuivis avec les *Récits de la Légion étrangère française*, un ouvrage ajouté par mon père pour faire bonne mesure avec les livres de Graham Greene et de Kafka qu'il m'avait envoyés. Au son de la pluie ronronnante, j'accompagnais les légionnaires dans le désert brûlant.

J'étais en plein assaut d'un avant-poste musulman perdu dans le sable quand j'entendis le grondement de deux motoneiges en amont de la rivière, puis un grand silence. Je refermai mon livre d'un coup sec et attrapai mon manteau. Au bout de quelques instants, je vis arriver le garde forestier et un ranger des Eaux & Forêts. Ils avaient fait le tour des avalanches tombées le long de la rivière gelée, zigzaguant à travers les arbres de l'autre rive quand des coulées leur bloquaient le passage. Mais quand ils étaient arrivés en face de la dernière avalanche, un peu avant ma prairie, ils avaient trouvé que la glace avait l'air trop fragile, m'expliquèrent-ils, et avaient préféré finir le trajet à pied.

Ils étaient chargés d'un gros paquet de courrier, de pommes et d'oranges et même d'œufs et de bacon. Après l'inspection habituelle du bassin, ils restèrent assez longtemps pour que nous déjeunions de quelques sardines et de biscuits salés, serrés tous les trois dans la petite tente enfumée. Une heure plus tard, ils étaient repartis et, comme à chaque fois, je me jetai sur mon courrier avant même que se soit éteint le bruit de leurs moteurs.

Tout le courrier était génial, mais la lettre la plus importante était celle de mon frère cadet Joe, qui écrivait rarement. Il était en terminale et faisait partie de l'équipe de natation depuis quatre ans. Dans sa lettre, il racontait son voyage aux championnats de natation du Wisconsin. La finale des championnats de l'État ! J'avais du mal à y croire. Du temps où j'étais nageur, cette compétition n'était qu'un rêve inaccessible. Mon frère avait glissé dans l'enveloppe un article du journal de son lycée le montrant en photo, crâne rasé. En finale et le crâne rasé ! Mon voyou de frangin ! Je n'en croyais pas mes yeux.

Je poussai un cri de triomphe qui fit sursauter Boone. Lorsqu'elle comprit que j'étais fou de joie, elle se rua sur moi et la bagarre commença. Je la repoussai en criant : “T'as entendu ça, Boone ? Joe s'est coupé les cheveux et il s'est qualifié pour la finale !” À peine arrivée au sol, Boone revenait à la charge, et cela continua presque une heure. Ensuite, je relus à nouveau tout mon courrier. Je repris l'article et la lettre de Joe à trois reprises, en murmurant : “Bien joué, Joe !”

Le soir pourtant, mon enthousiasme laissa place à une violente déprime : voilà que Joe battait tous les records de natation du lycée et se qualifiait pour les finales, voilà que Rader épousait une fille dont j'ignorais même qu'il la fréquentait. Il me semblait une nouvelle fois que le monde avançait en me laissant à l'écart. En une seconde, je passai du sentiment de mener une existence idéale à celui d'être prisonnier d'Indian Creek pour toujours.

Ce soir-là, pour chasser mes idées noires, je me plongeai dans un nouveau livre, *Papillon*, l'histoire d'un homme condamné au bagne à l'Île du Diable qui passa de nombreuses années en isolement complet. Cela contribua grandement à me remonter le moral.

Dès que le temps s'éclaircit, je déballai ma canne à pêche et descendis la rivière de quelques miles jusqu'à un large courant qui venait de se libérer, le premier plan d'eau à découvert depuis le début de décembre. De gros blocs de glace étaient visibles sur le fond de la rivière toujours gelée, mais j'étudiai le courant en songeant qu'il me permettrait peut-être d'échapper à mon régime de chili. Enfant, j'avais pêché dans des centaines de lacs, mais je ne savais pas du tout comment m'y prendre dans un rapide.

J'avais néanmoins apporté mon arme secrète : une souris trouvée la nuit dernière. Depuis le début de l'hiver, je menais une modeste guerre contre ces rongeurs et, avec le retour soudain de la chaleur, ils avaient reparu en force. J'en attrapais par paquets entiers.

Debout près du courant d'eau claire, je fis passer un hameçon à travers la souris et la lançai dans l'eau, où elle flotta et ballotta sans résultat. Mon expérience de la pêche se limitait aux poissons carnassiers des lacs du Wisconsin, des prédateurs féroces qui n'auraient pas hésité une seconde à avaler une souris, un écureuil et, sans doute, des petits chiens. Je me demandais si la Noble Truite, réputée si délicate, était différente. Je me demandais si je n'étais pas le roi des imbéciles de croire qu'une truite allait engloutir une souris entière, si même sa bouche pouvait s'ouvrir aussi grand. J'ignorais tout de ce poisson.

Je rembobinai ma ligne et retirai le rongeur, décidant de n'utiliser que ses entrailles, aux couleurs vives. Au lancer suivant, je ferrai immédiatement un poisson. Il se débattit avec force et, pendant quelques instants, je ne fus plus seul dans trois pieds de neige à côté d'une ouverture dans la rivière gelée : j'étais de retour dans les bois du Wisconsin, entouré de mon père et de mes frères, encore stupéfait d'avoir pris mon premier poisson, un sandre, après des années passées à n'attraper que du menu fretin. J'eus du mal à me retenir de crier : “Ça mord !” comme je l'avais fait à l'époque.

Le poisson ne cessait de bondir en tous sens, faisant exploser les reflets du soleil sur l'eau bouillonnante, et je commençai à craindre sérieusement qu'il ne m'échappe. Je tournai fiévreusement la manivelle du moulinet, tirant avec force le poisson dans ma direction, et je m'approchai le plus près possible de l'ouverture afin de réduire la pression du courant sur la ligne.

Quand le poisson fut enfin près de la rive, je me rendis compte que je ne pouvais pas m'approcher suffisamment pour le sortir de l'eau. L'épaisseur de neige rendait la berge trop abrupte et l'eau était trop profonde pour que j'y pénètre. Retenant ma respiration, je tirai violemment sur ma canne et hissai le poisson hors de l'eau en priant pour que ma ligne et sa mâchoire tiennent le choc. Le poisson, une truite cutthroat de seize pouces, se débattit faiblement sur la rive blanche de neige, de larges cristaux blancs collés à ses flancs.

J'assommai et tins devant moi avec fierté l'une des rares truites que j'avais jamais prises, et sans aucun doute la plus grosse. Je ne tardai pas à oublier que j'avais été assez stupide pour lancer une souris entière et me félicitai d'avoir eu la sagacité d'utiliser les entrailles du rongeur, appât dont je disposais à profusion dans la tente. Une nouvelle période faste s'annonçait.

Prenant le poisson par les ouïes, je rentrai chez moi. Rapidement, je n'arrivai plus à marcher tellement j'étais excité, et je me mis à courir, d'abord sans forcer puis très vite. La croûte de neige était toujours solide, protégée du soleil par l'ombre des arbres, et je traversai la forêt en courant aussi vite que je pouvais, zigzaguant entre les branches, les pieds plus légers que l'air.

Je fonçai en traversant la glace fragile d'Indian Creek, redoutant à moitié de passer au travers, mais riant du danger, défiant le monde entier de m'attraper. Lorsque j'émergeai du bois et pénétrai comme un bolide dans ma prairie, où le soleil réchauffait la glace depuis des heures, mes pieds s'enfoncèrent dans la croûte de neige et je m'étalai sur le sol, projetant ma canne loin devant moi. La truite aussi me glissa des doigts et partit sur la neige en ricochant. Je riais déjà lorsque Boone, accourue derrière moi au pas de charge, me passa sur le dos et se mit à courser le poisson fugueur. Après cette cavalcade, j'eus à peine assez de souffle pour la rappeler avant qu'elle ne s'enfuie avec sa prise.

Cet après-midi-là, je préparai des pommes de terre au four pour agrémenter ma truite et, après avoir couvert le feu, je montai sur Indian Ridge jusqu'au pied d'un énorme pin ponderosa. J'enlevai mes chemises et m'étirai à même le sol pour me prélasser au soleil.

Je découvris des coccinelles qui grouillaient autour des épines de pins et me demandai d'où elles venaient. Au milieu de la terre brunâtre cerclée de neige, les coccinelles étaient lumineuses et colorées. Je les observai jusqu'à ce que je me rappelle mes pommes de terre, que j'espérais ne pas retrouver carbonisées.

Décidément de plus en plus prévisible, la pluie reprit alors que je commençais tout juste à prendre goût au soleil. Je continuai d'abord mes longues marches, porté par l'énergie des beaux jours, mais ne tardai pas à passer de plus en plus de temps à l'intérieur de ma tente, avançant dans l'histoire de Papillon et de son emprisonnement.

Au matin du dernier jour avant le printemps, j'étais au lit, sachant par la faible luminosité qui régnait dans la tente que j'allais endurer une autre matinée de grisaille et de silence. Au lieu de rejeter les couvertures et de quitter mon lit, je restai à examiner les taches de moisissure sur le toit de toile miteux de ma tente. Les taches formaient des motifs, des visages et des têtes, que j'aurais maintenant pu dessiner les yeux fermés. La lumière grisâtre me rappelait l'époque où j'étais coupé du monde, au milieu de l'hiver, longtemps après que les vagues de froid cristallines avaient réduit la région au silence. Lors des journées maussades de février où les avalanches avaient commencé, la lumière de midi était exactement comme celle d'aujourd'hui.

J'essayai de ne plus penser à ces mois passés entre grands froids et phases de dégel. Je me demandai si de la glace s'était formée sur le bassin pendant la nuit. Dernièrement, cela n'avait pas été le cas, mais ôter la glace était ma seule et unique mission, après tout. Et je restai au lit, observant les taches de moisissure. Était-il possible que cet hiver n'ait pas de fin ?

C'est alors qu'un tir de canon se répercuta dans mon canyon étroit. Je me levai en regardant autour de moi, comme si j'avais pu voir le son traverser les murs de ma tente. On entendait régulièrement le bruit d'avions supersoniques, mais cette fois c'était différent.

Après ce fracas, le monde redevint aussi silencieux que d'habitude, et je commençais à me dire que j'avais peut-être imaginé ce bruit. Puis j'entendis un grondement, de faibles craquements et des gémissements. Je me mis sur les coudes et prononçai dans un murmure : "Glace." La rivière amorçait sa débâcle.

Je finis de m'habiller en courant, mais quand j'atteignis la Selway, tout était déjà terminé : la rivière était dégagée. Ces dernières semaines, des ouvertures avaient commencé à se faire jour à plusieurs endroits, mais les blocs de glace charriés par le courant restaient coincés dès qu'ils rencontraient un passage encore pris par les glaces. En plus des avalanches qui avaient formé des barrages sur la rivière, d'autres barrages de glace étaient apparus, bloquant le flot et inondant certaines de mes anciennes pistes.

Le bruit violent que j'avais entendu venait du dernier barrage qui avait dû imploser sous la pression de toutes les autres digues ayant cédé en amont. Maintenant, de vastes blocs de glace se cognaient contre les rochers, flottaient et se fendaient en fragments plus petits ou résistaient jusqu'à ce que d'autres blocs viennent se briser contre eux.

L'air n'était que crépitements. Il ne s'agissait pas du bruit sec de la glace qui cède, mais bien du murmure de la rivière, des sifflements, gargouillis et chuintements habituels de l'eau qui coule sans entrave. Mon monde avait cessé d'être silencieux. Je me rappelai qu'en automne ces sons me suivaient partout où j'allais, qu'ils me cernaient. Le soir, quand la flamme de la lanterne vacillait avant de mourir, ces sons se changeaient en voix ou en musique et devenaient autant d'échos des symphonies qu'écoutait mon père lorsque j'étais enfant, pénétrant l'obscurité de la tente tandis que, tremblant de froid, j'attendais que mes couvertures se réchauffent.

Je restai toute la journée près de la rivière, allant et venant le long des berges, passant à mes endroits préférés. Je souriais béatement et j'écoutais. Des murailles de glace d'un bleu translucide couronnées de neige avaient beau encercler l'eau de partout, la rivière rugissait. Ces voix avaient été enterrées tout l'hiver sous la neige et la glace. Lorsque j'avais pêché dans la seule ouverture disponible, je ne les avais pas entendues. Elles m'avaient manqué sans que je m'en rende compte.

Couché dans mon lit ce soir-là, j'entendis les voix prendre de nouveau possession des lieux à peine la lanterne éteinte, et je repris en fredonnant la mystérieuse musique que j'étais si heureux de retrouver.

Le lendemain de la débâcle, il plut des cordes. J'allai me promener près de la rivière simplement pour regarder l'eau, la pluie trouant la surface sombre malgré la violence du courant. Je fis quelques aménagements autour du bassin : je glissai des planches à l'entrée de l'écluse afin de limiter le débit d'eau entrant dans le bras à mesure que le niveau de la rivière augmentait. Au bout de deux minutes, j'étais trempé et frigorifié. Je rentrai à la tente d'un pas lourd et me décidai à passer une nouvelle journée à cuisiner, à préparer du pain au maïs, du gâteau de riz dans le poêle ainsi qu'une belle fournée de chili pour couronner le tout.

Je me réveillai vers les deux heures du matin : une douleur insupportable me transperçait l'estomac. Couché dans le noir, tenant à la main la lampe torche que j'utilisais pour regarder l'heure à la pendule, j'attendis que les crampes se calment. Je transpirais beaucoup et, soudain, j'eus envie de vomir et de déféquer, les deux au même moment. Je sortis de la tente, nu et titubant, et, dans le noir le plus complet, je m'accroupis dans la neige spongieuse car je savais bien qu'il m'aurait été impossible de parcourir les quatre-vingts yards jusqu'à mes latrines. Une fois dehors, rien ne se produisit, et je rentrai à la tente en rampant presque. J'étais toujours couvert de sueur, mais j'alimentai tout de même le poêle en me demandant quand je serais de nouveau à même de le faire. Cette activité de rien du tout m'épuisa à un point tel que je songeai à tirer mes couvertures pour m'installer en boule devant le poêle.

Mais je parvins à me glisser au lit, gardant dans un coin de mon esprit l'idée de la position fœtale devant le feu comme une possibilité de dernier recours, au cas où les choses tourneraient vraiment mal.

Au cours de la nuit, je tentai d'autres sorties tout aussi inutiles, et passai le temps entre chaque tentative suant et grelottant, littéralement plié en deux par le nœud qui me tordait les entrailles. Au petit matin, je parvins enfin à me vider les boyaux, ce qui ne fit qu'empirer les choses au lieu de me soulager comme je l'avais espéré. J'avais repoussé ce moment jusque-là, mais je sortis mon livre de premiers secours et, de retour au lit, je lus le chapitre sur l'appendicite. Les symptômes décrits ne semblaient pas correspondre aux miens, mais je ne pouvais pas me sortir cette idée de la tête. L'expédition de Lewis et Clark* avait perdu un homme, un seul, en deux ans, sur toute cette distance. Pas à cause d'un accident ou des Indiens Blackfeet, mais d'une rupture d'appendice. Je relus le descriptif des symptômes, me persuadai que mon appendice ne pouvait tout simplement pas être en train de se rompre et pour me rassurer, je passai au chapitre sur les cas d'intoxication alimentaire. Il me fallait respirer par la bouche, et mes inspirations étaient courtes et haletantes.

L'intoxication alimentaire habituelle, celle qui ne dure que vingt-quatre heures, avait plusieurs origines. La seule qui aurait pu me concerner était les œufs. J'en avais pris plusieurs pour préparer le pain de maïs et ils avaient tous plus de cinq mois, mais ils provenaient de ma cache à nourriture et j'en avais régulièrement utilisé pour cuisiner depuis mon arrivée.

Le botulisme, disait ensuite le texte, se caractérisait par des vomissements, des crampes d'estomac et une faiblesse musculaire. Il pouvait entraîner la mort et était fréquemment causé par du maïs en boîte. J'avais effectivement mangé du maïs pour le dîner, mais j'avais entamé la boîte deux jours plus tôt et rien ne s'était produit. Je ne savais pas ce qui était en train de m'arriver, si je serais remis pour le lendemain matin, ce que je pouvais bien faire pour me soigner. J'emportai au lit avec moi l'expression "pouvant entraîner la mort" alors que la lumière grise du matin filtrait à travers la toile.

Je me souvins comme j'avais roulé des mécaniques devant mes parents : si quelque chose de grave se produisait, je n'aurais qu'à sortir en marchant, en rampant si nécessaire. Je savais maintenant

* Cette expédition, lancée à l'instigation du Président Thomas Jefferson et menée par les officiers Meriwether Lewis et William Clark entre 1804 et 1806, fut la première à traverser les États-Unis jusqu'à l'océan Pacifique.

que si ce qui m'arrivait était mortel, il n'allait pas être question que je rampe. J'allais mourir, un point c'est tout.

Je commençai à vomir très tôt le matin, et mes entrailles furent suppliciées à tel point que j'eus l'impression qu'on m'avait retourné comme un gant. Mais ensuite, de retour au lit, je me sentis un peu mieux. Vers dix heures je réussis à m'habiller et à tituber jusqu'aux latrines. Je m'assis en tremblant, tout heureux d'avoir parcouru cette distance. Hugh Glass avait rampé sur des centaines de miles après sa rencontre avec un grizzly. Je ne m'étais pas fait attaquer, je m'étais contenté de dîner et j'étais là, ravi d'avoir fait quatre-vingts pas.

La matinée s'étira doucement, les arrêts dans la neige se succédèrent, entrecoupés de moments où je me tenais les flancs pour essayer de ne pas exploser. Arrivé midi, le soleil apparut et, après un autre voyage aux latrines, je me sentis mieux, assez bien en tout cas pour décider de marcher jusqu'au bassin pour m'assurer que tout allait bien et sentir un peu la caresse du soleil. Je me faisais violence en me disant que si je parvenais à me persuader que ma situation s'améliorait, cela indiquerait assez sûrement qu'il ne s'agissait que d'une simple intoxication alimentaire. Je ne croyais pas que le botulisme m'aurait laissé une possibilité d'amélioration avant de m'achever. Et si j'avais eu une appendicite, je serais sans aucun doute mort à l'heure qu'il est.

Je m'assis sur le pont au-dessus d'Indian Creek et constatai que rien n'était venu bloquer l'écluse pendant la nuit. Je m'allongeai et fermai les yeux, puis je dus me mettre en boule pour faire passer mes crampes d'estomac. Pour la première fois, je me demandai si j'allais vraiment mourir, et décidai que si c'était le cas, je n'en saurais rien de toute façon. J'étais assez malade en tout cas pour être plus curieux qu'effrayé. L'odeur de créosote qui émanait de la futaie près du pont vint m'envelopper et, bercé par son entêtant parfum, pour la première fois depuis le matin, je m'endormis.

Quand je me réveillai, une bonne heure était passée et le soleil avait disparu. Le vent s'était levé et je rentrai d'un pas lent juste avant le début de la grêle. Il me fallut lester les rabats de la tente avec des bûches, et quand je retrouvai mon lit j'étais de nouveau en sueur et je tremblais. Mais je n'avais pas vomi depuis plusieurs heures, ce qui me sembla une espèce de victoire.

La tempête ne dura pas longtemps et, vers la fin de l'après-midi, je me traînai dehors pour m'installer sous un arbre, le soleil étant mon seul remède. J'avais emporté mon livre de premiers secours avec moi, mais ne pris même pas la peine de l'ouvrir. C'était un jeu de patience, et il n'y avait aucun traitement pour ce genre de jeu.

Peu après, des bourrasques se levèrent et je retournai dans la tente. J'essayai de lire quelque chose de léger, de plus léger que le livre médical, mais la douleur faisait danser les lettres devant mes yeux.

Arrivé au soir, les crampes commencèrent à s'espacer et, quand la nuit tomba, j'étais presque convaincu que j'allais survivre. Mais tandis que l'obscurité s'installait autour de moi, je m'interrogeai. Si j'étais vraiment en danger mortel, à cause d'une appendicite, par exemple, comment saurais-je que c'était vraiment grave, qu'il me fallait agir si je voulais rester en vie ? J'aurais sans doute sous-estimé n'importe quelle maladie. Avec les accidents, c'était plutôt simple – on saigne ou on ne saigne plus. Avec une maladie, tout était plus flou et, même si je n'y croyais pas vraiment, j'espérais que si mon heure venait je m'en rendrais bien compte.

Je repensai à ma fierté d'avoir parcouru quatre-vingts yards jusqu'aux latrines, et je me rendormis, perplexe : me savoir en danger mortel aurait-il été d'une grande utilité ? Il faudrait que je sois au moins capable de parcourir les dix miles qui me séparaient du téléphone de Magruder. Je n'aurais pas la moindre chance.

Je ne dormis pas beaucoup cette nuit-là, mais le lendemain je me sentais plutôt en forme – vide, mais en forme. Je mangeai avec prudence un morceau de pain passé à la poêle, sans rien de plus toxique que de la farine, de la levure et de l'eau. Même si je rechignais à le faire, je me débarrassai de toute la nourriture que j'avais préparée avant d'être malade. Rien ne valait de traverser à nouveau cette épreuve. Dorénavant, c'était certain, j'examinerais attentivement tous les éléments qui composeraient ma nourriture, incapable d'y déceler quoi que ce soit mais curieux de savoir ce qu'ils me réservaient.

Les jours suivants me permirent de retrouver mes forces et ma confiance, et je pus bientôt reprendre mes promenades, sans pour autant m'éloigner beaucoup de la tente. Je fus presque content de voir revenir le crachin qui me fournissait une excellente raison de me cantonner à une routine de cuisine et de lecture.

XVIII

Le matin du 27 mars, j'en étais à ma dernière tasse de café, plongé dans la lecture du *Chien des Baskerville* tandis que la pluie crépitait sur la toile de ma tente, quand une série de coups de feu retentit à travers ma prairie. Six coups se succédèrent à une vitesse folle, et je me retrouvai à bas de ma chaise à me demander quoi faire, avant de me rappeler qu'il n'y avait qu'une personne au monde capable de faire une pareille entrée.

Rader.

Je passai la tête à l'extérieur de ma tente et vis Rader et Sponz, plantés au milieu de ma prairie, et qui riaient déjà. J'attrapai mon fusil et sortis en l'agitant en l'air et en hurlant. J'aurais voulu qu'il soit chargé pour leur rendre la politesse.

Alors que nous nous tenions debout sous la pluie, ils me lancèrent une bouteille de whisky, tradition datant de notre période "livres de trappeurs". En dévissant le bouchon, je compris que ces gars-là en étaient restés à l'époque de ces récits romanesques. Moi aussi, en fait, dès que je me retrouvais avec eux, et je levai la bouteille pour en avaler de grandes gorgées.

Après avoir fait le tour de nos "Comment ça va ?", je réussis à leur demander ce qu'ils étaient venus faire ici. Comment étaient-ils arrivés jusqu'à moi ?

Cela les fit rire de nouveau : ils avaient une nouvelle histoire de motoneige à me raconter. Cette fois, ils avaient loué deux machines et avaient fait la course tout le long du chemin jusqu'aux premières avalanches. Ils en avaient franchi quelques-unes, mais avaient finalement laissé leurs engins à quelques miles en amont de la rivière et avaient marché le reste du chemin.

— On s'est cassé la figure une douzaine de fois, c'est tout, dit Rader.

Je les ramenai à ma tente, où Rader saisit un morceau de pain à frire que je m'apprêtais à manger pour mon petit déjeuner. Il n'était pas bien joli – une galette de six pouces de diamètre, d'un pouce d'épaisseur, brunie par endroits, noircie à d'autres, et qui pesait environ le poids d'un disque à lancer. De quoi vous tenir au corps. Rader le soupesa et déclara :

— Ah, encore une de tes pâtisseries fines.

Lorsqu'ils me demandèrent ce qui s'était passé ici, je plongeai dans ma cachette pour en sortir la peau du lynx. Rader, qui s'y connaissait, n'en revenait pas de sa taille. Voilà qui valait une fortune, me dit-il, probablement dans les quatre cents dollars. Deux mois de salaire. Je leur racontai comment l'animal était tombé de la falaise et s'était traîné jusqu'à moi, ce qui les impressionna encore plus. En les regardant admirer la superbe fourrure, je me demandai quel effet cela me ferait de la vendre et de m'en séparer pour toujours.

Mais pour finir, je les fis asseoir avec moi et leur demandai à nouveau la raison de leur visite. Ils n'étaient pas venus jusqu'ici simplement pour passer le week-end.

Rader jeta un coup d'œil en direction de Sponz, avec un grand sourire, et secoua la tête :

— Je me marie, dit-il. Samedi.

Il laissa passer un instant puis me demanda :

— Tu veux venir ?

Je les regardai l'un après l'autre et compris qu'ils ne plaisantaient pas.

— Vous êtes vraiment venus pour m'emmener ?

Rader fit oui de la tête. Je lui demandai comment ils comptaient s'y prendre, quand je reviendrais, par quel moyen, toute la logistique en quelque sorte. Assis à ma table, nous commençâmes à échafauder des plans. Rader me dit de prendre la peau de lynx et, moins d'une demi-heure plus tard, nous avions rejoint leurs engins et y entassions nos affaires. Avant de comprendre ce que je faisais, j'avais pris Boone sur mes genoux et m'étais installé derrière lui.

Les motoneiges se renversaient à chaque fois que nous passions une coulée de neige ou presque, jusqu'à ce que je me décide à descendre et à marcher. Avant même d'avoir atteint Magruder, nous avions mal au ventre à force de rire tandis que nous nous relevions après être tombés dans la neige et remettions les machines sur leurs skis. Nous faisions n'importe quoi mais, pour une fois, il n'y avait personne pour nous voir.

Une fois passé Deep Creek, les bosses s'aplanirent et notre progression devint plus aisée. J'éprouvais une impression étrange à survoler ainsi la route qui menait à la passe, à foncer devant des endroits comme Slow Gulch ou Blondie, tous ces lieux que je n'avais pas revus depuis l'époque où j'étais parti à la recherche de mon père et de mon frère. En passant devant les baraques, je racontai toute l'histoire à Rader, qui secoua la tête et me demanda si je plaisantais. Je commençais à penser plus sereinement à cette période de désespoir. Peut-être avais-je fini par avoir mon histoire à moi, quelque chose à raconter à mes amis. Mais cela en valait-il la peine, cela valait-il tout ce que mon père et mon frère avaient enduré ? Soudain, je n'en étais plus si sûr. Ce n'était pas là quelque chose que l'on pouvait comprendre immédiatement.

Dans la descente de la passe – enfin de retour dans le Montana –, Sponz nous dépassa à toute vitesse et fila comme une flèche avant de disparaître de notre vue. Nous le retrouvâmes un mile plus loin, titubant à la recherche de sa motoneige, le bonnet enfoncé sur les yeux.

Nous mîmes pied à terre et l'emmenâmes s'asseoir. Sa motoneige avait quitté la route et était presque ensevelie sous un arbre. Il avait été éjecté quand il avait heurté une congère et son engin avait continué sur sa lancée. Quand il avait réussi à se relever, à moitié assommé après être tombé sur la tête, il n'avait aucune idée de l'endroit où la moto avait pu atterrir. Une fois que nous fûmes à peu près certains qu'il allait bien, nous reprîmes notre route plus tranquillement en évitant de nous perdre de vue.

Une fois arrivés au *Deerslayer*, nous pûmes embarquer les motoneiges sur la remorque qu'ils avaient louée et démarrer. Je n'en revenais pas que tout aille si vite. Nous avions couvert en quelques heures une distance correspondant à deux jours de marche. À la sortie de Darby, j'aperçus Trapper Peak à l'ouest, encore bien enneigé. Puis je vis son autre versant depuis la vallée de la Bitterroot et, en un peu plus d'une heure, nous avions rejoint Missoula.

Notre première halte, chez Sponz, nous permit de prendre une douche. C'était tellement différent de mes minables petites toilettes avec mon éponge que je restai sous l'eau jusqu'à ce que Sponz vienne me demander si j'avais été englouti dans les canalisations. Il s'assit sur le siège des toilettes et me raconta des histoires pendant que je prenais un bain de vapeur. Quand il n'y eut plus d'eau chaude, je dus lui emprunter des vêtements. Ici, mes couches de laine superposées et mes bottes de peau auraient attiré l'attention.

Sponz et Rader étaient épuisés après leur journée de motoneige et tout le monde se coucha tôt. Rader emmena Boone dans son appartement car les chiens n'étaient pas admis dans la chambre de Sponz. Je dormis sur le plancher.

Le jour suivant débuta par un coup de téléphone de Rader m'annonçant qu'il avait laissé sortir Boone tôt le matin et qu'elle avait disparu. Pendant que Rader m'expliquait qu'il allait envoyer des messages partout et appeler les stations de radio, je jouais nerveusement avec le coin poisseux de l'adhésif collé sur le téléphone où étaient notés les numéros d'urgence. Je repensais à Boone hurlant toute la nuit au camp de chasseurs de Paradise. "O.K.", répondis-je, et je raccrochai. Il n'y avait rien d'autre à faire. Boone n'était jamais venue à Missoula auparavant, il n'y avait aucun endroit particulier où la chercher. Cela ne nous empêcha pas de faire un tour en voiture pendant plusieurs heures : aucune trace d'elle. Je traversai le campus, qui était ouvert de tous côtés et plein de chiens, pensant que cela aurait pu l'attirer. Mais je n'arrêtais pas de rencontrer des amis et il devint inévitable de prévoir une fête. Je m'y laissai entraîner, espérant recevoir un appel qui m'annoncerait qu'on l'avait retrouvée.

Les jours suivants s'organisèrent bientôt d'une manière aussi régulière que l'avaient été mes premiers jours dans la Selway quand je cherchais à tuer le temps. Dès les premières lueurs du matin, je partais marcher seul dans la ville encore tranquille à la recherche de Boone. Un matin, je passai le pont au-dessus de la Clark Fork et aperçus des canards. Je me sentis comme nu, sans mon fusil à l'épaule. Je descendis au bord de l'eau pour chercher Boone. À chaque tournant, j'espérais la voir se ruer vers moi à travers la neige et les broussailles, comme elle le faisait quand elle n'avait pu s'empêcher de partir à la poursuite d'un cerf. Mais il n'y avait pas de neige ici, et Boone ne se précipita pas sur moi.

Chaque soir, mon temps était pris par tous les gens qui avaient passé des semaines à fêter mon départ à l'automne précédent. Un soir, je sortis dîner avec une fille que j'avais rencontrée peu avant de partir dans les montagnes. Mais, une fois à l'intérieur du restaurant, je ne supportai pas de voir tous ces gens collés les uns aux autres. Je me sentais mal à l'aise à faire la queue au buffet tant j'avais perdu l'habitude d'avoir quelqu'un derrière moi, d'avoir à faire attention à qui que ce soit d'autre. À Indian Creek, le moindre mouvement signifiait quelque chose – une présence, un danger. Ici, il y avait simplement du mouvement partout.

De retour à ma table, je regardai la file d'attente et vis que c'était simplement une file d'attente, que personne ici n'avait de mauvaises intentions. Je remarquai que les hommes portaient des jeans très serrés, avec des étoiles incrustées dans leurs poches arrière. Ces jeans ne tiendraient jamais le coup dans la montagne : ils absorberaient l'eau comme des éponges et ceux qui les portaient seraient bientôt complètement gelés. En même temps, je savais que ça n'avait aucune importance puisque personne ne les porterait jamais là-bas.

Je trouvais étrange d'être servi, de voir arriver devant moi des plats sans que j'aie à lever le petit doigt. Mais cela me passa dès la première bouchée de salade. J'avais oublié à quel point les légumes m'avaient manqué.

Après le dîner, je partis dans l'obscurité à la recherche de Boone, accompagné de la fille qui était aussi inquiète que moi. Je pensais à

Beau, le chien de Brian, qui s'était perdu dès sa première sortie dans la montagne sur la piste des pumas. Je me demandais ce que Boone était allée poursuivre dès sa première sortie hors des montagnes. Au moins, ici il n'y avait pas de coyotes.

Le mariage se passa à peu près bien, et pourtant Rader et à moi n'avions pas fermé l'œil la nuit précédente. C'est grâce à Sponz que la journée avait pu commencer normalement : c'est lui qui avait traîné Rader sous la douche et l'avait habillé à temps pour la cérémonie. Je me tenais en retrait, à l'étroit dans mon costume d'emprunt, un peu vaseux après toutes ces nuits où je m'étais couché si tard. Je regardais ces deux-là devant l'autel en me demandant quand tout ça était arrivé, comment ils étaient passés de quelques rendez-vous au mariage dans un laps de temps qui me paraissait, maintenant que je n'étais plus là, ridiculement court. Pendant que le prêtre parlait, je m'inquiétais à propos de Boone.

La fête dura tout le week-end, et je suivis le mouvement, étourdi par tout ce que je voyais, tous ces gens, toutes ces discussions. Je racontai quelques anecdotes sur ma vie dans la vallée de la Selway, mais je restais le plus souvent silencieux parmi la foule, appuyé contre un mur, en essayant de déchiffrer ce qui se passait. La Selway n'était pas la chose la plus aisée à décrire, et les gens étaient restés les mêmes, toujours prêts à faire la fête entre étudiants, toujours aussi insouciants.

Et toujours aucune nouvelle de Boone.

Le lundi qui suivit le mariage les choses se calmèrent un peu. Les étudiants retournèrent en cours et les parents rentrèrent chez eux. Rader m'emmena chez *Pacific Hide and Fur* avec la peau de lynx. Je n'avais jamais rencontré de marchand de fourrure jusqu'alors et je regardai celui-ci redonner du volume à la peau du lynx, prendre des mesures, mettre le doigt sur des défauts invisibles.

Il nous fit tout un numéro avant de proposer un premier prix – quatre cent vingt dollars. Je fus un peu surpris, mais j'avais déjà commencé à avoir des hésitations. Quand il commença à parler d'autorisations, de bagues, de permis, à râler à propos des contraintes que lui imposait le *Fish and Game*, je fus de moins en moins convaincu d'avoir envie de vendre la peau.

Finalement, quand l'acheteur comprit que nous n'avions pas d'autorisation, Rader prit les choses en main et réussit à lui faire admettre qu'il y avait moyen de s'arranger – même s'il nous expliqua qu'il ne pourrait évidemment plus payer le prix fort. Rader voulait avoir une idée de ce que la fourrure nous rapporterait, et l'acheteur dit qu'il pouvait peut-être aller jusqu'à cent cinquante dollars.

C'est ce qui me décida. Je repris la peau, qui avait été joliment regonflée et lissée par la main experte de l'acheteur, et sortis.

Je pensais au vieux lynx accroché au cerf, les dents trop usées pour pouvoir l'achever mais refusant de lâcher prise même lorsque le cerf s'était jeté du haut de la falaise et, le corps brisé, se retournant pour tenter de donner un coup de griffe à Boone, tandis que je m'approchais de lui avec un caillou. Pourquoi donc vendre cette peau ? N'importe qui n'y verrait qu'une belle fourrure. Je n'avais pas besoin d'argent au point d'assassiner ainsi mon histoire de lynx.

Rader tentait de trouver d'autres solutions et je fis semblant de l'écouter au lieu de lui dire la vérité. Il était marié maintenant, et devait se préoccuper d'argent et de sécurité. Et puis, il n'avait pas vu ces féroces fentes jaunes dans les yeux du lynx. Nous devions rentrer au campus, où Rader avait cours, et je changeai de sujet plutôt que d'essayer de lui expliquer cela. C'était une chose que l'on comprenait immédiatement ou pas du tout.

Après avoir pris congé de Rader, j'allai encore une fois faire ma vaine ronde dans le campus à la recherche de Boone. Je tombai sur un ami dans le terre-plein central et nous étions en train de bavarder lorsque son regard se fixa par-dessus mon épaule sur quelque chose derrière moi.

— Mais c'est pas ton chien, là ? demanda-t-il.

Je me retournai instantanément et vis Boone venir vers moi en trottinant, souriant comme sourient les chiens, comme si elle rentrait tout juste de l'une de ses petites balades dans notre prairie. Elle était partie depuis quatre jours. Je me roulai avec elle dans l'herbe détrempée au milieu du campus.

Maintenant que Boone était revenue, j'étais prêt à repartir à Indian Creek. Il fallait que je m'occupe des poissons et j'en avais assez de m'imposer aux uns et aux autres, hébergé chez Sponz et traînant avec Rader, le jeune marié. J'en avais assez de passer mon temps à boire et à bavarder. J'avais envie d'être dans ma tente.

Nous n'avions pas les moyens de louer à nouveau deux motoneiges, ni même la remorque pour les charger. Rader et moi empruntâmes donc un vieux camion délabré, qui nous traîna tant bien que mal jusqu'à Hamilton où nous louâmes une seule machine. Nous n'eûmes plus qu'à la mettre à l'arrière du véhicule et à midi nous étions au bout de la portion de route dégagée, à trente-cinq miles de ma tente. Il faisait beau, le soleil brillait et la neige fondait déjà un peu en surface, par-dessus la couche durcie. La veille au soir, nous avions encore fait une fête d'adieu à tout casser, comme à l'automne précédent, et nous étions tous deux fatigués et ratatinés.

Une fois sur la motoneige, nous nous dirigeâmes en direction de la passe. La neige était collante et accrochait aux skis, au bout d'un mile le moteur avait perdu de sa puissance. Il fallut débarquer Boone, mais elle n'eut aucun mal à rester à notre niveau en trottant à nos côtés.

Quelques centaines de yards plus loin, la machine s'arrêta net. Le moteur tournait, mais nous n'avancions pas. Nous mîmes pied à terre et nous regardâmes. Sous le capot, la courroie était toujours en place. C'était la seule chose que nous savions réparer.

— Peut-être qu'on a percé le cylindre, dit-il.

L'homme qui nous avait loué la motoneige nous avait avertis de ce danger, ainsi que de l'état de la neige et du risque qu'il y avait à être deux sur une machine. Il avait reconnu Rader et avait semblé se souvenir vaguement de l'état dans lequel certaines motos lui avaient été rendues dans le passé.

Il n'y avait plus qu'à laisser refroidir le moteur. Rader s'assit sur le siège de plastique noir tandis que je me laissais tomber dans un amas de neige, bien enveloppé dans mes couches de laine. Cela nous donna l'occasion de parler un peu de choses sérieuses, pour une fois que nous étions seuls et que nous n'avions pas bu. La conversation tourna essentiellement autour du mariage, qui était quelque chose de nouveau, d'inconnu, d'aussi difficile à envisager que mon hiver ici l'avait été l'automne précédent. Effrayant pour les mêmes raisons.

Quand le moteur nous parut suffisamment refroidi, Rader redémarra et lui fit faire deux cents yards de plus pendant que je marchais à côté. On n'y arriverait jamais.

Nous nous retrouvâmes de nouveau assis dans la neige.

Rader pouvait me ramener à Missoula, mais il était trop tard pour faire une nouvelle tentative en direction de ma tente. Nous n'avions plus les moyens de louer une nouvelle machine même si le type nous laissait lui en démolir encore une. Je lui dis que je ne pensais pas pouvoir abandonner plus longtemps mes poissons à leur sort. Un arbre pouvait tomber en travers du bassin, par exemple. Ou il pouvait y avoir du blizzard. Il pouvait arriver n'importe quoi.

Nous restions plantés là et commencions à éviter de nous regarder.

— Il est déjà une heure, dit-il.

Nous n'avions encore rien mangé ce jour-là, la gueule de bois nous avait coupé l'appétit.

— Tu n'as pas de sac de couchage, non ? demanda-t-il.

Il connaissait la réponse : je n'avais pas de bagage.

Je secouai la tête.

— Et rien à manger non plus.

— Et des raquettes ?

Je fis non encore une fois.

— Tu as dormi combien de temps la nuit dernière ?

Nous avions tous deux commencé à sourire.

— Oh, à peu près une heure.

— Eh bien, qu'est-ce que t'attends ? Salut.

Cela nous fit rire, mais je lui dis que je pensais quand même y aller à pied. Il trouvait que ce n'était pas du tout une bonne idée, et il avait raison, mais je ne voulais pas retourner à Missoula. Je n'avais pas envie d'arriver chez Sponz et de lui annoncer qu'il n'en avait pas encore fini avec moi. Je ne voulais pas que Rader ait à expliquer à Lorrie qu'il allait devoir me raccompagner une nouvelle fois. J'avais épuisé les charmes de Missoula et j'étais prêt à rentrer chez moi.

Je lui assurai que je pouvais toujours m'arrêter chez Blondie ou à Slow Gulch si les choses tournaient mal, et nous nous levâmes.

— Tu es sûr ? demanda-t-il.

Je fis oui de la tête. Une poignée de main, et le voilà qui décrivait déjà un cercle en faisant pétarader la motoneige.

— Ça marche très bien en descente, dit-il.

— Génial.

— Bonne chance, me cria-t-il et, tandis qu'il redescendait lentement la route, j'entamai la montée vers la passe et la Selway et, tout au bout, Indian Creek.

Au bout d'une heure, le soleil avait tellement ramolli la neige que mes pieds s'enfonçaient sous la croûte à chacun de mes pas. La neige était assez dense pour que je ne m'enfonce que jusqu'aux genoux, contrairement à l'époque de la poudreuse où je m'étais enfoncé jusqu'aux hanches, mais j'avançais avec une lenteur exaspérante.

Tout là-haut, la réverbération du soleil était devenue aveuglante et mes yeux se mirent à couler, ce qui réveilla les maux de tête de la nuit. Je me demandai au bout de combien de temps on était aveuglé par l'éclat de la neige. Rader et Sponz étaient venus me chercher un jour de pluie et mes lunettes de soleil étaient restées dans la tente.

Pour tout arranger, Boone avait ses chaleurs et elle commençait à saigner. Elle marchait sur de petites distances, puis se frottait l'arrière-train dans la neige en gémissant. Je n'y connaissais pas grand-chose, et je me demandai si je n'allais pas hériter d'une portée de chiots après sa fugue à Missoula.

Je me sentais plutôt bien au moment où je franchis la passe. Désormais, il n'y avait plus qu'à descendre jusqu'à Indian Creek. Mais j'avais faim et Magruder était encore à quatorze miles. Je fis une halte chez Blondie, fatigué, mais surtout à cause du manque de sommeil. J'avais envie de m'arrêter, mais je ne voyais pas ce que j'aurais pu faire dans ce cas. Il faisait encore clair, je n'avais rien à manger, nulle part où dormir. Je continuai, suçant de la neige de temps à autre.

Je n'avais ni montre, ni réveil, et j'observais longuement le soleil en me demandant combien d'heures de jour il restait. Je n'avais pas non plus de torche et j'essayai de me rappeler où en était la lune, mais en ville je n'y avais pas fait attention, et je ne savais pas si j'aurais la moindre lumière.

Refaire le chemin que j'avais parcouru lorsque j'étais à la recherche de Paul et de mon père m'évoqua certains souvenirs de cette époque, mais c'est surtout à Missoula que je pensai la plupart du temps, et à cette folle équipée la semaine précédente sur les motoneiges. J'avais du mal à croire que j'avais eu tellement envie de quitter Missoula et de revenir ici. Je mettais un pied devant l'autre, encore et encore, en me demandant comment j'avais pu passer l'hiver à rêver de m'échapper quelques jours. Qu'avais-je donc dans la tête ?

J'avançais en titubant, à moitié inconscient, et finis par atteindre Magruder au moment où il commençait à faire trop sombre pour que je puisse voir ce que je faisais. J'étais épuisé comme je ne l'avais jamais été, trop éreinté même pour allumer le gaz. Je trouvai des abricots en conserve dans la cave et les mangeai. Après avoir rempli le poêle je m'assis sur la grille en attendant que le feu prenne, pour évacuer la froidure de ma sueur qui commençait à sécher.

Pour la première fois, Magruder ne me sembla plus si confortable. Ce n'était rien qu'un refuge. Si je n'avais pas été si exténué, j'aurais poussé jusqu'à Indian Creek. Je l'avais même envisagé en atteignant la Selway. Après ces vingt-cinq miles, les dix derniers qui me séparaient de ma tente apparaissaient comme un saut de puce sur un chemin dont je connaissais chaque pouce, et cela faisait déjà un certain temps que j'étais en pilotage automatique. Mais il me restait suffisamment de sens commun pour voir que ce serait une folie, et je remis cela au lendemain matin.

Dès que je fus séché et réchauffé, je me glissai dans des sacs de couchage et m'endormis instantanément. Je fus réveillé le lendemain matin par une souris qui tirait sur ma barbe et, après avoir vérifié que le feu était bien éteint, je me lançai dans la dernière et pénible étape. Avant midi, j'étais chez moi. J'avais pensé que je serais affamé, mais après avoir vérifié le bassin et constaté que tout allait bien, j'emmenai Boone le long des berges d'Indian Creek, m'étendis sur la terre cuite par le soleil sous un pin ponderosa, et m'endormis profondément.

XIX

Dès que j'eus rangé mon campement et pris soin du bassin, je montai en haut d'Indian Ridge, la neige verglacée crissant sous mes pas. Une fois au sommet, je chaussai les raquettes que j'y avais laissées et repris mon chemin. Je marchai jusqu'au point d'où l'on voyait Trapper Peak, qui gardait l'entrée de la Bitterroot Valley. Là, je m'assis sur un rocher et restai à contempler le paysage. C'était sans doute le meilleur point de vue sur la montagne. Tapie là-bas dans le lointain, ses détails devenus indiscernables, elle se transformait dans ma tête en une image parfaite.

Je restai là toute la journée, et ne redescendis à Indian Ridge qu'un peu avant la tombée de la nuit. Je raccrochai mes raquettes dans leur arbre et repris péniblement le chemin du retour en marchant dans la boue marron et liquide entre les blocs de rochers qui s'étaient détachés de la colline.

La pluie s'installa peu après, généralement mêlée à de la neige le matin, et je restai dans ma tente à m'acquitter de toutes les corvées que je pouvais trouver. Dans l'un des livres d'Angier je tombai sur des instructions pour fabriquer une fronde – pas un jouet, mais une véritable arme comme celle que David utilisa contre Goliath.

Je découpai un petit sac de cuir et des lanières, les attachai ensemble, puis sortis sous le crachin faire un essai.

Je ramassai un caillou de la taille d'un œuf de rouge-gorge, le fis tournoyer au-dessus de ma tête, trois fois, comme c'était dit dans le livre, puis je lâchai une des lanières. Le caillou s'envola vers les arbres – derrière moi. J'éclatai de rire et m'éloignai hors de portée de la tente avant de ramasser un autre caillou. Bientôt j'en fis voler dans toutes les directions possibles et imaginables, approchant même parfois l'endroit visé. Au bout d'un moment j'eus l'impression que mon bras était près de tomber, mais je maîtrisais suffisamment la technique pour envoyer mes cailloux devant plutôt que derrière moi. Si Goliath s'était aventuré dans ma prairie, ça aurait saigné.

Je m'entraînais tous les jours, déambulant sous la pluie fine non loin de chez moi. Je lançais des cailloux dans le flot bouillonnant de la rivière, et réussissais parfois à atteindre les rochers que je visais.

Malgré la pluie persistante, mon énergie semblait augmenter de jour en jour, au fur et à mesure de l'avancée du printemps. La neige commença à disparaître de la prairie, ne laissant subsister que les traces des chemins que j'avais empruntés tout l'hiver, étroites lignes blanches, souvenirs de mes allées et venues. Un soir, un couple de harles fit son apparition sur la rivière en amont de mon campement, à l'endroit où l'élan avait traversé. Leur plumage noir et blanc lançait des reflets tandis qu'ils rasaient la surface de l'eau, sortant à peine la tête de la rivière tant ils étaient occupés à chercher de la nourriture. J'avais presque oublié que ce genre d'animaux reviendrait forcément.

Je continuais à marcher par tous les temps. Les cris du tétras et de la gélinotte résonnaient à travers bois, si faibles que je ne savais si je les entendais ou si je les sentais simplement vibrer. Je commençais à repérer régulièrement des traces d'ours. Tous les jours je croisais des hardes de cerfs, et souvent un ou deux groupes d'élans. Mais jamais je ne parvins à voir le moindre mouflon. Il y avait des bois de cerfs partout sur le sol, tel le chaume après la moisson, et je ramassais et traînais les plus impressionnants près de ma tente où j'en fis un tas parfaitement inutile. Il y avait quelque chose de fascinant dans ces bois, et je ne pouvais tout simplement pas accepter de les abandonner sur place pour ne plus jamais les revoir.

Un soir où je remontais la rivière en traînant derrière moi une énorme paire de bois dont j'avais trouvé les deux éléments à près d'un mile l'un de l'autre, j'aperçus dans le ciel un petit point noir qui tournoyait. Je m'arrêtai pour le regarder. Le point grandissait à mesure qu'il se rapprochait, et je finis par reconnaître un aigle. Il s'avançait dans ma direction, les ailes collées au corps comme celles d'un faucon, poussant des cris à l'approche du sol, sa tête et sa queue blanches et brillantes dans la lumière du soleil.

Je cherchai du regard ce sur quoi il était en train de fondre, sans rien trouver. Alors qu'il semblait près de s'écraser sur les arbres il ouvrit les ailes et remonta en hurlant, emporté à toute vitesse par son élan. Comme il commençait à prendre de la hauteur, il ralentit et plaqua de nouveau ses ailes contre son corps. Puis il s'arrêta complètement et resta immobile un instant avant de retomber en arrière et de plonger à nouveau, reprenant de la vitesse puis remontant vers le ciel, manquant de peu le sommet des arbres. Je le regardai monter et descendre encore et encore jusqu'au moment où, ayant trouvé un courant ascendant, il remonta se perdre dans l'immensité du ciel. Je poussai un grand cri d'enthousiasme, incapable de rester immobile après un tel spectacle. Cet aigle était à l'image de mes sentiments.

Quand le beau temps arriva, une multitude de petits papillons bleu ciel fit son apparition : ils voletaient autour de mes jambes lorsque je marchais. Boone, elle, ne se lassait pas de les chasser. Je me mis à préparer mes repas dehors plutôt que de rester enfermé dans la tente enfumée et surchauffée. J'attendais allongé dans l'herbe que le repas soit prêt, observant les fourmis et les mouches vertes irisées, lourdes et rondes, qui se déplaçaient sur le sol humide. De minuscules fleurs sauvages surgissaient de partout en petites taches jaunes et bleues. Je fus étonné de ne m'être pas vraiment aperçu que tout cela avait disparu durant l'hiver.

D'autres harles arrivèrent, ainsi qu'un couple de garrots à œil d'or. Puis les vrais canards commencèrent à s'agiter. D'abord des sarcelles à ailes vertes. Je tentai de les chasser, sans succès. J'avais l'habitude des grouses, qui m'observaient avec intérêt tandis que je les visais, mais les sarcelles s'envolaient dès l'instant où elles m'apercevaient, le fusil encore sur l'épaule.

Comme l'eau des ruisseaux et des rivières continuait à monter, charriant de plus en plus de terre et de limon, j'avais un peu plus de travail autour du bassin. Il fallait réduire au minimum le débit du cours d'eau, car le limon charrié par les eaux de fonte était suffisamment lourd pour étouffer les saumons sous les rochers où ils se cachaient. Je posai une barrière à la sortie du bassin – en réalité un réservoir rudimentaire. Si les saumons commençaient à partir, ils se rassembleraient à cet endroit jusqu'à ce que je puisse les compter avant de les relâcher.

Mais pas un saumon ne se montra.

Le beau temps s'installa pendant quelques jours et je commençai à faire des marches encore plus longues. Dès qu'il faisait plus de cinq ou dix degrés, j'étais souvent obligé de nouer ma chemise autour de ma taille. Après ce long hiver, j'avais failli oublier qu'il finirait par faire chaud de nouveau. Un jour, les températures atteignirent les quinze degrés et j'avançai en titubant sous la chaleur.

Je finis par trouver un moyen de contourner les falaises d'où j'avais failli tomber et me dirigeai vers Sheep Creek, où je fouillai la vallée à la recherche de mouflons. Les versants étaient vierges de tout arbre, ils avaient retrouvé leur couleur verte avec la fonte des neiges et laissaient apparaître, de place en place, des fragments de roches grises. Une seule fois, je vis un troupeau d'une quinzaine de mouflons, mais il était si tard et ils étaient si loin que je n'étais même pas sûr qu'il ne s'agissait pas de cerfs. Je pris le chemin du retour, espérant toujours voir un mouflon de près. Je n'en avais jamais vu en liberté.

Un matin je trouvai des laissées d'ours dans ma prairie. Penché sur le tas noirâtre, je jetai un coup d'œil rapide aux arbres qui m'entouraient. Ma tente était pleine de friandises dont raffolent les ours, comme le beurre de cacahuètes ou le miel. Je rentrai et chargeai mon arme en imaginant le bruit qu'elle ferait si je devais abattre un ours dans ma tente au beau milieu de la nuit. Je me souvenais que l'élan avait mis quelque temps à s'en émouvoir, et je me demandai si cela aurait la moindre influence sur un tel prédateur.

Je me mis à chercher des ours pendant mes sorties, n'en ayant jamais vu non plus en liberté. Je trouvai encore des excréments, des traces, et même de jeunes arbres déracinés et couverts de marques contre lesquels ils s'étaient frottés pour se débarrasser de leur fourrure d'hiver ; les branches nues étaient collantes de sève avec de longs poils accrochés partout. Après avoir observé de près l'un de ces arbres, je me mis à marcher plus silencieusement, certain que l'ours n'était pas loin. Quand j'arrivai en haut de la crête, je me retrouvai à vingt pas d'un énorme cerf. J'étais tellement obsédé par l'idée de trouver un ours que je manquai suffoquer, convaincu, l'espace d'une seconde, d'être tombé sur ce que je cherchais.

Le cerf ne s'enfuit pas. Au contraire, il resta là, tendu, attentif, les oreilles fébriles, le museau frémissant. Il changea nerveusement de position, puis fit un pas en avant dans ma direction, puis un autre. Je ne comprenais pas ce qu'il faisait. Le cerf continua à avancer vers moi et, pendant un instant, je me demandai s'il pouvait être dangereux. Je n'avais pas bougé et Boone se tenait contre moi, pétrifiée.

Le cerf s'approcha à une dizaine de pas, puis il changea soudain de direction en poussant une espèce de glapissement bizarre. Il dévala la colline en bonds heurtés, les pattes raides, puis s'arrêta, le museau levé. Il était quasiment à ma hauteur et mon odeur, ou celle de Boone, était perceptible. En un éclair, il disparut.

Je partis à sa poursuite car j'avais envie de découvrir où il irait une fois passée la colline qui se trouvait devant moi et où il savait que je ne pouvais plus le voir. Je voulais savoir s'il continuerait tout droit, ferait un détour, ou s'arrêterait tout simplement. Je jetai un coup d'œil vers l'autre versant pour vérifier qu'il n'y avait pas de signe de présence d'un ours, puis remontai sur la crête pour essayer d'apercevoir le cerf.

Ce que j'aperçus à la place, c'étaient des mouflons, presque roux, beaucoup plus clairs que des cerfs, qui paissaient alignés en file. Ils étaient au vent et me tournaient le dos, le plus proche à une trentaine de pas. De temps en temps, deux d'entre eux levaient la tête et vérifiaient ce qui se passait en contrebas avant de se remettre à paître. Plusieurs secondes passèrent avant que le dernier de la file ne lève sa lourde tête pour surveiller la pente. Avant de se remettre à manger, il jeta un coup d'œil derrière lui. Son regard se fixa sur mon visage.

Sa mâchoire s'immobilisa en pleine mastication et ses pattes se crispèrent. Il se retourna en quelques mouvements raides pour me faire face. Les autres continuèrent à paître pendant quelques instants avant que le plus gros ne se retourne et n'aperçoive mon mouflon, pattes tremblantes et regard fixe. Il fit alors un demi-tour rapide qui alerta les autres et, dans le vacarme de l'éboulis ainsi déclenché, tous les mouflons furent bientôt alignés face à moi. C'étaient tous des béliers, la tête encadrée par leurs énormes cornes, qui me regardaient fixement. À voir leurs têtes toutes dirigées vers moi, je me souvins de m'être demandé si un cerf pouvait être dangereux. Si les mouflons décidaient de charger, je n'atterrirais qu'une fois arrivé au niveau de la Selway.

Soudain, il se produisit une bousculade au-dessus de moi et un petit bélier déboula le long de la pente et traversa le groupe qui me faisait face. Il n'en fallut pas plus. Tous se précipitèrent à sa suite. Je restai le sourire aux lèvres, à regarder la dernière croupe blanche disparaître au détour de la colline.

Parti à la recherche de l'ours et à la poursuite du cerf, voilà que je m'étais retrouvé face au mythique mouflon des Rocheuses, apparu comme par enchantement sur mon territoire.

Il semblait s'y trouver des quantités inépuisables d'animaux. Sur le chemin du retour, ce soir-là, alors que je traversais les bois touffus de la vallée, j'eus soudain une peur bleue en voyant surgir une masse indistincte au niveau de ma tête : je me baissai juste à temps pour apercevoir un autour essayant désespérément de m'éviter sans pour autant lâcher l'écureuil qu'il tenait entre ses serres. En une seconde, il avait disparu de ma vue, s'enfonçant parmi des branchages si épais que je n'aurais jamais imaginé que quoi que ce soit puisse y pénétrer, et je me retrouvai le cœur battant à tout rompre. Une fois encore, j'étais arrivé trop tard.

De nouveau je marchais, marchais, et les jours s'allongeaient, mais je les aurais voulus plus longs encore. J'avais l'impression de n'avoir pas assez de temps pour voir tout ce que j'avais besoin de voir. Tout là-haut au sommet, je restais à regarder les orages approcher, les nuages se déchirer sur les crêtes déchiquetées. J'étais parfois obligé de me cacher sous un arbre pour me mettre à l'abri des averses de grêle. J'éclatais de rire au milieu du vacarme de l'orage et du vent, si violent qu'il couvrait le son de ma voix, et je donnais des bourrades à Boone devant un tel déchaînement. À peine l'orage passé, nous nous mettions à courir au milieu des grêlons qui crissaient sous nos pas, prêts à s'évaporer dès que le soleil pointerait à travers les nuages échevelés.

Mais, malgré mon excitation, il me fallait manger, et pour cela je devais cuisiner : j'avais négligé cet aspect des choses pendant que je passais mon temps à parcourir les collines et j'avais fini par épuiser toutes mes provisions. Je dus faire une pause d'une journée pour cuire du pain et préparer des pots de haricots et autres friandises, gâteau ou pudding.

La chaleur de mon fourneau m'empêchait de rester sous la tente, mais je ne pouvais guère m'éloigner. Toutes les heures, il me fallait pétrir la pâte qui levait ou sortir un plat du four. Je pensais à Rader se moquant de mon pain cuit à la poêle, et j'aurais voulu qu'il me voie à présent sortir de mon vieux four délabré un pain à la forme parfaite.

Finalement, il ne me resta plus qu'à préparer le plat de résistance : une grouse que j'avais trouvée au sommet de la crête, poussant son grondement grave. Quelques semaines auparavant, j'avais tué un écureuil et, en le vidant, je m'étais aperçu qu'il s'agissait d'une femelle gravide. J'avais tué six écureuils d'un seul coup de fusil. Après cela, j'avais cessé de chasser les écureuils. J'avais épargné les grouses pour la même raison, mais, à son grondement, j'avais reconnu celle-là comme un mâle et je n'avais pu résister.

En attendant que mon festin soit cuit, je m'assis sur ce qu'il restait de mon tas de bois pour profiter des derniers rayons du soleil en cherchant des tiques, les derniers animaux réapparus avec le printemps. Je venais d'enlever ma chemise quand j'entendis un grondement. Je me redressai sur ma souche et me tournai vers l'extrémité de la prairie tandis que le vacarme se faisait assourdissant. Peu après, je vis apparaître un gros chasse-neige jaune, suivi par un camion des Eaux & Forêts.

Je restai interdit. En dehors de quelques avalanches, cela faisait près d'une semaine que les routes étaient parfaitement dégagées. Le chasse-neige poursuivit son chemin, mais la camionnette s'arrêta et un employé des Eaux & Forêts que j'avais rencontré l'automne précédent en descendit. Nous nous serrâmes la main avant de discuter un moment. Il leur avait fallu une semaine pour dégager la route et il pestait contre ces fichues avalanches qui avaient été atrocement difficiles à franchir. Comme si ç'avait été la faute des avalanches, ou peut-être la mienne.

Ils avaient l'intention de descendre jusqu'à Paradise, au bout de la route, et de rentrer avant la nuit : il ne resta donc pas longtemps. Ils dégageaient la route pour les chasseurs d'ours qui, me dit-il, exigeaient qu'ils ouvrent de plus en plus tôt chaque année.

Je les remerciai de s'être arrêtés et retournai dans ma tente pour réfléchir. J'y étais encore lorsque, quelques heures plus tard, ils repassèrent dans le grand vacarme de leurs engins en klaxonnant au passage.

La route était ouverte. Je pouvais maintenant me déplacer en camion, aller jusqu'à Paradise ou Magruder pour prendre un bain. Je pouvais même aller jusqu'au Montana, à Missoula. Je pouvais aller où je voulais. Cela me faisait un effet étrange et je ne savais pas quoi penser. J'ignorais si j'avais envie d'aller où que ce soit. Je craignais de passer à côté de quelque chose si je partais.

Après un hiver passé à rêver de m'échapper quelques jours, je n'avais plus envie de sauter dans mon camion pour m'en aller. Je restai dans la montagne à regarder le printemps s'installer et transformer mon univers.

XX

Il neigea très fort le lendemain de l'ouverture de la route, mais le jour suivant les températures remontèrent et, peu de temps après, je commençai à avoir des visites. Plusieurs personnes des Eaux & Forêts vinrent me voir sans raison évidente. Les gardes revinrent, eux aussi, restant plus longtemps à présent qu'ils pouvaient circuler comme ils l'entendaient. Ils racontaient tous des histoires horribles sur les difficultés qu'ils avaient eues à franchir la passe – il n'y avait encore que deux ornières creusées dans la neige – mais ça ne les empêchait pas de venir. Je vis même Brian, le chasseur de pumas, et nous prîmes un verre ensemble. Il allait préparer le campement du pourvoyeur de Paradise en prévision de l'arrivée des chasseurs d'ours.

Mais maintenant que nous n'étions plus emmitouflés jusqu'aux yeux pour nous protéger du froid et que n'importe qui pouvait franchir la passe sans difficulté, une différence essentielle apparut entre les étrangers et moi : ils étaient propres. Ils n'étaient pas comme les chasseurs de lions qui restent dehors durant des jours. Les employés des Eaux & Forêts et les gardes portaient des uniformes immaculés et parfaitement repassés. Même Brian avait l'air moins sauvage avec ses vêtements légers et ses cheveux propres.

Moi, je ressemblais à un homme des cavernes.

Le premier après-midi de beau temps, je traînai un baquet à l'extérieur de ma tente, bourrai mon poêle à craquer, et posai la grande marmite dessus. Comme toujours, il fallut attendre des heures que l'eau soit chaude, mais au moins je pouvais cette fois rester à l'extérieur de la tente, transformée en étuve, et lorsque je me versai de l'eau sur la tête en plein soleil j'eus une impression de luxe inégalée.

Je me mis à danser nu au soleil pour me sécher, mais il me sembla bientôt entendre un grondement de moteurs au loin et je me précipitai à l'intérieur pour y chercher des vêtements. Ce n'était qu'une fausse alerte, mais, assis devant ma tente, les cheveux encore humides, je commençai à comprendre que cet endroit ne m'appartenait plus.

Le temps continuait à s'améliorer, dépassant même un jour les vingt degrés, température que je n'avais jamais vue sur les thermomètres des Eaux & Forêts. Des fleurs jaillissaient de partout à mesure que la neige fondait et je me promenais avec un guide des fleurs sauvages que ma sœur Ellen m'avait envoyé. Les trilles étaient sortis juste avant les érythrones dent de serpent, et maintenant les claytonies et les apios envahissaient ma prairie. De grands papillons sombres aux ailes bordées de jaune ou de blanc, ainsi que d'autres espèces plus petites, tachetées de noir et d'orange, vinrent s'ajouter aux nuées de minuscules papillons bleu ciel qui étaient arrivés presque aussitôt après le dégel.

Je vis même un lièvre dont la fourrure blanche avait déjà retrouvé sa couleur grise.

Et, pour la première fois depuis mon arrivée à Indian Creek, je vis enfin mes poissons. Ils commençaient à quitter leur cache dans les rochers pour entamer leur long périple. Ils mesuraient à peu près un pouce de long, étaient de couleur rosâtre avec des taches sombres sur les côtés. Il leur restait encore un petit morceau de membrane vitelline rouge sur le ventre. Ils étaient trop petits pour faire quoi que ce soit, à plus forte raison nager sur dix-huit cents miles. J'avais pitié d'eux.

Les alevins se rassemblaient en bancs dans le bassin, sous les berges où j'avais découpé la glace tout l'hiver, et certains étaient si faibles que le flot qui passait à travers la barrière suffisait à les coincer contre les mailles sans qu'ils arrivent à s'en dégager. Ils mouraient sur place.

Je comptais les survivants dans un verre doseur, où je versais une once d'eau avant d'y ajouter les poissons un par un jusqu'à ce que le niveau de deux onces soit atteint. Il y en avait en moyenne cent dix par once. Je commençai à en laisser sortir tous les jours du bassin. Bientôt, j'en lâchai quinze cents tous les matins.

Les truites, bien sûr, étaient à la fête. Quelques saumons passaient au travers du réservoir, assez nombreux pour que les truites viennent faire la queue pour les guetter à la sortie du bassin. Un matin, je trouvai même deux truites cutthroat particulièrement audacieuses dans le réservoir lui-même. Elles avaient dû réussir à se glisser par la porte de l'écluse, à remonter le bassin sur toute sa longueur, dans à peine un pouce d'eau, et à se projeter jusqu'en haut de la cascade. J'en fis mon petit déjeuner. Elles avaient le ventre plein de mes minuscules saumons.

J'avais compris depuis longtemps pourquoi il y avait deux millions et demi d'œufs dans le bassin. J'avais compris la stratégie de reproduction des saumons, qui consistait à se rassembler en masse et à remplir les cours d'eau de beaucoup plus de poissons qu'il n'en pouvait être consommé. Mais, en voyant les truites éventrées laissant jaillir tous ces alevins, je pris conscience des conséquences réelles de cette stratégie. Après avoir survécu à la rigueur d'un hiver glacial, les minuscules saumons allaient courir au massacre.

Après la circulation intense des premiers jours qui avaient suivi l'ouverture de la route, celle-ci semblait avoir perdu l'attrait de la nouveauté et le calme était revenu. Je continuais à marcher toute la journée après avoir relâché mes poissons, voulant éviter d'être surpris dans ma tente et de me trouver obligé de faire la conversation à des gens de passage. Tout là-haut, j'étais seul, et maintenant, au lieu de monter chercher le soleil, j'allais au contraire chercher la neige et le souvenir de l'hiver qui s'éloignait rapidement.

La route était dégagée depuis plusieurs semaines et, après une journée en raquettes sur les hauteurs, je me laissai glisser sur la pente boueuse de la vieille piste des Nez Percés à l'approche du soir. J'atteignis le gué sur la Selway et pris la route pour faire les quatre derniers miles qui me séparaient de ma tente. Il faisait presque noir mais, maintenant que la route était ouverte, je ne m'imposais plus de rentrer avant la nuit.

J'entendis bientôt des moteurs. Je quittai la piste et, au dernier moment, me jetai dans les buissons avec Boone. Nous vîmes passer deux camions immatriculés dans le Texas, tous phares allumés, chacun avec deux personnes à bord et des fusils accrochés à l'arrière. Je grattai les oreilles de Boone. Les chasseurs d'ours étaient arrivés.

Une fois les véhicules partis, je repris lentement ma marche dans l'obscurité. Cela ne me plaisait guère de voir arriver ces étrangers. Je trouvais injuste qu'après un tel hiver des gens puissent débarquer en voiture comme s'il n'y avait rien de plus naturel. Indian Creek n'était pas simplement un endroit où l'on pouvait venir tirer un ours ou deux. Ça ne se limitait pas à ça.

Je me rappelais combien je m'étais amusé à l'automne, avec les quelques chasseurs qui m'avaient invité dans leur campement. J'avais été gêné, en parlant avec eux, de voir tout ce qu'ils savaient sur la montagne. Mais voilà qu'arrivaient d'autres chasseurs, et je ne voulais pas d'eux ici.

Ils ne connaissaient rien à cet endroit. Ils ne savaient rien des skieurs qui faisaient demi-tour une fois arrivés au col, ni des nuits à moins quarante où les étoiles sont si nettes qu'on a l'impression de pouvoir les attraper. Ils ne savaient pas qu'il y avait eu quatre pieds de neige durant des mois, que les traces de neige qu'ils voyaient dans les prairies étaient mes pistes hivernales, compactées, qui résistaient au soleil. Ils verraient tout ça tel que c'était maintenant, sans savoir par quoi il avait fallu passer pour en arriver là. Cela me semblait injuste. J'avais l'impression d'avoir payé mon dû, et maintenant ces gens-là venaient profiter de ce que j'avais mérité à force d'efforts.

Quand je passai Raven Creek, où le lynx était mort, je ne me sentais guère mieux. Je parcourus les derniers miles mais, en arrivant à ma prairie, je vis les deux camions garés près de ma tente. Je m'assis dans les bois, attendant qu'ils soient partis avant de regagner la clairière dans l'obscurité.

Le lendemain matin, je venais de me mettre en route pour le bassin quand les camions revinrent, remontant la rivière en provenance de

Paradise. Cette fois, j'étais coincé. Deux couples sortirent des véhicules. Ils descendaient la colline en direction du bassin et se dirigeaient vers moi.

Ils se présentèrent et me serrèrent la main. L'une des femmes s'enticha de Boone : elle s'accroupit pour lui caresser la tête avec des ooh et des aah d'admiration. Boone était devenue une grande belle chienne à dominante berger avec quelques traits husky, et elle avait tant marché dans les montagnes qu'elle avait pris une apparence massive. Elle se tenait près de moi, ne sachant quoi penser de ces étrangers.

Les hommes avaient été informés par les rangers de West Fork que j'avais passé l'hiver ici et que, si quelqu'un devait savoir où se trouvaient les ours, c'était bien moi. Ils dirent qu'ils m'avaient attendu une bonne partie de la nuit près de ma tente.

Les poissons les intéressaient un peu, ainsi que mon histoire et ils conduisirent leurs camions jusqu'à ma tente pendant que je rentrais à pied. Je leur préparai du café, mais tout ce dont ils avaient envie d'entendre parler, c'était des ours.

Je ne tenais pas particulièrement à les impressionner avec mon récit, mais je fus tout de même déconcerté par leur manière d'évacuer le sujet. Je leur dis que je n'avais pas vu un seul ours, mais ils refusèrent de me croire. Ils avaient bien étudié la question : la Selway regorgeait d'ours, à un point tel que c'était l'une des rares régions où un chasseur avait le droit d'en abattre deux.

Ils en conclurent que je voulais les garder pour moi et en plaisantèrent. La femme n'arrêtait pas de caresser Boone qui semblait apprécier qu'on s'occupe d'elle. En réalité, ils étaient plutôt sympathiques, mais je n'étais pas disposé à leur apporter ma région sur un plateau.

Je les vis presque tous les jours ensuite. Ils faisaient une halte – ils apportaient des bières fraîches dans leur glacière – et cherchaient à savoir où j'avais vu des ours. Je le leur disais dès que c'était à plus de six ou sept miles de la route, ce qui les faisait rire : ils n'avaient pas de chevaux. Je riais avec eux.

D'autres chasseurs arrivèrent, et les guides revinrent avec leurs clients. C'étaient les chasseurs de lynx de l'hiver dernier, et j'étais content de les revoir. Nous passâmes quelques soirées sous leurs tentes, dans le sifflement des lampes à gaz, et les clients étaient quelque peu délaissés tandis que nous échangions nos anecdotes hivernales.

Un matin, Brian s'arrêta devant ma tente dans un grand dérapage et claqua violemment sa portière en descendant de voiture. J'étais dehors, occupé à tailler une nouvelle baguette pour mon fusil, et il s'approcha de moi à grands pas furieux. Du pouce, il désigna son camion, où étaient assis deux chasseurs qui regardaient fixement le tableau de bord. Ils étaient sur la route, me raconta Brian, à la recherche de traces, quand ils avaient aperçu un ours de l'autre côté de la rivière, en train d'avancer à travers l'épaisse végétation. Avant qu'il ait pu l'en empêcher, l'un des chasseurs était sorti d'un bond et avait tiré sur l'animal.

— Et il l'a touché en plus, dit Brian. Mais je ne sais pas s'il est gravement blessé.

Brian l'avait étrillé : il avait demandé à cet imbécile comment il comptait traverser la rivière pour rejoindre l'ours, et comment il croyait qu'ils allaient pouvoir le ramener à supposer qu'il l'ait tué ? Tout à son excitation, le chasseur n'avait évidemment pas pensé à ça.

Brian et moi allâmes voir la rivière, qui continuait à monter ; son flot de plus en plus impétueux grossissait de jour en jour.

— Je ne vois pas de meilleur endroit pour traverser, dit Brian.

Je parcourus mentalement la rivière et dus me rendre à l'évidence.

Pendant l'hiver, j'avais parlé à Brian de mes talents de nageur. Il m'avait dit que lui, en revanche, ne nageait pas très bien et il me demanda de l'aider à traverser. Je lui répondis : "Bien sûr", même si, à voir la vitesse du courant, je savais bien que cela ne changerait pas grand-chose.

Nous coupâmes des branches et Brian accrocha son fusil dans son dos. Puis nous entrâmes dans l'eau pour attaquer la traversée en nous appuyant fortement sur nos bâtons. Avant même d'être à mi-parcours, j'avais les jambes et les pieds complètement engourdis et, chaque fois que je levais un pied, le courant l'entraînait vers l'aval. Sans bâtons, nous n'aurions pas eu la moindre chance de réussir.

Une fois sur l'autre rive, nous nous assîmes pour masser nos jambes. La douleur était très vive là où les sensations revenaient et nous lâchions des jurons en souriant. Puis nous partîmes le long de la berge pour réactiver la circulation dans nos jambes.

En moins d'une heure, nous étions parvenus sur les lieux de la fusillade, un sous-bois abîmé près de la rive. Plusieurs feuilles étaient couvertes de sang et quelques arbustes avaient été complètement arrachés par les coups de dents rageurs de l'ours. Nous regardâmes autour de nous, et Brian attrapa son fusil. Je pris la hachette que je portais à la ceinture, et me mis à rire à l'idée de me défendre contre un ours avec un tel instrument. Encore des idioties à la Davy Crockett.

Nous suivîmes la piste sur plus d'un mile, mais les traces de sang se firent de plus en plus rares jusqu'à disparaître complètement. Puis nous perdîmes la piste, et Brian se remit à pester contre les chasseurs. Je pensais à l'ours blessé, à sa démarche chaloupée ralentie peut-être par la blessure, puis aux chasseurs qui attendaient dans le camion, complètement étrangers à cet endroit.

Brian et moi fîmes deux tentatives pour traverser la rivière avant d'être obligés d'abandonner et de retourner au gué proche de ma tente. Brian me remercia et, sans un mot à l'adresse des chasseurs, remonta, trempé, dans sa voiture avant de démarrer en trombe.

Je reçus aussi la visite de non-chasseurs, un jeune couple en Honda. Ils avaient lu leur carte d'une façon bizarre et étaient persuadés d'avoir pris un raccourci vers l'Idaho. Je ne pus m'empêcher de rire : ils étaient bien dans l'Idaho, mais très, très loin de Boise.

Ils restèrent un jour et demi et m'accompagnèrent jusqu'au sommet, où nous tuâmes une grouse pour le dîner. L'homme était cuisinier et il la prépara comme quelqu'un qui sait ce qu'il fait. Ce fut un vrai régal en comparaison de l'unique recette que j'avais utilisée tout l'hiver.

Ces deux-là, je les aimais bien. Ils me rappelaient ce que j'étais moi-même sept mois plus tôt, et ils ne prétendaient pas connaître les montagnes. Bienheureux ignorants qui ne faisaient pas semblant, contrairement à ce qui paraissait être devenu une attitude obligée chez les chasseurs.

Mais si les Honda parvenaient jusqu'ici, cela signifiait que bientôt n'importe qui allait débarquer. Et c'est précisément ce qui arriva. Je commençai à voir arriver la foule des week-ends, désireuse d'oublier l'hiver glacial et frustrant, même au prix d'heures de conduite difficile. La route, débarrassée de ses quatre pieds de neige depuis moins d'un mois, fut bientôt ravinée par les traces de pneus.

Je finis par rouler jusqu'à Missoula. Mes amis s'y trouvaient encore et nous nous lançâmes dans une nouvelle série de fêtes qui tentèrent d'égaler celles de l'automne précédent, mais je n'y trouvais plus le même élément de désespoir qu'alors. Je n'avais plus peur de partir. En réalité, j'en avais envie, triste seulement de voir qu'Indian Creek n'était plus ce qu'elle était devenue pour moi. L'endroit semblait être à tout le monde, à présent.

Je profitai de mon séjour pour appeler au Nevada, où m'attendait mon poste de maître-nageur au parc national. Oui, ils avaient du travail pour moi dès maintenant. J'appelai le *Fish and Game* de l'Idaho et demandai à parler à mon patron. Il pensait pouvoir trouver quelqu'un pour finir de relâcher le reste des poissons. Ce n'était pas un problème, me dit-il, de trouver quelqu'un pour quelques semaines au printemps. C'était autre chose de trouver quelqu'un pour un hiver entier.

Je retournai à Indian Creek. Il y avait maintenant deux nouvelles tentes dans ma prairie, des machins vert vif et orange. Je roulai et ne m'arrêtai pas avant d'avoir atteint ma tente. Nous étions toujours au printemps – à la mi-mai seulement –, mais le *vrai* printemps, l'ouverture des montagnes après l'ensevelissement de l'hiver, était maintenant passé. Je ne pouvais pas rester là, à voir arriver tous ces étrangers les uns après les autres.

J'escaladai Indian Ridge une dernière fois avec Boone. Je restai longtemps sous l'arbre où j'avais pendu mes raquettes durant tout le printemps. Je grattai l'oreille de Boone en essayant de ne pas penser à ce que j'allais faire d'elle. Au cours de mes brèves incursions à Missoula, je m'étais rendu compte qu'elle avait été amenée beaucoup trop jeune dans la nature et qu'elle n'avait pas la moindre idée de ce qu'était la vie citadine. En ville, elle ne restait pas près de moi comme elle en avait l'habitude dans les bois et, lors de mon dernier séjour, elle s'était une nouvelle fois perdue une journée entière. Elle avait tendance à pourchasser les voitures par l'avant, se plaçant devant elles en attendant que, tels des cerfs, elles fassent demi-tour et s'enfuient. Les autorités du parc n'acceptaient pas les chiens dans les logements saisonniers, mais de toute façon je voyais mal Boone passer la journée à m'attendre au bout d'une chaîne.

Je me levai enfin, lui tapotai les flancs et regardai une dernière fois le paysage en contrebas. Les montagnes barraient l'horizon à perte de vue. Au nord-ouest se trouvaient les grandes collines brûlées, toujours dénudées depuis l'incendie des années quarante. À l'ouest, invisible, le cirque géant qui s'était rempli de glace bleue après les pluies diluviennes de l'automne dernier. La terre couverte d'aiguilles de pin sous mes pieds avait gardé son odeur lourde et neuve, celle-là même que l'hiver m'avait fait oublier. Enfin, je pris mes raquettes dans les branches et les attachai sur mon dos. Tout était prêt en bas. Les raquettes étaient la dernière chose qu'il me restait à récupérer.

J'enjambai le tronc sur lequel s'était tenue la grouse lorsqu'elle avait lancé son cri guttural et redescendis de la crête. Le soleil brillait et chauffait depuis longtemps aussi, au lieu de déraper dans la boue, mes mocassins soulevaient-ils une poussière rougeâtre. Boone, comme à son habitude, fonçait devant moi en coupant les virages, exaltée par l'élan que lui donnait la pente. De temps à autre, elle se retournait dans un nuage de terre et de poussière pour vérifier que je la suivais toujours.

Quand j'atteignis le bas de la pente, je quittai la piste et suivis Indian Creek jusqu'à ma tente. Rader était déjà là à m'attendre pour m'emmener dans son break. Au lieu de nous éloigner, nous prîmes la route de Paradise. Il n'y avait qu'une solution pour Boone.

Les chasseurs texans campaient encore à Paradise. Rader s'arrêta à leur campement et resta assis au volant à examiner ses ongles pendant que je descendais avec Boone. Trois carcasses d'ours écorchés étaient suspendues aux perches à viande. Un ours écorché ressemble étrangement à un être humain, ce que j'ignorais avant ce jour-là.

Je me retournai lorsque les femmes et leurs maris sortirent des tentes. La femme qui s'était entichée de Boone s'agenouilla aussitôt devant elle pour la caresser. Ils étaient en train de préparer à boire et voulaient m'offrir un verre, mais je leur répondis que je n'avais pas le temps. Je leur demandai si mon chien les intéressait toujours.

Bien sûr, répondit la femme en levant les yeux vers moi, si je me sentais capable de me séparer de Boone.

Je leur avais déjà expliqué la situation auparavant, et répondis que je n'avais pas le choix.

Les chasseurs habitaient un ranch de cinq mille acres au Texas. Ou quinze mille, ou cinquante mille – je n'écoutais plus vraiment. Ils me dirent que Boone pourrait courir partout où elle voulait là-bas et qu'elle ne serait pas attachée. J'avais tellement hâte d'en finir que je ne pensai même pas à leur demander leur adresse.

Je serrai la main de tout le monde et laissai Boone à la femme qui allait maintenant s'occuper d'elle. Je remontai dans le *Deerslayer* et Rader conduisit en silence en direction de la passe. Mais il dut d'abord se garer pour laisser passer les camions qui arrivaient.

Je regardai par la vitre les parois compactes, sombres et humides des falaises entourant la Selway, puis le flot tumultueux de la rivière qui gonflait de jour en jour. Mes minuscules saumons étaient quelque part là-dedans, luttant pour leur survie dans ce chaos.

Quand la route fut dégagée, la voiture redémarra et je laissai derrière moi Boone, mon printemps et mes saumons. J'étais venu ici pour avoir une histoire à raconter, mais il se passa un certain temps avant que je ne trouve quelque chose à dire.

Épilogue

Après un autre été, où je travaillai comme maître-nageur à Lake Mead, je passai l'hiver suivant à voyager en Nouvelle-Zélande avec un sac à dos, avant de rentrer à Missoula pour obtenir mon diplôme de biologie animale. Je travaillais comme ranger sur la Snake River, quatre ans plus tard, lorsque mes saumons revinrent de leur voyage dans le Pacifique pour remonter la rivière, franchissant les barrages et échappant aux pêcheurs. Sur les deux millions et demi d'œufs dont j'avais eu la garde, moins de vingt poissons revinrent à Indian Creek.

Postface

Pendant plusieurs années après cet hiver-là, pris dans mon propre cycle migratoire, je retournai à la Selway aussi tôt que possible au printemps et aussi tard que possible à l'automne. Je n'y allais jamais l'été puisque je travaillais d'abord comme maître-nageur dans le désert à Lake Mead, dans le Nevada, puis m'occupais de la Snake River dans le parc national des Tetons. Mais, même si j'avais été dans le coin, je ne crois pas que j'aurais eu envie de voir Indian Creek sous un soleil écrasant, l'herbe desséchée par la chaleur brûlante. Et la traversée de la passe en hiver n'était pas beaucoup plus attirante. J'avais déjà fait cette longue et pénible marche en raquettes et, cette fois, sans un frère et un père tardant à arriver, il n'y aurait rien eu pour me pousser à aller jusqu'au bout.

Des amis à moi, des pompiers parachutistes des Eaux & Forêts, me parlèrent des fois où ils avaient sauté dans la vallée de la Selway. Même en sécurité, à l'abri de la fumée et de la chaleur, ils considéraient ce paysage avec respect, impressionnés par ses dénivellations terrifiantes. Certains, après avoir sauté de leur avion, avaient suivi le Couloir de Magruder.

— J'ai vu ton coin. Là où tu as passé ce fameux hiver. J'en ai parlé aux autres gars.

— Ça a brûlé ?

— Pas loin de là, disaient-ils.

Et ils citaient les noms de vallées et de collines que je ne connaissais pas, des endroits que j'aurais sans doute reconnus en les voyant, mais, ayant vécu là complètement seul, je n'avais jamais vraiment eu besoin de noms. Avec qui en aurais-je parlé ?

Le premier automne suivant mon hiver à Indian Creek, je retournai à l'université de Missoula. Non, non – on me l'a souvent demandé –, je n'avais pas désappris à parler pendant mes sept mois de relatif isolement. Mais quelque chose en moi avait changé. D'après mes amis, c'était plus que quelque chose : "T'avais toujours une arme sur toi ? T'étais libre de faire ce que tu voulais ? Dis donc, mon vieux, t'étais complètement givré !"

Ce n'est pas exactement comme ça que je voyais les choses, mais le retour à l'université fut difficile : tant de règles, tant de monde. Une semaine après être rentré en cours, j'avais déjà appelé dans l'Idaho pour demander si le poste d'Indian Creek était toujours vacant. Une secrétaire du bureau de Lewiston me répondit : "Non, on a déjà quelqu'un."

En fait, je rencontrai ce quelqu'un au printemps suivant. Ce n'était pas un montagnard de légende mais un petit homme taciturne entre deux âges, qui ne broncha pas en m'entendant arriver en camionnette et me garer dans la prairie tout près de la rampe à chevaux, à quelques pas de sa tente. Au bout d'un moment, il finit par apparaître, en baissant la tête pour sortir de la tente, après que j'eus appelé : "Il y a quelqu'un ?" Il se contenta de hocher la tête quand je lui expliquai que j'avais passé là l'hiver précédent. Je lui demandai comment s'était passé son hiver à lui. "Ça a été", répondit-il.

L'année avait été plus clémente et la passe était restée ouverte pendant des mois. Je finis par apprendre qu'il avait posé des pièges tout l'hiver, inspectant sa ligne de trappe en motoneige. Le manque de neige avait même posé des problèmes. Il me montra un tas de carcasses : une masse de pourriture pestilentielle qui était – vu son odeur – étonnamment proche de sa tente.

Je lui demandai comment allaient les saumons.

Il haussa les épaules.

Quand je lui dis que j'allais faire un tour dans les environs, il rentra dans sa tente sans m'inviter à y pénétrer, et je ne pus voir comment il s'était organisé à l'intérieur. Lorsque je décidai de partir, il ne sortit pas en entendant redémarrer le moteur. Peut-être était-il occupé ailleurs. Peut-être restait-il dans la tente à contempler les murs de toile tachés par l'humidité, la saison de trappe finie sans avoir rien à faire. Je ne sais pas.

La première année que je passai à Missoula après Indian Creek, je tins le coup un trimestre entier. Puis, sous le couvert d'une mission d'étude géologique, je partis suivre des cours en Nouvelle-Zélande. En changeant d'hémisphère, je passai une année sans hiver.

En Nouvelle-Zélande, je m'accrochai aux cours jusqu'au moment où les excursions dans les îles s'arrêtèrent. Je quittai alors l'université pour me lancer dans une expédition en auto-stop, sac au dos, qui dura jusqu'à l'expiration de mon visa. Je retournai alors à Lake Mead passer un nouvel été de sauvetage, cinquante degrés à l'ombre.

Puis, je revins à Missoula pour en finir. Jusque-là, mes études m'avaient surtout convaincu d'une chose, c'est que je n'étais pas attiré par une carrière en biologie animale, sans pour autant savoir ce que je *voulais* faire. J'accumulai les crédits en sachant, au vu de mes difficultés à rentrer dans le rang, qu'il me faudrait obtenir mon diplôme cette année-là ou jamais.

Pendant le dernier trimestre, ce printemps-là, je découvris avec stupéfaction que je m'étais trompé dans mes calculs : au lieu d'avoir acquis le nombre minimum de crédits nécessaire pour mon diplôme, j'en avais encore trois à obtenir. Je cherchai dans tout le programme un enseignement dispensé le soir, le seul moment où je pouvais encore caser des cours.

Je tombai sur un atelier d'écriture organisé les mardi et jeudi entre sept et dix heures du soir. De la chance à l'état pur ! Le professeur était Bill Kittredge. Encore de la chance !

Notre premier devoir consista à écrire un récit de six pages mettant en scène deux personnages dans un lieu unique. À la fin de l'histoire, les personnages devaient avoir résolu un problème surgi entre eux.

Plein d'imagination, je racontai l'histoire d'un homme vivant seul dans la montagne au cœur de l'hiver. Son ami vient lui annoncer qu'il ne le rejoindra pas. Ils parviennent à une décision, je ne sais plus laquelle. J'y ajoutai une quantité scandaleuse d'aigreur et de comportements taciturnes typiques du montagnard, froidement empruntés à Boone Caudill et A.B. Guthrie.

Mais, en remplissant ces pages, je *voyais* les épaisses couches de laine dont les hommes s'enveloppaient, les points mal faits et embrouillés qui tenaient lieu de réparation sur un *mukluk* en peau de mouton ; je voyais même l'un d'eux tirailler le gros fil en écoutant l'autre lui dire ce qu'il n'avait pas envie d'entendre. Je voyais les flammes du feu de camp monter et descendre, les ombres mouvantes et pointues se détacher sur la neige, la lumière danser sur l'écorce des pins ponderosa et, derrière, le néant sombre d'une nuit de neige dans un endroit perdu. Je sentis le froid me saisir quand l'homme leva enfin la tête pour répondre, découvrant un peu son cou. J'avais la gorge serrée, tout comme lui, et je ressentais sa déception, comme lui j'étais prêt à dire n'importe quoi uniquement pour mettre fin aux explications de mon ami.

En écrivant, je me sentais emporté loin de la chaise sale et de la maison délabrée que je partageais avec mes colocataires. J'étais de nouveau là-bas. Dans la neige. Dans la montagne. J'étais de retour à Indian Creek. J'avais découvert qu'il était possible de rêver en étant éveillé, un stylo à la main.

Et quand vint le jour où Bill Kittredge lut mon histoire devant la classe, les étudiants, qui étaient d'habitude incroyablement passifs, se réveillèrent et se mirent à discuter mes personnages comme s'ils existaient vraiment. Bill nous regarda tous et demanda :

— Qui a écrit ça ?

J'étais décidé à ne pas me dénoncer, mais il me repéra, sans doute parce que j'avais rougi.

— Je ne sais pas qui vous êtes ni quels sont vos projets, mais vous pourriez vivre de ça.

Après avoir fait le tour de tous les écrivains que je connaissais, je me lançai dans ma carrière de ranger dans les Tetons. (Méthodique et méticuleux comme toujours, j'ignorais que Kittredge était lui-même écrivain. Je ne savais même pas que Missoula avait un programme d'aide aux auteurs, et encore moins qu'il était parmi les meilleurs du pays.) Mais j'avais beau descendre chaque jour la Snake River en bateau, les émotions que j'avais éprouvées en inventant ces deux personnages dans leur paysage imaginaire froid et enneigé ne diminuaient pas. L'hiver suivant, alors que j'habitais avec des amis dans une autre maison délabrée, le Ranch Deluxe, mais que j'avais quitté l'université, je tuais le temps entre deux descentes en ville en lisant le programme des cours de mes camarades.

Ayant dégoté un nouvel atelier d'écriture, intitulé, je crois, *Roman 520*, je finis par me glisser dans la classe. À la fin du premier cours, alors que les autres étudiants se dirigeaient vers la sortie, le professeur, Rick DeMarinis, me fit signe de venir le voir.

— Vous n'êtes pas en licence, si ?

— Euh, non, pas exactement, répondis-je en secouant la tête.

Je ne m'étais pas rendu compte que c'était un cours de licence.

— Quel est votre nom ?

Je le lui dis. Il consulta ses papiers, puis me regarda.

— Vous êtes vraiment étudiant ?

Je détournai les yeux, étonné d'avoir été repéré si facilement. Ne sachant quoi dire, je lui fis un large sourire.

Il me sourit à son tour, en secouant la tête.

— Vous savez, jamais encore un étudiant ne s'était introduit en douce dans un de mes groupes. Dans l'autre sens, oui, ça s'est produit.

Au cours suivant, après en avoir demandé la permission aux autres étudiants, il m'autorisa à rester pour le trimestre. À la fin de ma dernière histoire, il écrivit un commentaire critique particulièrement perspicace, dans lequel il répertoriait mes points forts et mes points faibles, pour conclure : "Si vous le voulez vraiment, vous pouvez en faire votre métier."

Mon métier ? Qui consisterait en quoi ? À me fabriquer des amis imaginaires ?

Je partis en stop vers l'ouest – cela devenait une espèce de tradition hivernale chez moi – pour rendre visite à ma sœur près de Galveston et à mes vieux copains près du Lake Mead, une manière comme une autre d'occuper les mois qui me séparaient de mon travail saisonnier dans le Wyoming, et pour le printemps j'étais de retour aux Tetons.

Mais mes amis imaginaires refusaient de me laisser en paix. Je me levais de plus en plus tôt pour travailler à mes récits avant de commencer mon service de ranger. En hiver, installé à Missoula ou à Great Falls avec Rose – la femme qui me tuerait si je la désignais de ce nom si ordinaire de "petite amie" –, j'écrivis encore d'autres histoires. Et même lorsque je faisais du stop, je m'inventais une nouvelle personnalité pour chaque conducteur qui me prenait à bord. De tout ça, il allait bien sortir quelque chose.

Après avoir acheté un livre intitulé *Le Marché du roman et de la nouvelle*, je commençai à recevoir mes premières lettres de refus d'éditeurs. Au fil des années, il y en eut des centaines. (Aujourd'hui, elles ont franchi la barre des mille.)

Puis une nouvelle se vendit. *Louisiana Literature* me paya sous la forme de deux exemplaires gratuits du numéro dans lequel mon texte avait été publié, soit presque la même chose que ce que je gagnais à Indian Creek.

J'étais devenu écrivain professionnel. Publié et tout. Je démissionnai de mon travail.

Deux ans plus tard, un jeune éditeur californien, John Daniel, prit le risque de publier un recueil de mes nouvelles, *The Tall Uncut*. Dans ma notice biographique – en fait, la liste de tous les petits boulots que font les écrivains tant que leurs écrits ne rapportent rien –, mon hiver à Indian Creek était devenu l'époque où j'avais "surveillé deux millions d'œufs de saumons pour l'État de l'Idaho".

L'un des exemplaires destinés à la presse atterrit chez *Outside Magazine*, où quelqu'un remarqua cette phrase. Au lieu de faire la critique du livre, ils appelèrent pour demander : "Qu'est-ce que c'est que cette histoire de gardiennage d'œufs ?"

Je le leur expliquai et le rédacteur en chef me demanda si j'accepterais d'écrire un feuilleton en cinq parties pour leurs numéros d'hiver. Il me proposa un prix à l'unité qui, multiplié par cinq, dépassait les gains que j'avais imaginés pour toute ma vie d'écrivain.

Je me mis donc à écrire. L'installation à Indian Creek. La chasse à l'élan. À la recherche de mon père et de mon frère. La découverte du lynx. Et, pour finir, le dégel de la rivière au printemps. J'envoyai mes textes.

Un peu plus tard, le téléphone sonna.

— On a adoré ! Adoré ! Mais à la conférence de rédaction quelqu'un a fait remarquer qu'on ne fait pas de feuilletons.

— Mais c'est vous qui disiez...

— Donc, on se demandait... ce qu'on aimerait bien c'est... tout le monde a bien aimé le printemps, la glace. Est-ce que vous pourriez écrire une petite introduction, dire ce que vous faisiez, pourquoi vous étiez là et, après, faire le truc de la glace ? Toujours en deux mille mots ?

— Vous ne croyez pas que, sans l'hiver qui vient avant, ça pourrait perdre de sa force ?

— Vous pouvez y arriver. Ce que vous avez écrit là est très bien.

Docilement, j'écrivis deux paragraphes d'introduction et fis dégeler la rivière. Crac, boum.

— On a adoré ! Adoré ! Mais à la conférence de rédaction, il y avait quelqu'un qui pensait que ça n'avait plus la même force qu'avant. Personne n'arrivait à expliquer précisément pourquoi. On a tous adoré, mais...

Le jour même où cette misérable enveloppe marron me revint – mon énorme salaire parti en fumée –, John Daniel m'envoya une annonce qu'il avait trouvée pour le prix annuel d'écriture du Sierra Club ; un récit de deux mille mots sur la nature. Je sortis le dégel d'une enveloppe et le glissai dans une autre.

Quelque temps après, je reçus un appel.

— Vous avez gagné !

Ils m'envoyèrent mon prix (des jumelles) et publièrent le dégel.

Ensuite, je commençai à recevoir des appels d'éditeurs.

— Vous auriez autre chose sur cet hiver-là ? Un livre ?

— Ben, pas vraiment un livre mais j'ai cinq textes...

Je vendis le livre avant même de l'avoir écrit, sans avoir jamais soupçonné qu'une telle chose fût possible.

Mais ces cinq textes, me disais-je, étaient les meilleurs passages. J'allais maintenant devoir écrire deux cents pages de remplissage.

Cela faisait des années que je racontais les histoires de cet hiver, et plusieurs personnes, Rose en particulier, m'encourageaient à les écrire, mais cela ne m'avait jamais tenté. Pour moi, écrire des romans était *la* grande aventure : ne pas savoir ce qui allait se passer, plonger dans l'inconnu, voilà ce qui m'attirait. Mais, avec *Indian Creek*, je savais ce qui était arrivé – contre toute attente, le crétin réussit à s'en tirer. Je n'avais pas terriblement envie de raconter ça.

Douze ans avaient passé depuis cet hiver glacial et interminable et, pour la première fois, je ressortis les carnets de notes que j'avais remplis dans ma vaine tentative pour ne pas perdre ma bourse. Je les lisais avec une semaine d'avance sur ce que j'allais rédiger, et je m'aperçus que j'y découvrais encore quelque chose. Certains événements, comme l'éclipse, avaient été mentalement relégués à l'arrière-plan, mais en relisant les quinze pages que j'avais écrites le soir même, encore tout ébloui par cette obscurité aveuglante, j'eus la sensation inattendue de revivre ce moment.

Et, comme cela se produit souvent, en écrivant et en essayant de donner sa cohérence au récit, j'en appris davantage sur cet hiver-là que je ne l'avais naïvement imaginé auparavant, quand je pensais simplement avoir réussi quelque chose de difficile ou d'original, ou m'être juste fabriqué des souvenirs. En décrivant ma rencontre avec le lynx, combien j'avais été près de manquer cet étrange épisode, je compris que c'était là le tournant de mon hiver – et que tout ce qui avait été bien ou exceptionnel, tout ce qui allait bientôt prendre fin, ce n'était pas mon séjour à Missoula, mais mon séjour à Indian Creek. Je ne soupçonnais rien de tout cela avant de travailler ce chapitre.

Avec le temps que j'avais passé à circuler entre le Wyoming et le Montana, Great Falls et Missoula, tout le temps passé à faire du stop et à écrire, cela faisait des années que je n'étais pas retourné à la Selway. Mais je n'en avais nul besoin pour écrire le livre. L'endroit était gravé en moi. Aussi, la première fois que j'y retournai, ce fut dans le cadre d'une interview donnée à la Radio publique nationale pour la sortie du livre. À Washington, on aime bien avoir des bruitages dans les reportages, et le son d'une rivière semblait le bruit de fond le plus approprié. Mais plutôt que d'aller simplement l'enregistrer sur la Clark Fork, comme je l'avais suggéré, l'intervieweur, William Marcus, tint à aller sur les lieux mêmes du récit.

Après nous être retrouvés à Missoula, nous avions donc fait ensemble le long trajet en voiture. J'avais déjà été interviewé par des présentateurs TV de météo, des "animateurs du matin" à la radio, des reporters de presse écrite, mais tomber sur quelqu'un ayant vraiment lu mes récits me laissa une impression bizarre. Alors que nous descendions la vallée de la Selway, nous arrêtant aux cabanes en ruine de Slow Gulch où mon père et mon frère avaient passé leur nuit interminable, puis à Magruder d'où j'étais parti à leur recherche, William commença à remarquer certaines choses.

— C'est bien le panneau qu'ils avaient dégagé de la neige ? demanda-t-il en me montrant le panneau qui indiquait Kerlee Creek.

Je dus réfléchir un instant avant de faire signe que oui.

— C'est là que vous avez trouvé le lynx ?

Je regardai le sommet de la falaise, puis mon compagnon, d'un air soupçonneux.

— Vous avez lu le livre ?

Lu ? Il le connaissait mieux que moi.

Nous y passâmes la journée. En remontant Indian Ridge ("C'est ici que vous êtes resté assis le premier soir avec Boone, en vous demandant ce que vous aviez fait ?"), nous fûmes surpris par une averse de grêle ("Quel bruit extraordinaire !"), et il me fit lire un passage du livre. C'était très, très étrange de me retrouver assis à cet endroit, lisant le récit de quelque chose qui s'était passé bien longtemps avant qu'il me soit seulement possible d'en imaginer les conséquences actuelles.

Sur le chemin du retour, je lui posai des questions techniques : comment allait-il condenser des heures et des heures d'enregistrement en une interview de six ou sept minutes ?

— Ce que je veux dire, c'est : qu'est-ce que je vais raconter au bout du compte ?

Il sourit.

— Ce que je voudrai.

Plusieurs années et plusieurs recueils de nouvelles plus tard, j'étais en tournée de promotion et de lecture à Boise. À la fin, une femme vint me voir avec un exemplaire bien abîmé d'*Indian Creek*, qu'elle me demanda de dédicacer, et me raconta qu'elle (ou son fils, sa fille ou quelqu'un d'autre – tout se mélange dans les séances de signature) avait l'intention de fêter l'arrivée du nouveau millénaire, le Jour de l'An, à la cabane de Magruder. C'est moi qui lui en avait donné l'idée, dit-elle. Les Eaux & Forêts avaient ajouté Magruder sur la liste des cabanes qu'ils louaient.

En rentrant de cette tournée, j'appelai le poste des garde-forestiers de West Fork et finis par obtenir une réservation pour l'été suivant. Ce n'était pas facile, mais il y avait eu une annulation.

Rose et moi étions mariés, et nous avions deux petits garçons. Nous avions acheté une maison à Great Falls et, quelques jours après notre emménagement, ma sœur Ellen nous renvoya la peau de lynx. Elle est accrochée au mur de la chambre d'amis, au sous-sol. Les garçons descendent de temps à autre pour voir cette chose complètement sauvage qui orne notre vieille maison bien sage. À une époque, il avait fallu que je leur raconte l'histoire du lynx tous les soirs au coucher.

Pendant tout le trajet vers la Selway cet été-là, la moindre excroissance rocheuse, la plus petite promesse de falaise, leur faisait demander :

— C'est là que le cerf est tombé du rocher parce qu'il ne regardait pas devant lui quand il y avait un lynx sur son dos ?

— Non, pas encore. Je vous dirai où.

— C'est ici ?

— Non, pas encore.

En roulant le long de la rivière, il nous fallut contourner d'énormes camions liés aux chantiers en cours sur la route (la piste ardue avait été transformée en une sorte d'autoroute asphaltée) avant de nous arrêter à Raven Creek, où je fis descendre les garçons pour les emmener à pied et leur montrer le bon endroit, sur la hauteur.

Ils plissèrent les yeux pour se protéger du soleil, la tête levée vers la sombre falaise rocheuse.

— Où est la neige ?

— Mais on est en été : il n'y a pas de neige.

— Où est le cerf ?

— Le cerf ? Il est mort depuis vingt ans.

Ils s'en allèrent chercher des bâtons et jeter des cailloux dans les rapides.

Nous fîmes les quelques miles qui nous séparaient d'Indian Creek avant de pouvoir marcher jusqu'à l'emplacement de la tente, puis de pénétrer dans les bois en contournant les arbres abattus que les garçons ne pouvaient enjamber. Ma cache à nourriture était toujours là, marquée par un creux dans le sol. Le chemin menant à la rivière, celui que j'avais emprunté autrefois pour aller chercher de l'eau, était envahi par la végétation et, comme je cherchais un passage praticable pour les garçons, nous entendîmes une voix derrière nous : quelqu'un nous avait suivis dans le bois. J'étais en tête et je n'entendais pas ce qui se disait. "Quoi ?" demandèrent nos amis de Spokane, venus avec nous et qui marchaient en queue.

Le type – un bénévole des Eaux & Forêts – répéta sa question :

— Vous cherchez l'emplacement de la tente de Pete Fromm ?

Je faillis courir me cacher parmi les arbres, comme je l'avais fait au printemps en voyant arriver les premiers chasseurs d'ours.

Nos amis se mirent à rire.

— Mais c'est lui, Pete Fromm.

Après avoir un peu bavardé avec le garde et l'avoir regardé s'éloigner, nous n'eûmes plus qu'à retrouver le chemin menant à l'endroit où j'avais accroché l'élan. Les garçons me demandèrent de les soulever pour qu'ils puissent se pendre au poteau comme un quartier de viande. Ils trouvaient ça extraordinairement drôle. Je fis passer tout le monde par l'ancien bassin, qui était toujours là, aussi dégradé que peuvent l'être du ciment et des rochers immergés. Je désignai le rebord de ciment où je découpais la glace.

Finalement, nous partîmes vers l'amont jusqu'à Magruder où, après avoir contourné le vieux pont de pierre, il ne nous resta plus qu'à descendre la colline pour arriver au poste de rangers. Les garçons se pressèrent autour de moi quand je fis le code de la porte d'entrée. Je me revis me glissant à l'intérieur, mort de peur, sur les talons des gardes ; je nous revis, Rader, Sponz et moi, nous entassant là-dedans, secoués de rires ; je me revis entrant en titubant, raquettes aux pieds, dans l'obscurité de la nuit, épuisé par mon aller-retour à la passe à la recherche de Paul et de mon père.

J'ouvris la porte ; nos deux fils et la fille de nos amis se précipitèrent à l'intérieur et se mirent à courir dans toutes les pièces comme des chiens découvrant un endroit nouveau, inspectant chaque recoin. Je restai sur le seuil. Le vieux téléphone à manivelle n'était plus là. Il n'y avait plus de ligne téléphonique courant parmi les arbres.

Les murs étaient lambrissés de bois clair. Il y avait un poêle à gaz là où la plupart des cabanes auraient normalement un poêle à bois. Un thermostat était accroché au mur. Un thermostat ! J'ouvris la porte du sous-sol qui grinçait. La grosse masse noire du four à bois avait disparu. À l'étage, le vieux baquet avait été remplacé par une cabine de douche en fibre de verre.

Les gamins étaient déjà dehors ; ils avaient franchi la clôture, fonçant vers la rivière à travers les hautes herbes de la prairie. Comme ils ne répondaient pas à l'appel de leurs noms, je courus les rejoindre. Il fallait que je leur donne des consignes de sécurité, que je les avertisse des dangers de la rivière, que je leur montre la force du courant, sa température glaciale, sa beauté austère et l'extrême danger qu'elle pouvait présenter.

À la clôture, je donnai des instructions :

— Personne, jamais, n'a le droit de franchir cette limite si je ne suis pas avec vous. Ou Maman. Jamais.

— Pourquoi ?

— Je vais vous montrer. L'eau est très, très froide, et le courant très, très rapide et…

Je m'étais approché de la clôture en surveillant les garçons. Je mis la main sur la barre du haut, le pied sur celle du bas et, au moment où je me retournais pour vérifier où je mettais les pieds afin de ne pas me casser le cou, je m'arrêtai net en voyant de longues formes sombres avancer dans le tumulte du courant vers l'autre rive de la Selway.

Notre fils âgé de quatre ans me demanda :

— T'as vu le gros poisson qu'est parti par là-bas ?

Je grimpai en haut du remblai pour pouvoir regarder par-dessus le parapet. Je tenais chacun d'eux par le col. Il y avait des saumons sur toute la longueur du courant, donnant de temps à autre un coup de queue.

Notre fils de six ans me demanda :

— C'est tes saumons, Papa ?

J'hésitai un instant avant de pouvoir lui répondre :

— Non, non, pas les miens. Mais c'est la même espèce, des chinooks.

— C'est peut-être les petits de tes saumons.

J'opinai. Oui, peut-être leurs petits.

Ma canne à pêche avait beau être ridiculement légère pour des saumons, je leur présentai tout de même la plus grosse et la plus lourde de mes mouches avec insistance jusqu'à ce que l'un deux, excédé, finisse par mordre.

Je vous ferai grâce de la bagarre avec le poisson, de ses courses effrénées et de tout le reste. C'était un vieux poisson fatigué mais cela n'empêcha pas les garçons de pousser des cris de joie en me suivant sur la berge jusqu'à ce que je puisse le sortir de l'eau. Je les autorisai à entrer dans la rivière avec leurs chaussures pour qu'ils puissent toucher ce si bel animal. Ce qu'ils firent, penchés sur lui, attentifs.

— Comment ça se fait que t'attrapais que des poissons tout petits, avant ?

— Celui-ci n'est pas un poisson comme les autres. C'est un saumon. Il arrive de très loin : il est venu de l'océan jusqu'ici. Un millier de miles. Plus, même.

Je tenais le saumon par la queue, après avoir enlevé l'hameçon.

— Je vais le relâcher. Vous voulez le toucher une dernière fois ?

Le plus jeune dit oui.

— Mouille-toi les mains d'abord, lui dit son aîné.

Ils posèrent les mains sur le dos du poisson et le sentirent qui bondissait, éclair sombre à l'assaut du flot violent, puis plus rien. Il avait disparu.

Nous nous redressâmes lentement en regardant le courant qui se précipitait vers nous, rapide et régulier et, soudain, terriblement vide.

CATALOGUE

KATHLEEN DEAN MOORE
Notes de terrain pour une esthétique de l'orage

PETE FROMM
Indian Creek

TREVANIAN
La Sanction

LARRY WATSON
Montana 1948

totem une autre littérature américaine

www.gallmeister.fr

CET OUVRAGE A ÉTÉ COMPOSÉ PAR
ATLANT'COMMUNICATION
AU BERNARD (VENDÉE).

ACHEVÉ D'IMPRIMER EN MARS 2010 SUR LES PRESSES
DE NORMANDIE ROTO IMPRESSION S.A.S.
61250 LONRAI
DÉPÔT LÉGAL : AVRIL 2010
N° D'IMPRESSION : 10-1209

IMPRIMÉ EN FRANCE